21世纪应用型创新实践实训教材

# 管理会计实践教程

肖康元 ◎ 主 编

清华大学出版社
北京

## 内 容 简 介

本书以财政部最新出台的《管理会计基本指引》和《管理会计引用指引》为导向,按照核算、计量、控制、评价的思路,将最前沿的实务案例融合在每一章中。全书共12章,第1、2、3章主要介绍管理会计的基本理论、基本流程和成本核算方法;第4、5、6章主要介绍管理会计的盈亏分析,目标成本管理、标准成本管理和作业成本管理;第7、8章主要讨论预测分析、短期决策分析和长期投资决策分析;第9章为预算管理;第10章为物流成本管理,重点讨论存货成本管理;第11章为绩效评价管理;第12章为项目管理实务。

本书可作为高等学校会计与财务管理专业的管理会计相关课程的实践导向教材,亦可作为初入职场的实务工作者的参考用书。

**图书在版编目(CIP)数据**

管理会计实践教程/肖康元主编. —北京:清华大学出版社,2021.1
21世纪应用型创新实践实训教材
ISBN 978-7-302-57039-4

Ⅰ.①管… Ⅱ.①肖… Ⅲ.①管理会计－高等学校－教材 Ⅳ.①F234.3

中国版本图书馆 CIP 数据核字(2020)第 238197 号

责任编辑:贺 岩
封面设计:汉风唐韵
责任校对:王荣静
责任印制:吴佳雯

出版发行:清华大学出版社
  网  址:http://www.tup.com.cn,http://www.wqbook.com
  地  址:北京清华大学学研大厦 A 座    邮  编:100084
  社 总 机:010-62770175      邮  购:010-62786544
  投稿与读者服务:010-62776969,c-service@tup.tsinghua.edu.cn
  质量反馈:010-62772015,zhiliang@tup.tsinghua.edu.cn
印 装 者:三河市中晟雅豪印务有限公司
经  销:全国新华书店
开  本:185mm×260mm  印 张:17    字  数:348 千字
版  次:2021 年 1 月第 1 版     印  次:2021 年 1 月第 1 次印刷
定  价:50.00 元

产品编号:086906-01

# 21世纪应用型创新实践实训教材
## 编委会

# 序

国家"互联网＋"战略的实施加速了"大智移云"时代的到来,给经济活动和社会发展带来深远影响。企业财会工作向信息化、智能化转变,财会工作岗位所要求的理论素养和实践技能也随之发生深刻变革。这一变革对于高等院校人才的培养模式、教学改革以及学校转型发展都提出了新的要求。自2015年起,上海市教育委员会持续开展上海市属高校应用型本科试点专业建设工作,旨在提高学生综合素质,增强学生创新和实践能力。

上海海事大学会计学专业始创于1962年,是恢复高考后于1978年在上海市与原交通部所属院校中率先复办的专业,以会计理论与方法在水运行业的应用为特色。进入21世纪后,上海海事大学会计学专业对会计人才的培养模式进行了全方位的探索与实践,被列入上海市属高校应用型本科试点专业建设,将进一步促进专业的发展,增强专业的应用特色。

教材是实现人才培养目标的重要载体,依据"应用型本科试点专业"的目标定位与人才培养模式的要求,上海海事大学经济管理学院组织编撰"21世纪应用型创新实践实训教材"。本系列教材具有以下特点。

(1) 系统性。本系列教材不仅涵盖会计学专业核心课程的实践技能,还涵盖管理学、经济学和统计学等学科基础课程的实践技能,并注重课程之间的交叉和衔接,从不同维度培养学生的实践应用能力。

(2) 真实性。本系列教材的部分内容来源于企业的真实资料,例如,《中级财务会计实训教程》《成本会计实训教程》《审计学实训教程》的资料来源于某大型交通制造业企业;《财务软件实训教程》的资料来源于财务软件业知名企业;《财务管理实践教程》的资料来源于运输企业。

(3) 创新性。本系列教材在内容结构上进行了新的探索与设计,突出了按照会计岗位对应实践技能需求的特色,教学内容得到了优化整合。

(4) 校企融合性。本系列教材的编撰人员具有丰富的教学和实践经验,既有双师型高校教师,也有企业会计实务专家。

相信本系列教材的出版,在更新知识体系、增强学生实践创新能力、培养应用型人才等方面能够发挥预期的作用,提升应用型本科试点专业的建设水平。

2020年7月

# 前　言

　　管理所涉及的人、财、物与各级组织的关系都非常密切，不论是不是会计人员，都能在管理会计的体系框架中找到自己的位置。研究管理会计时，人们常常会有这样的疑问：管理会计研究的到底是成本的管理会计，还是基于业务流程对成本的发生、管理、评价进行分析？

　　众多的管理会计教材、专著既有纯理论分析的，也有实务培训的。笔者经查阅后发现都非常不错，各有特色，其中既有作者自身的研究领域的亮点，也有代表某行业的行为要求。一些本科生和研究生用书也不乏精华之作。但是写理论的就是基础的理论内容，即学习管理会计必需的知识体系；而写实务的多数是管理会计的培训教材，面对的是在企业原从事财务会计工作的人员。他们虽有一定的实践经验，但为应对市场的变化，亟待从财务会计岗位转到管理会计的相关岗位。对于正在学校学习的学生而言，其实践水平基本为零，正在学习理论知识，处于理论与实践该如何衔接的苦恼期，更需要一本理论与实践相结合的教材。从这个角度出发，编写一本管理会计实务的书就成为当务之急。

　　本书的结构以每一章的理论和实务案例的操作为核心，系统介绍理论与实践的结合。本书由肖康元负责构思和大纲拟定，以及初稿的撰写、修改。中国交通建设股份有限公司的郭敏为本书提供了大量素材。我的部分研究生王雪纯、常嘉南、石艺、赵悦、余春慧、汪颖等对书稿进行了校对工作，蘧雯雯、宋奕阳、万浩、舒尹、李顺、路昕鑫、孙睿、涂德馨等对习题进行了验算和校对工作。

　　由于实务场景千变万化，作者对会计实践工作接触也有一定的局限性，错误在所难免，恳请读者批评指正。

# 目 录

# 第 1 章

# 管理会计导论

## 🎯 学习目标

1. 掌握管理会计的基本定位及管理会计的主要内容。
2. 掌握管理会计与其他学科的关系。
3. 了解管理会计的框架、体系和要素。
4. 初步了解管理会计的基本技能。

## 1.1 管理会计的定位

学习管理会计的时候,我们已经知道关于管理会计的相关理论定义,管理会计的循环过程,如计划、决策、控制、预算及评价,从而完成整个管理会计的体系过程,而这一过程本身就与企业业务流程密不可分。

人们熟知的财务会计工作自始至终围绕着财务数据的记录、核算、汇总、誊报,最终形成我们常见的报表。

而管理会计人员应该围绕着哪些业务进行展开呢?管理会计作为一门专业学科,主要用到的工具有战略管理、预算管理、成本管理、营运管理、投融资管理、绩效管理、风险管理等,从这些方法中就可以看出管理会计与企业业务的紧密程度。

因此就会计学本身而言,作为分支的财务会计与管理会计的差异是明显的:

(1)财务会计的服务对象为组织外的需求,管理会计则以满足组织内部管理者的需求为主。故财务会计常被称为外部会计,管理会计则被称为内部会计。

(2)财务会计强调企业过去已经发生的交易或事项,如财务成果、资金状况、是否合规合法(特指会计法、企业会计准则、企业财务通则)等,而管理会计则关注战略、决策、相关性及分部责任。

(3)财务会计关注财务业绩定量评价,如利润、成本、收入;管理会计则关注战略实施、资金状况、责任评价等更多的非财务数据指标。

由此可知,管理会计在企业的业务中所扮演的角色大大拓展了原财务会计的领域,一切业务活动发生的会计事项,都在管理会计的视线中。

# 1.2　管理会计的要素

管理会计包括应用环境、管理会计活动、工具方法、信息与报告等四要素。

## 1. 应用环境

了解和把握管理会计应用环境是应用管理会计的基础,管理会计的应用环境包括与管理会计建设和实施相关的价值创造模式、组织架构、管理模式、资源保障、信息系统等国内外经济、市场、法律、行业等因素。

每个企业应准确分析和把握价值创造模式,推动业财融合。即建立健全能够满足管理会计活动所需的由财务、业务等相关人员组成的管理会计组织体系和管理模式,明确各层级、部门、岗位的管理会计责任权限。

## 2. 管理会计活动

管理会计活动是单位利用管理会计信息,运用管理会计工具方法,在规划、决策、控制、评价等方面服务于单位管理需要的战略规划及决策的相关活动。

通过设定定量定性标准,强化分析、沟通、协调、反馈等控制机制,支持和引导单位持续高质、高效地实施单位战略规划,合理设计评价体系,基于管理会计信息等,评价单位战略规划实施情况,并以此为基础进行考核,完善激励机制。

## 3. 工具方法

管理会计工具方法是实现管理会计目标的具体手段。管理会计工具方法是单位应用管理会计时所采用的战略地图、滚动预算管理、作业成本管理、本量利分析、平衡计分卡等模型、技术、流程的统称。

## 4. 信息与报告

管理会计信息包括管理会计应用过程中所使用和生成的财务信息和非财务信息。应充分利用内外部各种渠道,通过采集、转换等多种方式,获得相关、可靠的管理会计基础信息。管理会计信息应相关、可靠、及时、可理解,单位应有效利用现代信息技术,对管理会计基础信息进行加工、整理、分析和传递,以满足管理会计应用需要。

管理会计报告是管理会计活动成果的重要表现形式,旨在为报告使用者提供满足管理需要的信息。管理会计报告按期间可以分为按照公历年定期报告和按照需要不定期报告,按内容可以分为综合性报告和专项报告等类别。

# 1.3　管理会计与其他学科的关联

我们知道,财务会计利用复式记账法,反映和核算已经发生的各项经济业务,强调对实际已经发生的各项经济业务进行确认和计量,因此为了对外部相关利益人负责,确保信息的可靠与真实,财务会计必须遵循会计法、会计准则等会计法规。

成本会计遵照成本管理的七个环节,对企业已经发生的各项成本费用进行预测、决策、计划、控制、核算、分析和考核。当然分析与考核的功能已经置换给了管理会计,或者说二者在这方面是统一的,成本会计对已发生的成本费用进行计量与考核,将已知的企业财务会计资料结合管理会计工具进行预测和规划未来,同时控制现在,达到跨越过去、现在和未来三个时效。其中实现成本最小化的功能是成本会计的主要功能,而管理会计在控制成本和管理成本的同时还要扩展为实现利润最大化。

除了与财务会计的差别之外,管理会计这门学科还离不开管理。管理会计与管理学最密切的细分学科有市场营销管理和人力资源管理。从业务角度去理解,企业针对现有产品的处理方法还应该编制如下的计划。

## 1. 市场营销方面

该产品是否需要做营销？营销费用的预算该如何做？

对人的考虑：营销人员新聘还是用旧人？新聘是挖角还是用新人？

对物的考虑：产品定价决策包含涨价与降价,影响涨跌的因素是什么？产品的库存管理、产品的售后管理是怎样的？产品是代销还是自销？季节因素对产品价格的影响如何？

## 2. 人力资源方面

员工招聘计划投入多少？新人的培训费用预算是多少？员工的流失率是多少？企业需要配备多少医务人员？保健成本是多少？

## 3. 经营管理方面

对于下一个计划期,生产量的预测及预算；水电气等费用预算；产销的衔接与生产成本的支出与相关耗费的预期；增产所引起的固定资产增加的必要性；生产流程重建与否的论证等。

## 4. 税收

新项目的税收政策对新产品的投入影响,对产品后期生产的税收抵免(包括出口、进口业务)。

**5．项目核算与考核**

新产品投入的调研研发支出分析；招投标时进行的目标成本测算情况；项目实施的过程管理；目标责任分解情况；项目的考核情况等。

# 1.4　管理会计的应用原则

目前面世的许多教科书包括国外的教材中，不论称为成本会计还是管理会计的，这两部分内容往往包含在一本教材之中，本书亦认同成本会计与管理会计的趋同性，明确成本管理会计是为内部管理者服务的属性。为满足管理者的需求，成本管理会计就应及时提供信息，因此管理会计已成为为单位内部管理部门做出最优决策提供支持的成本管理会计信息系统。

单位应用管理会计应遵循下列原则。

**1．战略导向原则**

管理会计的应用应以战略规划为导向，以持续创造价值为核心，促进单位可持续发展。

**2．融合性原则**

管理会计应嵌入单位相关领域、层次、环节，以业务流程为基础，利用管理会计工具方法，将财务和业务等有机融合。

**3．适应性原则**

管理会计的应用应与单位应用环境和自身特征相适应。单位自身特征包括单位性质、规模、发展阶段、管理模式、治理水平等。

**4．成本效益原则**

管理会计的应用应权衡实施成本和预期效益，合理、有效地推进。

# 1.5　管理会计活动的基本技能

管理会计活动是单位利用管理会计信息，运用管理会计工具方法，在规划、决策、控制、评价等方面服务于单位管理需要的相关活动。

### 1.5.1　战略管理

单位应用管理会计,应做好相关信息支持,融合财务和业务等活动,充分提供和利用相关信息,参与战略规划拟定,从支持其定位、目标设定、实施方案选择等方面,为单位合理制定战略规划提供决策支撑。利用设定定量定性标准,强化分析、沟通、协调、反馈等控制机制,支持和引导单位持续高质高效地实施单位战略规划。

战略(strategy)是一个博弈方案,即企业经营目标的重点不应是只盯企业自身,而要时时盯着竞争对手,为目标顾客服务。为目标客户服务包括顾客关系亲密、经营卓越和产品领先。即:比竞争对手更好地满足顾客、回应顾客主张和提供更好的产品。

### 1.5.2　风险管理

风险管理是指企业根据自身战略、业务特点和风险管理要求,对风险识别、风险分析、风险应对、风险沟通和报告等管理活动进行风险清单的列示方法。

企业管理人员必须明确每一项经营战略、计划和决策都会包含风险,并制订应对措施。

一旦企业确定了风险,就应与相关业务部门、职能部门沟通,分析各个风险可能产生的后果,确定引起该后果的关键影响因素及风险责任主体,并填制完成风险清单基本框架中可能产生后果、关键影响因素、风险责任主体等要素。应及时采取各种方式应对风险,比如接受、避免或降低风险。准确分析风险成因及后果,对是否采取了恰当的风险应对措施进行评估。

采用风险清单进行风险管理的主要优点是:能够直观反映企业风险情况,易于操作,对各类企业都有较强的引导性和广泛的适用性,能够适应不同类型企业、不同层次风险、不同风险管理水平的风险管理工作。

但是也要认识到,风险控制不能完全消除风险,风险清单所列举的风险往往难以穷尽。应明确的是,主动管理风险相比应对不幸事件,是一个更好的选择。

### 1.5.3　核算技能

在管理会计中曾经提到过一个概念就是"算为管用"。在管理会计中核算是前提,成本核算与收入、利润预算都是不可或缺的能力要求。

虽然有人说财务会计是总结历史数据的,但是它离不开事后成本的计量,及事前的预测和事中的控制,也离不开对收入和利润的预计。成本的计量是贯穿企业全过程的:从产品的设计、采购、入库、领用、发货等的存货管理,到产成品的销售及售后管理;从产品性能提升的投资追加,到融资决策、资金管理;从产品及员工的业绩评估,到对顾客的选择、竞争对手的比较等,企业的全流程都离不开核算。

成本核算的工具也有多种,如目标成本法、标准成本法、变动成本法、作业成本法等管理会计中固有的成本核算方法。

核算的过程与细节将会在后续章节中穿插在实务中说明。

 ## 本章小结

本章重点介绍了管理会计基本定位、与其他学科的关系及应用原则,介绍了管理会计的框架和体系,使读者对管理会计在实务中的应用及使用要求有个初步的认识,为后续章节内容的学习和掌握具体操作指明方向。

 ## 复习思考题

1. 管理会计与业务的关联是什么?
2. 管理会计的主要体系是什么?
3. 管理会计的四要素是什么?
4. 选择一家企业,分析管理会计运用的必要性。

 ## 自测题

# 第 2 章

# 管理会计的流程及成本

## 学习目标

1. 掌握各种成本的定义及各类成本的分类方法及各种应用。
2. 掌握流程管理的概念。
3. 掌握各相关成本的概念。
4. 了解成本与费用之间的关系。
5. 了解各种成本计算方法及其使用条件。

## 2.1 管理会计的流程管理

管理会计提倡业财融合的思想,"业"指业务流程,"财"指财务,包括财务指标、财务体系和框架,业财融合需要财务人员贴近业务,了解和掌握业务流程及变化。

### 2.1.1 流程管理的概念

流程管理的核心是业务流程的把握,业务流程(business process)是执行某项工作或任务而发生的一系列密切关联的环节或步骤。特别需要注意的是,这一系列的步骤一定会跨越财务部门,延伸到企业的供应、生产、销售、行政、人事等各部门,形成企业的价值位移,位移的过程就是价值链反映这个过程中必需的流程,虽说流程是必需,但未必就能够给企业带来增值。价值链分析的目的其实就是要找出哪些环节是真正的增值业务,哪些环节在一定程度上是可压缩的。

流程管理(process management)是一种以规范化地构造端到端的作业业务流程为中心,以持续提供组织业务绩效为目的的系统化方法。

流程管理的最主要功能是企业增值,包括提供高质量的客户服务。管理会计提倡的"业财合一"是要与业务紧密结合才能将管理会计的功效彻底提升的。

管理会计与业务的连接关系如图 2-1 所示。

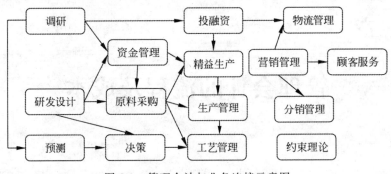

图 2-1　管理会计与业务连接示意图

## 2.1.2　流程管理的内容

### 1. 流程分析

流程本身的含义是指水流的路程,在工业生产中泛指从原料到制成品各项工序安排的程序。产品生产流程的内容至少包括产品设计、产品形成、质量检验和销售等四个环节。流程分析是指以工业生产的产品或零部件的制造全过程(四个环节)为研究对象,加以记录并逐项分析。

仅以食用醋的酿造过程为例,至少必须经历如下 8 个生产工艺流程,才能完成原醋的制造:原料车间—碾磨车间—蒸料车间—酒醅车间—醋醅车间—熏醅车间—淋滤车间—原醋。整个时间周期共 42 天。每一个车间都可细分出成本发生的环节,原材料的投入与加工成本的分段投入形成每一个流程的成本。醋的原材料多半是一次性投入,因此在原料车间消耗的几乎是全部的原材料成本,后续的 7 个步骤则投入了人工与制造费用(合计额在成本会计中常被称为加工费用)。传统的计算方法则会比较多地考虑和分析计量各个车间的人力成本和水电及设备折旧等内容,同样的成本计算可以采用作业成本法进行,将每一流程按照动因进一步细分,而且由于醋的生产有严格的时间、温度、湿度的指标控制,因此在成本分配中比较容易以此作为分配率(动因)。

### 2. 资源分配

资源分配是指企业按资源的所属属性及分配的原则方案,对企业所属资源进行的具体分配。企业在推进战略的过程中的战略转换往往就是通过资源分配的变化来实现的。资源分配是战略规划的核心任务。工业企业的资源具体而言就是人、财、物。

人力资源就是企业所拥有的人才队伍,包括所拥有的技术人员和高级技工等,人力资源的多少和人力资源与业务的匹配及使用,在很大程度上影响业务发展的趋势和速度。

财务资源就是企业所拥有的资金,包括可预期的利润,未来可以获得的债权或股权融资等。资源分配的财务资源一般指用于企业内部技术改造投入,增加流动资金等用于生产的财务资源,企业发展到一定规模后,还会出现用于对外投资等的资金支出需求。财务资源是支撑企业生存和发展的关键资源。

物资资源是指原材料及生产所必需的设备、厂房、环境,也可包括生产属地的政策优惠(人才招聘、税收等方面的支持)。

仍以食用醋的酿造为例,按照质量管控的要求,根据历史数据分析,在这 8 个生产工艺环节中,应对对质量影响最大的酒醅车间,及耗用成本最多的淋滤车间给予较多的资源投入。

### 3. 时间安排

生产一瓶醋的总工时需要耗用 42 天,每个车间所需时间当然不是均分的。而每一个品种有着基本的工艺要求(如操作、温湿度及时间要求)及具体的差异,多了或少了均会影响质量。

### 4. 流程质量与评估

流程质量分析是指管理会计师依据产品流程,在对形成产品或服务的作业过程进行调查、分析的基础上,找出影响质量的作业环节及产生的原因,提出有针对性的建议、改善提高方案,以使流程质量符合要求的过程。

通常流程包括产品设计、形成、销售与质量检验等四个环节,那么与之相对应的流程质量分析的内容就是对上述四个过程质量的分析,给予的绩效评价就是流程的评估。

1) 产品设计过程(作业)

(1) 确定适宜的质量标准水平;

(2) 进行设计质量控制;

(3) 划分质量特征重要程度。

设计过程的评价内容包括设计过程是否完备,分工是否合理,采用的方法是否正确,各个环节或阶段的任务完成情况、形成的阶段成果(方案)是否符合要求,设计的全过程是否有质量控制和相应的监督措施。

2) 产品形成过程(作业)

产品形成过程包括采购环节、生产工艺控制环节和流程工序质量控制过程环节等。这些过程环节都需要进行质量问题分析。

(1) 采购过程的质量控制分析

采购过程包括原材料、零部件的采购以及过程、服务的分包。

采购过程的质量要求:①有明确的采购政策;②有完备的采购供应文件;③有完善的质量管理体系;④保证及时、准确地提供合格的原材料、部件及成品。

供应商的选择原则:供货量(数量、质量)、价格要符合生产要求;确保交货期;产品外包装及随寄文件具有质量保证；售后服务完善。

（2）工艺控制过程的质量控制分析

在生产过程中，凡是改变生产对象的形状、尺寸、位置和性质等，使其成为成品或半成品的过程均称为工艺过程。工业制造业工艺过程又可分为铸造、锻造、冲压、焊接、机械加工、装配等；机械制造工艺过程一般指零件的机械加工工艺过程和机器的装配工艺过程的总和。其他过程则称为辅助过程。产品形成过程工艺质量控制主要指工艺文件以及机器设备、工装等的质量控制。

工艺文件（含图纸）的质量要求：①工艺文件、作业指导书和质量保证文件符合设计和合同要求；②建立健全工艺文件管理制度，如防止过期工艺文件流入生产过程，妥善保管工艺文件修改审批手续和记录。

生产用机器设备、工装的质量要求：①设备选择符合设计要求及有维护保养措施；②按工艺要求进行工装设计、生产或交付外协；③有健全的工装管理制度，生产、试验设备和工艺经检定合格并定期检查；④以上 3 点均要有相关记录留存。

（3）工序质量控制过程的质量控制分析

这是典型的事中控制环节，工序质量控制分析包括工序能力分析、质量控制点的建立分析、在产品管理质量控制分析、不合格品控制分析等内容。

3）销售环节

销售和使用过程的质量分析包括售前、售中和售后质量分析。

（1）售前质量控制分析

售前质量控制分析包括：①制定销售策划；②组织货源供应；③做好产品包装及运输工作；④做好库存保管工作。

售前质量控制工作的分析要素：主要的宣传是否为关键目标客户所了解，是否进行了销售策划，是否按期完成销售计划，产品是否按要求进行了保护性包装，库存管理是否恰当，运输途中及商品库存中是否有损坏变质现象；推销人员的行为规范是否符合要求；广告宣传形式是否新颖，媒体选择是否恰当，宣传内容是否实事求是，销售费用是否落实等。

（2）售中和售后服务质量控制分析

售中和售后服务质量控制分析的内容：是否制定了合理的销售政策、合理的售后服务措施及确保了企业与顾客的双方利益；是否对与销售相关的人员进行培训、检查督促并执行销售人员的行为规范；是否认真履行销售承诺，按合同要求送货安装，确保安装质量满足使用要求；是否按合同要求对使用中的质量问题进行维修，并提供必要的使用培训。

售中和售后服务质量控制的分析要点：企业是否制定了明确的销售政策，是否认真履行销售承诺；所提供的服务是否规范，服务态度、服务过程是否保证顾客满意；应收账款回款政策是否落实。

（3）顾客满意分析

顾客满意是企业绩效评估的重要指标,使外部顾客满意能够促进企业发展;增加顾客黏性可降低销售成本,获得价格优势。可分析顾客满意度、投诉率等相关指标。使内部顾客满意,能够增强企业凝聚力,提高整体竞争力,获得员工忠诚。

4）产品检验

检验的投入成本可使用作业成本法进行分配(动因)处理。

产品检验过程的质量分析内容包括检验规定执行情况分析和检验结果的准确性分析。

检验规定是质量检验工作依据的文件。检验环节应包括:

① 检验对象;

② 检验内容:外观、尺寸等;

③ 检验方式:全数、抽样、自动检验等。

（1）检验规定执行情况分析:

① 按检验对象检查检验记录(判断是否按检验规则进行检验);

② 统计检验规则执行水平(规定检验项次之和占应检验项次百分比);

③ 对检验规则未执行的原因进行分析(提出改进方案)。

（2）检验结果的准确性(检验准确率)分析

评价检验准确率的指标:

① 检验误判率。误判是指检验合格品中仍有不合格的,或检验不合格品中有合格品。

② 产品开箱合格率=开箱合格产品累计数量/同期开箱销售产品累计数量

③ 中间商产品质量因素退货率=因质量问题退货数量/同期销售数量

④ 售后产品报修率=需要维修的产品数量/同期销售数量

检验工作准确性评价:是否制定了检验工作准确率判别标准;是否根据评价,检验准确率的不同类型,收集或者复验检验工作准确率的相关数据,计算出准确率(或差错率);判别计算结果是否在正常数量范围内,发现准确率不高时,是否及时追踪并寻找原因。

## 5. 流程优化

流程优化是指从根本上对原来的业务流程作彻底的重新设计,改善组织结构,如把直线职能型的结构转改为平行的流程结构,优化管理资源和市场资源配置,实现组织结构的扁平化、信息化和网络化,从结构层次上提高企业管理系统的效率和柔性。

业务流程优化是指通过不断发展、完善、优化业务流程,从而保持或增强企业竞争优势的战略措施,包括对现有(原有)工作流程的梳理、完善和改进的过程,从本质上反思业务流程,彻底重新设计业务流程,以便在当今衡量绩效的关键指标(如成本、速度、服务、收入、盈利)上取得突破性的改变。

　　为了适应成本核算、成本预测、决策和成本控制及绩效评估的需要,为了比较容易地找寻进一步降低成本的途径,对成本可依据不同目的按各种不同的标准加以分类。而管理会计在实施过程中通常使用项目这个概念。项目是为了达到特定目的而调集到一起的资源组合,它与常规任务之间的关键区别是:项目通常只做一次;项目是一种特殊的工作,即按照某种常规范围及应用标准生产新产品或完成某项新任务。这种工作要求应当在限定的时间、成本范围、人力资源及资产等项目参数内完成。

　　项目成本是指项目从设计到完成期间所需全部费用的总和,包括基础投资、前期的各种费用、项目建设中的贷款利息、管理费及其他各种费用等。因此,准确预估项目所需的投资额,科学制定资金筹措方案,并且依据现行的经济法规和价格政策准确地估算出财务数据,才是能够控制成本、提高投资效益的重要途径。

## 2.2　成 本 分 析

### 2.2.1　成本概述

#### 1. 成本的概念

　　成本(cost),是为组织在现在或未来带来经济利益的产品或服务而牺牲的现金或现金等价物的价值。发生成本是为了创造未来的利益。在企业中未来利益通常意味着收入,当成本被用来创造收入时,它被叫作"消逝"(expire)。消逝的成本称为费用(expenses),反映在每个期间的利润表上,费用被用来扣减收入以确定当期的利润。一项损失(loss)是指消耗了成本却没有产生任何收入。如洪水灾害的未保险存货将被划归为利润表上的损失。

　　成本不会在一个特定期间内消失,这些未消失的成本在资产负债表中显示为资产(assets),机器设备等是常见的使用一个期间以上的资产。一项成本划归为资产还是费用,主要区别是对期间范围的认定。

#### 2. 成本对象

　　计量成本,首先就要明确计量的对象是什么。成本对象(cost objects)可以是为其计量与分配成本的任何事物,它们可能包括产品、顾客、部门、项目、作业等。比如我们想确定一瓶酱油的生产成本是多少,那么成本对象就是酱油;同样,如果需要确定仪器仪表的维修部门的经营成本,那么成本对象就是该维修部门。进而在作业成本系统中,一项作业也是成本对象,一项作业(activity)是一个组织运行工作的基本单位。一项作业也可以定义为,一个组织中有助于管理者实现规划、控制及决策制定目的的行为之集合体。

在制造业企业中生产成本包括直接材料、直接人工和制造费用,这三项组成产品的生产成本。

另外还有非生产成本的概念,主要指销售费用和管理费用。

## 2.2.2 成本分配

明确了成本对象后,就要将成本准确无误地分配至成本对象。准确无误并不是指成本就是唯一的,相反,由于定性的确认和分配的法则的合理性与逻辑性的原因,成本的准确性是个相对的概念。分配方法不同,对成本准确性会有不同的认识。但是更重要的是一旦出现扭曲的成本分配结果,就会导致决策的失败。为减少出现扭曲的成本认识观,可以进一步对成本进行分类。

### 1. 可追溯性分类

根据成本与成本对象之间的关系,我们可以根据是否可以追溯来区分:间接成本(indirect cost)是指那些不能轻易且准确地追溯到成本对象的成本,直接成本(direct cost)则是能够轻易且准确地追溯到成本对象的成本。轻易且准确地追踪成本对象是指借助因果关系(causal relationship)来分配成本。因此,可追溯性(traceability)是指借助于因果关系的成本而使用一种经济可行的方法将成本直接分配给成本对象的能力。可追溯的成本对象越多,成本分配的准确性就越高,一个成本管理系统会有多个成本对象,一项成本项目也会因为参照物的不同可能被同时划为直接成本和间接成本。

1) 追溯方法

成本能够直接轻易准确地分配,是因为其因果关系的存在,将成本追溯至成本对象有两种方法:直接追溯、动因追溯。直接追溯是指识别与成本对象之间存在具体或自然的关系的成本并将其分配至成本对象的程序。直接追溯大多数只要通过自然观察就可以做到,如以生产酱油为成本对象,那么直接观察就可以知道生产工人的工资和生产所需的大豆等原材料,就是与成本对象(酱油生产企业)之间存在(通过自然观察)可具体指明关系的成本。

但是,通过自然观察一个成本对象所耗用的资源的精确数量,则有些勉为其难,通常采用第二种最好的方法:使用原因—结果推理以找出影响因素(称为动因),动因可以被观察并用以计量一个成本对象所耗用的资源。动因(drive)是导致资源使用量、作业量、成本以及收入发生变化的因素。动因追溯(drive tracing)使用动因将成本分配给成本对象。尽管其精确度要低于直接追溯,但是如果原因—结果是合理的话,动因追溯仍然可以做到较为准确。

2) 分配间接成本

间接费用不能追溯至成本对象的原因主要是成本与成本对象之间没有因果关系,或者有因果关系但是计量追溯过程不具有经济性。将间接成本分配到成本对象的过程被称为分摊(allocation)。既然不存在因果关系,那么分摊间接成本的基础就是便利性或某种假设的联系。如以一个制造多种产品企业的供热与供电成本为例,一个便利的方法是简单地按照每个产品所耗用直接人工工时的比例来分摊该成本。主观地分摊间接成本会降低成本分配的整体准确性。当然最好的成本计算政策是只追溯直接成本至成本对象的那种成本分配政策。

## 2. 按可控性分类

按可控性分类是以成本费用发生能否可控为标志,将成本划分为可控成本和不可控成本。可控成本主要是指各种被考核对象的成本的发生是可以掌握、计量控制及调节的,否则就是不可控成本。一般而言成本的可控与否主要是针对责任中心来讨论的。

(1) 可控成本是指能在一个责任单位(包括部门、生产车间、工段、班组,甚至个人等)的职责范围内加以调节、掌握和控制的成本。

(2) 不可控成本是指不能在一个责任单位或个人的职责范围内加以调节、掌握和控制的成本。

但是必须明确,成本是否可控并不是固定指什么项目的成本,而必须同一个具体的责任单位或个人职责联系起来。某项成本从某一责任单位来看是不可控成本,但是从另一个责任单位或负责人来看,就有可能是可控成本。因此,可控成本与不可控成本具有一定的相对性。就整个企业来说,所有成本都应该是可控的,如原材料的采购从生产车间看是不可控的,而由负责采购业务的责任单位来看,则是可控的。另外,理解成本可控性还必须同成本发生的时间相联系进行考察。如,成本在产品设计阶段、成本的决策和计划阶段尚未发生,基本上都是可控的;在产品生产过程中,产品成本只是部分可控;而在产品完工之后,成本已基本形成,也就无所谓可控与不可控的分析了,因此从这方面来看,事前控制也就应作为成本控制的重点。将成本划分为可控成本与不可控成本,对责任单位的绩效评价工作非常重要,对其应用将在后续章节详细说明。

## 3. 按相关性分类

按照成本的发生是否与决策的方案有关联,可以将成本分为相关成本和无关成本。

相关成本(related cost),是指与未来决策有关联的、在决策分析时必须加以考虑的成本。比如,机会成本、假计成本、差量成本、边际成本、重置成本、付现成本、可避免成本、可延缓成本和专属固定成本等都属于这一类。

无关成本(irrelevant cost)也叫非相关成本,是指过去已经发生或虽未发生,但对未来决策没有影响的、在决策时不必加以考虑的成本。比如,历史成本、沉没成本、共同成本、不可延缓成本、不可避免成本等都属于这一类。另外,在各个备选方案中项目相同、金额相等的未来成本也属于无关成本。

## 2.2.3　产品成本

### 1. 产品与服务成本

企业的生产过程的产出通常有两种形态,分别为有形产品(tangible products)和无形产品(即服务,service)。

有形产品是指通过使用人工以及诸如厂房、土地和机器设备等资本性投入,将原材料转换成完工成品而生产出来的物品,仪器仪表、酱油、醋等都是有形产品的例子。

服务是指为某个顾客而完成的任务或作业,或因为某个顾客使用一个组织的产品或设施的一项作业。服务也要使用材料、人工和资本性投入来生产。保险、会计、法律等都是为顾客而完成的服务作业的例子。

服务在三个方面区别于有形产品:无形性、易消逝性和不可分割性。无形性的含义就是,服务的买方在买到一项服务之前不能看见、感觉、听到或尝试该服务的式样。易消逝性意味着服务不能被储存(有形产品不能被储存的非正常情况较为少见)。而不可分割性是指服务的生产者和其购买者通常必须为该交易而直接接触。事实上,服务通常是不可与其生产者相分离的。

### 2. 产品成本的构成

产品成本的构成并不是很随意,尤其是在针对外部投资者披露报告时的强制性要求下,成本的确定具有一定的规范。成本可进一步分为两种主要的功能类别:生产成本与非生产成本。生产成本可进一步分为直接材料、直接人工和制造费用。

1) 直接材料

直接材料是指那些可以追溯至所生产之物品或服务的材料。日常中会计人员在对材料费用进行归集时必须分清直接材料和间接材料。直接材料主要包括以下三种:一是构成产品实体的各种原料、主要材料;二是在产品制造过程中消耗的各种燃料和动力;三是有助于产品形成的各种辅助材料。直接材料可以直接计入某成本对象,反映在成本计算单"直接材料"一栏中。

企业在生产过程中会消耗各种材料,包括原材料及主要材料、燃料、辅助材料、半成品、修理用备件、周转材料等。制造企业为了确保生产经营活动连续不断地进行,购入、耗用甚至销售材料等业务是不可或缺的,材料总是处于不断的流转过程中,材料在整个企业的营运过程中充当着极为重要的角色,同时也会耗用和积压企业大量的资金,它是企业流动资产的主要组成项目。在企业日常工作中,对材料的管理、控制显得极为必要。目的就是为了让材料既能满足企业经营需要,因为材料不足或质量不好往往会造成企业开工不足或失去销售机会,又不能过多占用企业资金、增加仓储保管费。因此,企业应当十分重视对材料的管理与控制。

材料费用的归集在实务中就是按材料品种和规格通过各种表格来计算确定本期制造过程所耗用的材料总成本和单位成本,以便为后面的材料分配工作做好充分的准备。常用的流转单证包括领料单、限额领料单、退料单等。任何单证都必须符合规定,必须通过审核并签章才能作为归集材料费用的依据,因为材料费用的归集准确与否将直接关系到后续的产品成本计算的准确性。

(1) 材料的计量制度

① 永续盘存制:也称账面盘存制,就是通过设置存货明细账,对日常发生的存货增加或减少进行连续登记,并随时在账面上结算各项存货的结存数并定期与实际盘存数对比,确定存货盘盈盘亏的一种制度。使用永续盘存制可以随时反映某一存货在一定会计期间内收入、发出及结存的详细情况,有利于加强对存货的管理与控制,取得库存积压或不足的资料,以便及时组织库存品的购销或处理,加速资金周转。常用公式如下:

期末结存数量 = 期初结存数量 + 本期收入数量 - 本期发出数量

② 实地盘存制:又称定期盘存制、以存计销(我国商业企业)、以存计耗(我国工业企业),通过对期末库存存货的实物盘点,确定期末存货和当期销货成本的方法。常用公式如下:

材料发出数量 = 期初结存数量 + 本期收入数量 - 期末结存数量

(2) 领、发、退库和盘点制度

企业为了明确各耗料部门的经济责任,严格控制材料的成本,应在企业内部设计和规范材料流转的必要路径,包括领、发料时的必要手续,经办人员的签章等。实务中企业领发料的主要会计凭证有领料单、限额领料单和领料登记簿等。每个耗料部门都应该选择采用某种领料单,详细记录每次领料的实际情况,到了月末,要根据不同部门(车间、管理部门等)分别进行汇总,编制材料费用分配表,计算出各自的材料消耗总量和金额。

车间(分厂)月末已领未用的产品原材料,必须办理实物退料或"假退料"手续。产品完工下场,工作命令执行完毕或中途停止执行时,所有已领未用的原材料应全部退库,不得移作他用。

2) 直接人工

直接人工是指那些可以追溯至所生产的物品或服务的人工,比如仪器仪表公司的生产线上的工人工资。直接人工的工资总额是指企业在一定时期内支付给全体职工的薪酬,包括:计时工资、计件工资、奖金、津贴和补贴、非货币性福利、辞退福利、五险一金、职工福利费、工会经费和职工教育经费等。企业工资费用的归集主要通过考勤记录、产量记录和工时记录来展开。

记录企业人工工资绩效的方式之一为出勤率,如考勤记录表。企业考勤记录一般要按车间、班组、科室分别登记,形式有考勤簿和考勤卡两种记录方式,一般由企业考勤人员根据企业在册员工的编号、姓名逐日登记员工的出勤和缺勤时间,月末要对全部员工的考勤情况进行分类汇总,同时要对员工的变动状况作出相应调整,最后由车间、班组、科室等负责人签章,连同有关证明文件送交劳动人事部门审核转财务部门发放员工的薪酬。主要内容应该包括职工出勤和缺勤情况、出勤时间分析、缺勤时间分析等,它是计算职工工资费用和企业进行管理决策的重要依据。其格式如表 2-1 所示。

表 2-1　企业考勤表

第一生产车间 A 组　　　　　　　　　　　　　　　　　　　　　　　　　　2020 年 5 月

| 编号 | 姓名 | 工资等级 | 出勤、缺勤 | | | | | 合计 | | 出勤情况详细 | | | | 缺勤情况详细 | | | | | | 迟到、早退 | 备注 |
| --- | --- | --- | --- | --- | --- | --- | --- | --- | --- | --- | --- | --- | --- | --- | --- | --- | --- | --- | --- | --- | --- |
| | | | 1 | 2 | 3 | 4 | … | 出勤 | 缺勤 | 计时工作 | 夜班工作 | 加班加点 | ⋮ | 工伤 | 产假 | 病假 | 旷工 | 事假 | ⋮ | | |
| 01 | ××× | 7 | | | | | | | | | | | | | | | | | | | |
| 02 | ××× | 7 | | | | | | | | | | | | | | | | | | | |
| 03 | ××× | 6 | | | | | | | | | | | | | | | | | | | |
| 04 | ××× | 5 | | | | | | | | | | | | | | | | | | | |
| 05 | ××× | 5 | | | | | | | | | | | | | | | | | | | |
| 06 | ××× | 3 | | | | | | | | | | | | | | | | | | | |
| | 合计 | | | | | | | | | | | | | | | | | | | | |

　　记录企业人工工资绩效的方式之二是产量记录表、工作通知单。制造业企业为了对每位员工或班组按每道工序或每道作业分配生产任务并记录其生产数量,通常要开设"工作通知单"作为产量记录的凭证,实务中称为"派工单、工票",员工要按照"单"内的要求认真按时完成相应作业,然后将产品连同工作通知单交由检验人员验收、签章,据以计算其工资和工时。它适用于单件、小批生产的管理上不要求计算半成品成本的企业。其格式如表 2-2 所示。

表 2-2　工作通知单　　　　　　　　　　　　　　　　　　　　　　　　　　2020 年 6 月

| 工作号令 | | | 车间 | | 工段 | | | 小组 | | 姓名 | | 工号 | | 等级 |
| --- | --- | --- | --- | --- | --- | --- | --- | --- | --- | --- | --- | --- | --- | --- |
| 223 | | | 二车间 | | 二工段 | | | 二小组 | | ××× | | ××× | | 3 级 |
| 产品或订单号 | 零件编号 | 工序 | 机床号 | 工作等级 | 计量单位 | 数量 | 工时定额 | | 开工时间 | 完工时间 | 实际工时 | 交验数量 | 合格数量 | 返修数量 | 工废数量 | 料废数量 | 缺额 | 检验员号 | 废品通知单 | 工资/元 | | |
| | | | | | | | 单位工时 | 总工时 | | | | | | | | | | | | 计件单价 | 合格品工资 | 废品工资 | 合计 |
| | | | | | | | | | | | | | | | | | | | | | | | |
| | | | | | | | | | | | | | | | | | | | | | | | |

　　记录企业员工的工资实绩的单据有工序进程单。制造业企业为了记录产品的加工进度,分配生产任务,需要按每批产品的整个生产工艺过程开设"工序通知单"作为产量记录的凭证,实务中常称为工序单、多工序工票、加工路线单等。它是以加工的产品为对象而开设的产量和工时记录,可用以分派生产任务,记录每道工序的产量、实际工时和完成的定额工时,适用于成批生产类型的企业。其格式如表 2-3 所示。

表 2-3　工序进程单　　　　　　　　　　　　　2020 年 8 月

| 车间名称 | 工段 | 产品型号 | 部件与零件编号及名称 | | | | | | | | 投产数量 |
|---|---|---|---|---|---|---|---|---|---|---|---|
| | | | ×××产品 | | | | | | | | ×× |
| A 车间 | 三工段 | ×号 | 检查结果 | | | | | | | | |
| 机床号 | 任务完成情况 | | | | | 实际工时 | 交验数 | 合格数 | 返修数 | 工废数 | 料废数 | 缺额 | 检查员 | 工作班产量记录编号 |

| 机床号 | 姓名 | 工序 | 数量 | 工时定额 | 开工 | | 实际工时 | 交验数 | 合格数 | 返修数 | 工废数 | 料废数 | 缺额 | 检查员 | 工作班产量记录编号 |
|---|---|---|---|---|---|---|---|---|---|---|---|---|---|---|---|
| | | | | | 日期 | 时间 | | | | | | | | | |
| 01 | | | | | | | | | | | | | | | |
| 02 | | | | | | | | | | | | | | | |
| 03 | | | | | | | | | | | | | | | |
| 04 | | | | | | | | | | | | | | | |
| 05 | | | | | | | | | | | | | | | |

3）制造费用

制造费用是指企业的各个生产单位（分厂、车间）为生产产品或提供劳务而发生的，应计入产品成本但没有专设成本项目的各项生产费用。

制造费用有两个特点：①它一定是在生产部门发生的，与产品生产有关，其最终归属一定是产品成本；②它是特定会计期间发生的生产费用，一般与具体的产品及产品数量无直接关系。

无论生产较多数量还是较少数量产品，甚至停产，在生产车间总有一些固定要发生的费用，如机器折旧、车间厂房折旧、机器日常维修护理等费用。

制造费用的组成：

（1）间接用于产品生产的费用；

（2）部分直接用于产品生产的直接生产费用；

（3）车间用于组织和管理生产的费用。

制造费用的归集，是在制造费用发生时，根据有关的付款凭证、转账凭证和各种费用分配表记入"制造费用"账户的借方，通过登记，把所发生的费用都归集起来，从"制造费用"的对应科目来看，应贷记"原材料""应付职工薪酬""累计折旧""预提费用""银行存款"等科目；同时按费用的项目，分别记入制造费用明细账"工资""折旧费""修理费"等项目中。其格式如表 2-4 所示。

表 2-4　制造费用明细账

车间：基本生产车间　　　　　　　　　2020 年 4 月　　　　　　　　　　　单位：元

| 摘要 | 机物料消耗 | 外购动力 | 工资及福利费 | 折旧费 | 修理费 | 水电费 | 保险费 | 办公费 | 其他 | 合计 | 转出 |
|---|---|---|---|---|---|---|---|---|---|---|---|
| 其他费分配表 | | | | | | | | | | | |
| 材料费分配表 | | | | | | | | | | | |
| 动力费分配表 | | | | | | | | | | | |

续表

| 摘　　要 | 机物料消耗 | 外购动力 | 工资及福利费 | 折旧费 | 修理费 | 水电费 | 保险费 | 办公费 | 其他 | 合计 | 转出 |
|---|---|---|---|---|---|---|---|---|---|---|---|
| 人工费分配表 | | | | | | | | | | | |
| 待摊费分配表 | | | | | | | | | | | |
| 折旧费分配表 | | | | | | | | | | | |
| 辅助生产分配 | | | | | | | | | | | |
| 合计 | | | | | | | | | | | |
| 分配转出 | | | | | | | | | | | |

　　制造费用的分配,应区别各车间进行分配。在只生产一种产品的车间,可以直接计入该产品成本。在生产多种产品的车间,应采用适当的分配标准,分配计入各产品成本。分配方法一般可采用生产工时(实际工时或定额工时)比例法、生产工人工资比例法、机器工时比例法,或财务制度规定的其他分配方法。

　　一般较多采用工时比例法,因这种方法的优点是资料容易取得,方法较简单,在原始记录和工时统计资料比较健全的车间,都可采用这种方法。但不论采用实际工时、定额工时或者机器工时都不应忽视各种机床小时工的差别。如在一个机床型号较多、精密复杂程度相差悬殊的车间里,就必须以各类机床的折旧、维修、保养等方面费用为依据,计算与编制设备复杂系数表,再按系数分别统计与折算生产工时,据以分配制造费用,这样更为合理、准确。企业应当加强基础工作,争取采用这种按系数折合工时的工缴费用分配方法。

　　企业应制定符合国家政策和企业自身运作的会计制度,以及会计人员在核算生产成本时所遵循的基本规范。比如,成本核算的基本原则(如重要性原则、正确划分收益性与资本性支出原则、权责发生制原则、受益因果原则、实际成本计价原则、一致性原则等六项),还有的更多项包含了全面成本管理的内容,如只用于确定损益和资产价值必须对外公开财务信息服务的那一部分成本会计的范畴,和对内服务管理需要的那一部分特定成本的信息,是不需要公开也就没有必要在全社会形成统一的规范。因此我们认为如上的成本核算基本原则在成本核算中必须遵守。并且要严格执行国家规定的成本开支范围,正确划分各种产品成本的界限(划分正常支出和非正常支出的界限、划分资本性支出和收益性支出的界限、划分生产费用和期间费用的界限、划分各种成本计算对象的费用界限、划分完工产品和在产品的费用界限)。

　　以上五个方面的费用界限的划分,都应该贯彻受益原则,即谁受益谁负担费用,什么时间受益什么时间负担,负担费用多少应该与受益程度大小成正比。这五个方面的费用划分过程,也是产品制造成本的计算过程。

## 2.3　成本在报表中的列示方法

外部财务报告要求对成本按功能进行分类,在编制利润表时,生产成本与非生产成本是分开列报的。其分开列报的原因是生产成本是产品成本,该成本在产品个体被售出之前应被存货化,而销售及管理等非生产成本被视为期间成本,因此,已售产品的生产成本被确认为一项费用,产品销售成本列入利润表。

未出售产品的生产成本在财务报告中被列为存货,列入资产负债表。销售及管理费用被视为期间费用,并且必须如同利润表中的费用项目一样,逐项、逐期扣减,非生产成本不能列入资产负债表。

### 1. 产品制造成本计算表

产品制造成本计算表如表 2-5 所示。

表 2-5　制造成本计算表

| 直接材料 | 期初存货 | | |
|---|---|---|---|
| | 加:本期购入 | | |
| | 减:期末存货 | | |
| | 小计 | | |
| 直接人工 | | | |
| 制造费用 | | | |
| 本期增加的制造成本总额 | | | |
| 加:期初在产品 | | | |
| 减:期末在产品 | | | |
| 产品制造成本合计 | | | |

### 2. 完全成本法和变动成本法下的利润表

完全成本法和变动成本法下的利润表如表 2-6 所示。

表 2-6　两种利润表比较

| 项　目 | 去年 | | 当年 | | 备　注 |
|---|---|---|---|---|---|
| | 完全成本法 | 变动成本法 | 完全成本法 | 变动成本法 | |
| 销售量/件 | | | | | |
| 生产量/件 | | | | | |
| 销售收入 | | | | | |
| 销售成本 | | | | | |
| 期初存货 | | | | | |
| 变动性制造成本 | | | | | |

| 项　目 | 去年 | | 当年 | | 备　注 |
|---|---|---|---|---|---|
| | 完全成本法 | 变动成本法 | 完全成本法 | 变动成本法 | |
| 固定性制造成本 | | | | | |
| 销售毛利 | | | | | |
| 边际贡献 | | | | | |
| 固定性制造费用 | | | | | |
| 固定性销管费用 | | | | | |
| 税前利润 | | | | | |

# 2.4　生产业务(作业)实践流程

本节介绍生料酿造食醋的工艺过程以及相关原理。

## 2.4.1　原辅材料及工艺流程的识别

食醋酿造需要的原、辅材料包括：玉米淀粉、麸皮、稻壳、细菌抑制剂、食醋曲精、食用盐、苯甲酸钠、生产用水(无毒无害)。

食醋生产过程严格按照规范工艺要求，具体如下：

原料处理→制曲→发酵→浸淋→澄清增香→调配灭菌→澄清→成品。

## 2.4.2　食醋的制作方法

### 1. 原料处理

1) 调配细菌抑制剂

根据各类微生物生长的 pH 值的要求控制，选用食用冰醋酸作为细菌抑制剂，预先将适量的冰醋酸溶于全部制曲用水中，混匀后备用。

2) 配料

100kg 淀粉加麸皮 150kg，稻壳 5kg，醋酸水 250kg，曲精 150g。将各种原辅料按比例一同装入球锅内，盖好转动 10 分钟，使料水和曲精在锅内混合均匀，然后经打料机打碎后倒入制曲池。

### 2. 制曲

曲料装入制曲池后摊平，应厚薄均匀、疏松一致。制曲室温控制在 10℃以上。

生料制曲周期以 46 小时左右为宜，培养过程中，品温控制在 32℃～37℃为宜。当曲料结块较硬、影响通风时,需用不锈钢叉进行铲曲,铲透,不翻曲。

### 3. 发酵

1) 发酵容器

本工艺选用食用级圆形玻璃钢池作为发酵容器。

2) 制醅

将成熟醋曲移至拌料台,拍碎曲块,再掺入淀粉 45% 的生稻壳,拌和均匀,勿经打碎机而是直接移入发酵池。然后将醋曲摊平压实,厚度以 65cm 左右为宜。在表面均匀浇入淀粉 1.6 倍的清水,用纱网盖好发酵池口。

3) 前期固态发酵

制醅完毕,前期 48 小时为固态发酵阶段。此时任其自然发酵,品温高低不限。室温不低于 10℃ 时勿采用提高室温措施。春秋季,发酵 48 小时左右上层品温 50℃ 左右,夏季 55℃ 左右,冬季 40℃ 左右。

4) 后期回浇发酵

(1) 酒精发酵

前期固态发酵结束,再向醋醅表面浇入淀粉 3~4 倍的清水。连续 3 天,每天早、晚各回浇 1 次,醋液均匀回浇在醅面,根据水泵流量,每次回浇 5 分钟左右。醋醅上层温度控制在 30℃~35℃ 为宜。

(2) 醋酸发酵

醋醅入池第 6 天起,转为以醋酸发酵为主阶段,此时采用回浇与凹凸翻醅措施,确保醋酸发酵顺利进行。每天早晨回浇后,待醋液刚渗入醋醅中,敞开塑料布,扩大醋醅与空气接触面。再次翻醅将其翻成凸形,循环进行。根据季节决定每天翻醅的次数和控制的温度,具体见工艺说明书。整个醋醅发酵周期在 22 天左右(冬长夏短)。

(3) 加盐后熟

醋醅发酵过程中,各阶段均应取醋液检测酒精、还原糖、总酸等含量,从而分析各阶段的控制水平。操作过程见该环节工艺说明书。

### 4. 原池浸淋

根据需要,可以把回浇醋液单独淋出,也可不淋出而直接用上一批醋梢浸泡醋醅,醋梢用量为淀粉的 5 倍左右,浸泡 8 小时以上便可淋醋。

### 5. 澄清增香

淋出的醋液充分混匀后,取样检验总酸含量,作为评价技术水平的主要依据。一般情况下,原料相同,淋出醋液数量相同时,总酸含量越高,不但原料出品率高,而且醋的香气等感官指标亦优。

### 6. 调配灭菌

澄清增香 2 个月以上的醋液,由储存罐高位阀门输送至车间调配池,按品种需求,可加入适量清水、中草药、糖类等物质,调整苯甲酸钠含量在 0.8‰左右,混合均匀加热至 80℃~85℃,维持 30 分钟,冷却至 60℃以下输送至成品储存罐。

### 7. 澄清

经调配灭菌输送至成品储存罐的食醋,沉淀 7 天后取样检验合格,继续澄清 3 周以上方能包装销售,否则及时重新调配灭菌。

## 2.4.3　工艺、产品质量与成本分析

企业从传统的生料制备麸曲,到熟料制备醋醅,进而到今天的全生料酿造食醋,选用不同原料,采用不同操作方法,进行了多方面的探讨,在生产实践中积累出这套生料酿醋工艺。其突出特点是借鉴了酱油全料制曲工艺,对提高生料醋的香气和澄清度起到了决定性作用。

感官指标方面,生料食醋的颜色略浅于熟料食醋,但光泽相当。刚淋出的醋液,熟料食醋的香气略优,生料食醋的口感更柔和一些,储存 2 个月后就很相似了。两者的澄清度基本一致,熟料食醋略优。(属产品质量检验)

初期投入为原材料投入,中期为操作过程(人工费用、材料费用及工具使用等的投入)。由于生料酿醋工艺简化,减少了人工、节约燃料,原料出品率与熟料酿醋相当,因而生产成本降低 6%左右,管理会计人员可关注各环节的程序过程中所花时间及所投入资源,作为成本核算的依据。人工费用主要依据人工小时率,原醋等材料依据采购环节数据和加工环节数据获得。

本案例由张国春等《生料酿造食醋工艺介绍》(原载《中国调味品》,2016.11)改编而成。

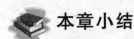 **本章小结**

本章重点介绍了管理会计所提倡的流程管理的内容,也为业财合一的理论与实践作铺垫。通过案例分析把实务中的流程管理详细展开列示,并且把成本的核算理论与成本分析和成本分类融合在一起进行了介绍,把握产品成本的具体内容,分析和计算直接材料、直接人工和制造费用的实务应用。

**复习思考题**

1. 详述成本分类的特点。
2. 查阅资料分析讨论食醋行业食醋流程中成本的发生点。
3. 分析变动成本法与完全成本法的实务应用的难易点。

 **自测题**

# 第 3 章

# 成 本 核 算

## 学习目标

1. 重点掌握企业对成本费用核算的基本要求及划分各种费用的界限。

2. 掌握直接分配法、交互分配法、代数分配法、顺序分配法、计划分配法等辅助生产费用分配方法及制造费用正确的分配。

3. 掌握广义和狭义在产品的概念。

4. 掌握生产费用在完工产品与在产品之间的分配方法。重点掌握适用范围最广的约当产量比例法。

5. 了解原材料的投料程度和人工与制造费用的加工程度两个概念。

## 3.1 业务流程与成本核算

成本计算方法有很多种,企业选择哪种方法主要受企业业务流程(生产特点)及成本管理要求所制约。

### 3.1.1 企业的生产业务模式特点

企业生产特点,通常是指企业生产类型的特点,它包括产品生产工艺过程和生产组织方式两个方面的内容。

#### 1. 产品生产的工艺过程特点

产品生产的工艺过程是指从原材料投入生产直到产成品的产出所顺序经过的各个生产阶段或环节。通常还要考虑细分的单步骤和多步骤两种生产类型。

单步骤生产,又称为简单生产,是指生产工艺过程不能间断的生产,或者是由于工作特点的限制而不便于分散在几个不同地点进行的生产。多步骤生产,又称为复杂生产,是指生产工艺过程由若干个可以间断的、分散在不同地点的生产步骤所组成的生产,各个生产步骤的生产可以在同一时间进行,也可以不在同一时间进行,这种类型的生产可以由一个车间或企业进行,也可以由几个车间或企业协作进行。

应注意,单步骤生产实际上也是连续式生产,它与多步骤连续式的区别在于单步骤生产不能间断,而多步骤生产的生产工艺可间断。

### 2. 生产组织方式的特点

生产组织方式主要指企业生产产品的品种的多少、同种产品的产量的大小及其生产复杂程度。按照企业生产组织方式的特点,企业生产可以分为大量生产、成批生产和单件生产三种类型。

## 3.1.2    生产特点和管理要求对成本计算的影响

生产特点和管理要求对成本计算的影响,主要表现在成本计算对象、成本计算期以及完工产品与在产品成本的计算的确定上。而成本计算对象是区别不同成本计算方法的主要标志。

### 1. 成本计算对象的确定

成本计算对象的确定,不仅要考虑生产的特点,而且要考虑成本管理的要求。

1)根据生产工艺和成本管理的要求确定成本计算对象

生产工艺过程和成本管理要求不同,成本计算对象也不尽相同。在单步骤生产的企业中,由于生产工艺过程不可间断,或者不需要或者不便于划分为几个生产步骤,因而客观上就不可能或不需要按生产步骤计算产品成本,而管理上也只要求以产品的品种或批别作为成本计算对象,计算各种产品成本。在多步骤的生产企业中,由于生产工艺过程由若干个可以间断的、分散在不同地点进行的生产步骤组成,因而不仅可以按照产品的品种或批别计算产品成本,而且还可以按照生产步骤计算成本,以便考核和分析各个生产步骤的产品成本,加强各个生产步骤的成本管理。但是,当企业的规模较小,管理上又不要求按照生产步骤考核生产费用时,计算产品成本也可以不按照生产的步骤进行,而只以产品品种或批别为成本计算对象,计算各种产品和各批产品的成本。

2)根据生产组织方式和成本管理的要求确定成本计算对象

生产组织方式不同,成本计算对象也不尽相同。在大量生产条件下,由于产品是连续不断进行,大量生产品种相同的产品,因而管理上只要求也只能要求以产品品种为成本计算对象来计算产品成本。

在大批生产条件下,产品批量较大,往往在几个月内不断地重复生产相同的产品,因而也往往同大量生产一样,只要求以产品品种为成本计算对象计算成本。由于大批生产的产品品种比较稳定,为经济合理地组织生产,耗用量较少的零部件往往集中投产,生产一批零部件供几批产品耗用,耗用量较多的零部件则另行分批投产。这样,零部件生产的批别与产品生产的批别往往很不一致,因而也就不可能以产品的批别作为成本计算对象,而只能以产品品种作为成本计算对象来计算成本。

在小批生产的条件下,产品的批量小,一批产品往往同时完工,因而有可能以产品的批别作为成本计算对象计算成本。为了考核和分析各批次产品(往往是各个不同客户的)的成本水平,在管理上要求以产品的批别为成本计算对象来计算成本。

在单件生产的条件下,生产按件组织,因而有可能也有必要以产品的件数为成本计算对象计算成本。由于单件生产可视同小批生产,因而以产品的件别为成本计算对象计算成本,也可以说是以产品批别为成本计算对象计算成本。

因此,在大量大批生产的条件下,只要求以产品品种为成本计算对象来计算成本;而在小批单件生产的条件下,则还要求以产品批别为成本计算对象来计算成本。

### 2. 成本计算期的确定

成本计算期,是指计算产品成本时,对生产费用计入产品成本所规定的起讫日期,即每次计算产品成本的期间。它主要决定于产品的生产组织方式,生产组织方式不同,成本计算期也不尽相同。在大量大批生产的条件下,每月都有一部分产品完工并对外销售,为了计算各月产品的销售成本和利润,就要去定期地按月计算产品成本。在这种情况下,成本计算期与产品的生产周期会不一致。在小批单件生产的条件下,不论产品生产周期长短,通常一张订单或一批产品要等到全部完工后才予以出售,产品成本需等到产品全部完工后才计算。因此,产品成本计算期具有不确定性,但与产品的生产周期一致。

需要注意,不论产品成本计算定期与否,当期(通常为月)发生的费用必须当期归集和分配,以便及时办理会计结算和考核产品成本水平,保证产品成本结算能够及时地进行。

### 3. 完工产品与月末在产品成本的计算

完工产品与月末在产品成本的计算,与企业的生产特点有密切的关系。在单步骤生产的条件下,生产工艺过程不能间断,生产周期较短,一般不存在在产品,或者在产品数量很少。计算在产品与否,对完工产品成本影响不大。这种情况下,可以不计算月末在产品成本,当月发生的生产费用全部由完工产品负担。但如果在产品数量较大,为了准确地计算完工产品成本,就应采用适当的方法将生产费用在完工产品与在产品之间进行分配。在多步骤生产的条件下,是否需要计算在产品成本,主要取决于企业生产组织的特点。在大量大批生产的条件下,由于原材料不断投入,产成品不断产出,生产过程中经常存在为数不少的在产品。在这种情况下,企业应该,而且管理上也要求计算在产品,以便准确地计算完工产品成本。在小批单件生产组织方式下，由于成本计算是不定期地进行的，要等到产品完工后才计算产品成本，而此时已无在产品存在，因此在这种情况下，不存在在产品成本计算问题。

综上，企业生产特点和管理要求不同，成本计算对象、成本计算期和在产品成本的计算也不尽相同。不同的成本计算对象、不同的成本计算期和不同的在产品成本计算相结合，就构成了各种不同的产品成本计算方法。而成本计算对象是决定成本计算方法的主要因素。通常成本计算方法也是以成本计算对象来命名的。为适应不同的生产特点和管理要求，可以以产品品种、批别或生产步骤作为成本计算对象，相应地成本计算方法就有品种法、分批成本计算法和分步成本计算法。这三种方法与企业的生产特点与成本管理要求密切相关，所以称其为产品成本计算的基本方法。

## 3.2    生产费用在完工产品与在产品之间的分配

### 3.2.1    在产品和完工产品的概念

#### 1．在产品的概念

制造业企业的在产品有广义在产品和狭义在产品之分。

广义的在产品是指没有完成全部生产过程，不能作为商品销售的产品。它包括还在车间加工的在产品（正在返修的废品也在内）和已经完成一个或几个生产步骤，但还需继续加工的半成品（未经验收入库的产品和等待返修的废品也在内）两部分。

狭义的在产品是指只包括该车间或该生产步骤正在加工中的那部分产品，车间或生产步骤完工的半成品不包括在内。

#### 2．完工产品的概念

完工产品是指在产品完成生产过程，经验收合格入库以后的产品。

#### 3．期末在产品与本期完工产品的关系

二者间的关系可用如下公式表示：

本月完工产品成本＝月初在产品成本＋本月发生的生产费用－月末在产品成本

若期初或期末或无产品，或者期中无在制品，则上述公式可被进一步简化。

#### 4．在产品数量的日常核对

在产品收发结存账如表 3-1 所示。

表 3-1　在产品收发结存账(台账)

车间：锻造车间　　　　　　　　　零部件名称：1204　　　　　　　　　单位：件

| 日期 | | 摘要 | 收入 | | 转出 | | | 结存 | | | 备注 |
|---|---|---|---|---|---|---|---|---|---|---|---|
| 月 | 日 | | 凭证号 | 数量 | 凭证号 | 合格品 | 废品 | 完工 | 未完工 | 废品 | |
| | | 合计 | | | | | | | | | |

## 3.2.2　生产费用在完工产品与在产品之间的分配

### 1. 在产品的分配方法

制造业企业实务中,通常要根据月末在产品数量的多少、各月间在产品数量的变化、各项费用在整个产品中所占比例的多少来选择合理的分配方法,在完工产品与月末在产品之间分配各项生产费用。常用的分配方法有以下几种。

(1) 不计在产品成本法。

(2) 在产品按年初数固定计算法。

(3) 在产品按原材料费用计价法。

(4) 在产品按完工产品成本计算法。

(5) 约当产量比例分配法。

对于(1)～(4)项基本上可以按照字面意义理解其计算方法。所谓约当产量法是指估约在产品的数量相当于完工产品的多少产量。完整的说法为:约当产量法就是先把实际结存的在产品数量按其完工程度折算为相当于完工产品的产量,然后,把产品成本计算单上的生产费用按照完工产品产量和在产品的约当产量的比例进行分配的方法(原材料不折算)。

特点:本月生产费用要在完工产品与在产品之间进行分配。

适用于:月末在产品数量较大,各月末在产品数量变化也较大,产品成本中材料费和加工费所占比重相差不多的产品。

这种方法适用面较广泛,特别是在月末在产品数量较大,且各月在产品数量不稳定的生产车间。为简化计算,一般采用 50% 作为综合折算率。

约当产量比例法的相关计算公式为:

$$在产品约当产量 = 在产品数量 \times 在产品完工程度$$

$$某项费用单位成本 = \frac{该项月初在产品成本 + 本月该项生产费用}{完工产品数量 + 月末在产品约当产量}$$

$$完工产品该项费用 = 完工产品产量 \times 该项费用单位成本$$

$$月末在产品该项费用 = 在产品约当产量 \times 该项费用单位成本$$

（6）在产品按定额成本计价法

特点：月末在产品成本按其数量和单位定额成本计算。

完工产品成本＝月初在产品费用＋本月生产费用－月末在产品定额成本

每月实际生产费用脱离定额的差异，全部由完工产品负担。

适用于：定额管理基础较好，各项消耗定额或费用定额比较准确、稳定，而且各月在产品数量变动不大的产品。

在产品定额成本法的相关计算公式为：

在产品直接材料定额成本＝在产品数量×材料消耗定额×材料计划单价

在产品直接人工定额成本＝在产品数量×工时定额×计划小时工资率

在产品制造费用定额成本＝在产品数量×工时定额×计划小时费用率

（7）在产品按定额比例法

特点：产品的生产费用按完工产品和月末在产品的定额消耗量或定额费用的比例，分配计算完工产品和月末在产品成本。每月实际生产费用脱离定额的差异，由完工产品和月末在产品共同负担。

适用于：各项消耗定额或费用定额比较准确、稳定，但各月末在产品数量变化较大的产品。

在产品定额比例法的相关计算公式为：

$$消耗量分配率＝\frac{月初在产品实际消耗量＋本月实际消耗量}{完工产品定额消耗量＋月末在产品定额消耗量}$$

完工产品实际消耗量＝完工产品定额消耗量×消耗量分配率

完工产品成本＝完工产品实际消耗量×原材料单价（或工时工资、费用）

月末在产品实际消耗量＝月末在产品定额消耗量×消耗量分配率

月末在产品成本＝月末在产品实际消耗量×原材料单价（或工时工资、费用）

或者：

$$直接材料费用分配率＝\frac{月初在产品直接材料费用＋本月实际直接材料费}{完工产品定额材料费（消耗量）＋月末在产品定额材料费用（消耗量）}$$

完工产品实际直接材料＝完工产品定额直接材料费用×直接材料费用分配率

月末在产品实际直接材料＝月末在产品定额直接材料费用×直接材料费用分配率

$$直接人工费用分配率＝\frac{月初在产品直接人工费用＋本月实际发生直接人工费用}{完工产品定额工时＋月末在产品定额工时}$$

完工产品实际直接人工＝完工产品定额工时×直接人工分配率

月末在产品实际直接人工＝月末在产品定额工时×直接人工分配率

$$制造费用分配率＝\frac{月初在产品制造费用＋本月实际发生制造费用}{完工产品定额工时＋月末在产品定额工时}$$

完工产品实际制造费用＝完工产品定额工时×制造费用分配率

月末在产品实际制造费用＝月末在产品定额工时×制造费用分配率

在产品按定额成本计价法和定额比例法都适用于事前签订合同的预计成本管理过程，适用面也比较广。在月末需要与实际成本进行比较，进行差异分析。

### 2．投料与完工程度

实务中，为了将分布在不同空间的在产品折合成相当于完工产品的数量，需要确定加工程度和投料程度。一般加工程度是针对直接人工和制造费用的单位成本计算而言的，而投料程度是针对直接材料的单位成本计算所说的。

1）完工程度的确定

在产品的加工程度是指在产品实耗（或定额）工时占完工产品应耗（或定额）工时的百分比。计算公式如下：

$$某工序在产品加工程度 = \frac{以前各道工序工时定额之和 + 本工序工时定额 \times 50\%}{完工产品工时定额} \times 100\%$$

2）投料程度的确定

在产品投料程度是指在产品已投入材料占完工产品应投入材料的百分比。其确定方法主要有以下三种情况：

（1）材料在生产开始时一次投入：此时投料程度达到 100%。

（2）原材料分工序一次投入：其计算公式为

$$某工序在产品投料程度 = \frac{以前各道工序材料消耗定额 + 本工序材料消耗定额}{产品材料消耗定额} \times 100\%$$

（3）原材料分工序陆续投入：其计算公式为

$$某工序在产品投料程度 = \frac{以前各道工序工时消耗定额之和 + 本工序工时定额 \times 50\%}{完工产品工时定额} \times 100\%$$

## 3.3　生产特点和管理要求的影响

制造业企业应当根据生产规模、产品种类、生产组织类型、工艺技术特点及成本管理的要求，选择适合的成本核算方法，制订成本核算细则。

企业在选定成本计算方法时，可以同时采用几种方法或几个方法综合使用。但要贯彻基本生产与辅助生产有别、主要产品与一般产品有别的原则。核算方法一经确定，应保持稳定，不要轻易改动，以便于前后期分析对比。

### 3.3.1　制造业企业的主要生产类型

成本计算方法的选择更多源自不同业务流程，因此应首先了解制造业企业的生产特点，按生产工艺过程和生产组织的特点来分类，具体如图 3-1 所示。

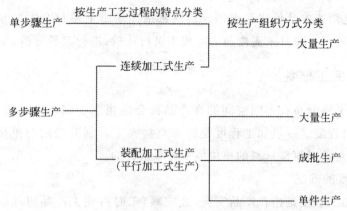

图 3-1　制造业企业主要生产类型图

（1）单步骤生产（简单生产）：是指生产过程在工艺上不能间断，或者不便于分散在几个不同地点和划分为几个生产步骤的生产。

（2）多步骤生产（复杂生产）：是指生产过程在工艺上可以间断，可以分散在不同时间、地点进行的产品生产。

（3）连续加工式生产：是指从原材料投入到产品完工，要依次经过各生产步骤的连续加工的生产，前一步骤完工的半成品为后一加工步骤的对象。

（4）装配式生产：是指各个生产步骤可能在不同地点同时进行，先将原材料平行加工成零部件，然后将零部件装配成产成品的生产。

（5）成批生产：是指预先确定批别和有限数量进行的生产。

（6）单件生产：是指根据订单，按每一件产品来组织生产。

### 3.3.2　生产特点对产品成本计算方法的影响

制造业企业如何选择产品成本的计算方法，主要取决于以下三个方面。

#### 1．成本计算对象的确定

（1）在大量大批简单生产的企业，一般以产品品种作为成本计算对象。

（2）在大量大批复杂生产的企业，一般以各生产步骤作为成本计算对象。

（3）在单件小批生产的企业，一般以产品的批别作为成本计算对象。

#### 2．成本计算期的确定

（1）大量大批生产的企业，产品的成本计算期与会计结算期一致，而与产品的生产周期不一致。

（2）小批单件生产的企业，产品成本计算期与产品生产周期一致，而与会计结算期不一致。

### 3. 生产费用在完工产品与在产品之间的分配

（1）单步骤生产一般没有在产品，所以不存在生产费用在完工产品与在产品之间分配的问题。

（2）多步骤生产是否需要在完工产品与在产品之间分配生产费用，很大程度上取决于生产组织的特点。

（3）大量大批生产由于生产不间断进行，而且经常有在产品，因而需要采用适当的方法，将生产费用在完工产品与在产品之间分配费用。

（4）在小批单件生产中，由于成本计算期与生产周期一致，因而一般不存在完工产品与在产品之间分配费用的问题。

## 3.4 成本计算方法

如前所述，成本计算的基本方法包括品种法、分批成本计算法和分步成本计算法，无论采用哪种方法，最终都要按产品的品种提供产品成本数据。通常称品种法为最基本的方法，该方法渗透或包含在分批成本计算法和分步成本计算法之中。

### 3.4.1 品种法

#### 1. 品种法的特点

成本计算的品种法，又称简单法，适用于生产期较短，不能或者管理上不要求划分生产步骤的简单生产，以及期末没有在产品或者在产品数量很少的大量大批生产企业。企业的铸造生产及供水、供电等辅助生产，都可采用品种法计算成本。

品种法核算的基本内容和程序是：

（1）以每一种产品为成本计算对象；

（2）按照产品品种和成本项目归集生产费用，计算各种产品的总成本；

（3）将各种产品的总成本分别除以各该产品的实际产量，求得产品的单位成本。

#### 2. 品种法的核算程序

（1）按产品品种开设成本计算单或生产成本明细账，账内按成本项目设置专栏。

（2）根据各项要素费用分配表及其他有关费用的原始凭证，登记产品成本计算单，辅助生产成本明细账，制造费用明细账，管理费用、营业费用和财务费用的明细账。

（3）根据待摊费用、预提费用明细账编制待摊费用、预提费用分配表，登记有关成本费用明细账。

（4）根据辅助生产成本明细账编制辅助生产成本分配表，将辅助生产费用按适当的分配方法分配给受益部门，并据以登记有关成本、费用明细账。

（5）根据制造费用明细账编制制造费用分配表，将制造费用分配给各种产品成本，并据以登记各产品成本计算表。

（6）根据产品成本计算单所归集的全部费用，采用适当的分配方法在完工产品与在产品之间进行分配，计算当月完工产品与在产品成本，编制完工产品成本汇总表，计算各种完工产品的总成本和单位成本。图 3-2 所示为品种法核算路径图。

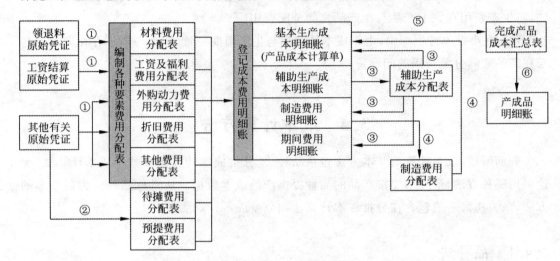

图 3-2　品种法核算路径图

## 3.4.2　分步成本计算法

### 1. 分步法的特点

分步成本法是按照产品的生产步骤归集生产费用，计算各步骤半成品和最后完工产品成本的一种方法，简称分步法。它主要适用于大量大批的多步骤生产的企业或车间。如纺织、冶金、化工、肉类加工、造纸等制造企业。

采用分步法的企业生产产品的特点如下。

（1）加工步骤是有一定顺序的，除最后步骤的加工形成产品外，其他步骤的加工都形成半成品，这些半成品有的可以直接对外销售。成本计算对象是最终完工产品和各步骤的半成品。

（2）这种连续加工式生产通常是大批或大量生产，即产品在生产线上是川流不息地往下移动的。这种情况下，下一步骤产品成本的计算需要上一步骤的半成品的成本数据。所以，各步骤半成品成本的计算和结转是分步法的一大显著特点。

（3）各种产品生产的程序、生产方法都是相同的，一般没有特殊规格的产品和特定的生产方法。

（4）成本计算期与会计的报告期一致，所以成本计算期属于定期。由于大量大批多步骤生产具有复杂性，无法划分生产周期，因此只能以每月月末作为成本计算的节点，按月进行产品成本的计算。

由于分步法的适用范围和成本计算期的限定，在每月月末，必须将各步骤的生产费用在本步骤完工产品与在产品之间进行分配，以保证下一步骤计算产品成本所需。

### 2．分步法的分类

分步成本计算法可细分为逐步结转分步法、分项结转分步法和平行结转分步法。

1）逐步结转分步法

逐步结转分步法亦称顺序结转分步法，它是按照产品加工顺序，逐步计算并结转各步骤半成品的成本，直至最后生产步骤计算出产成品成本的一种成本计算方法。

为满足逐步结转分步法核算的要求，通常各生产步骤每月都要提供下列资料：

（1）期初在产品数量及其完工程度；

（2）本月投产数量或从上一生产步骤转入的数量；

（3）本生产步骤已完工并转出的数量；

（4）期末在产品数量及其完工程度。

以上四者的关系如下：

期初在产品数量＋本月投入数量（或上步骤转入数量）＝

已完工转下一步骤数量（或最后步骤完工产成品数量）＋期末在产品数量

逐步结转分步法就是为了计算半成品成本而采用的一种分步法。因此，这种方法亦称计列半成品成本分步法。

2）分项结转分步法（不需要成本还原）

分项结转分步法是将各生产步骤所耗用的上一步骤半成品成本，按照成本项目分项转入各该步骤产品成本计算单的各个成本项目中。如果半成品通过半成品库收发，那么，在自制半成品明细账中登记半成品成本时，也要按照成本项目分别登记。

而分项结转，可以按照半成品的实际成本结转；也可以按照半成品的计划成本结转，然后按成本项目分项调整成本差异。由于后一种作法的计算工作量较大，因此，一般采用按实际成本分项结转的方法。

3）平行结转分步法

（1）平行结转分步法的特点

这种方法适用于半成品不对外销售，或者管理上不要求计算各步骤半成品成本的企业，即只计算本步骤直接发生的生产费用，不包括半成品的上一步骤成本，然后计算完工产品成本份额，平行结转企业财会部门。各步骤平行结转企业财务部门产成品成本的汇总数，即为产成品全部成本。

平行结转分步法比较适用于大量大批多步骤装配式生产的机械制造业。

（2）平行结转成本法的具体核算思路

① 在计算各步骤成本时，不计算各步骤所产半成品成本，也不计算各步骤所耗上步骤的半成品成本，只计算本步骤发生的各项其他费用，以及这些费用中应计入完工产品的份额。

② 将相同产品的各步骤成本明细账中的这些份额平行结转、汇总，计算出该种产品的产成品成本。

### 3.4.3 分批成本计算法

分批成本计算法，简称分批法，又称为"订单法"，是以产品的批别或次别为成本计算对象，对生产费用进行归集，计算各批或各件产品成本的方法。分批法的适用范围是小批、单件、单步骤生产类型的企业或车间，如根据客户的要求溶制药瓶器皿；还可以适用于小批、单件，管理上不要求分步骤计算产品成本的多步骤生产类型的企业或车间，如制造专用模具，制造重型机械，制造飞机、船舶等的企业。

分批法的特点主要体现在以下三个方面。

（1）成本计算对象是产品的批别或客户的订单号。

（2）成本计算期与产品的生产周期一致，由于各批产品的生产周期不同，所以分批法的成本计算期属于不定期。

（3）分批法适用于小批、单件生产，无论是单步骤还是多步骤的生产，往往批内产品会同时完工，月末一般不存在生产费用在完工产品与在产品之间分配的问题。

### 3.4.4 分批法和分步法的比较

分批成本计算法和分步成本计算法同属于产品成本计算基本方法，二者既有相同点，又有不同点。

1）分批法与分步法的相同点主要表现在以下两个方面

（1）无论两种方法的成本计算对象如何，最终都应该按产品的品种计算出完工产品的总成本和单位成本。

（2）伴随着成本核算程序的进行，均需要设置相同的会计科目来完成成本核算的账务处理程序，归集和分配生产费用。

2）分批法与分步法的不同点主要表现在以下四个方面

（1）成本计算对象不同。分批法是按产品的批别（分批不分步）归集生产费用，计算产品成本的一种方法，其成本计算对象是产品的批别或客户的订单号；分步法是按产品的生产步骤（分步不分批）归集生产费用，计算产品成本的方法，其成本计算对象是各个生产步骤的各种产品。

（2）成本计算期不同。分批法的产品成本核算工作是不定期进行的，其成本计算期与产品生产周期一致，而与会计报告期不一致。分步法的产品成本计算工作是在每月末定期进行的，其成本计算期与产品的生产周期不一致，而与会计的报告期一致。

（3）在产品成本计算的要求不同。在分批法下，其产品是按批别投产并计算产品成本的，批内产品一般都能够同时完工，在产品完工前，产品成本明细账中归集的生产费用就是在产品成本，产品完工后，产品成本明细账中归集的生产费用就是完工产品成本。因此，从理论上讲，这种方法一般不存在产品与月末在产品之间的费用分配问题，但在实际工作当中却不尽然。在分步法下，由于产品的生产周期较长，生产过程又可以中断，因此在计算产品成本时，各步骤内往往存在在产品，因此需将产品成本明细账中归集的生产费用在完工产品与在产品之间分配。

（4）适用范围不同。分批法适用于小批、单件、多步骤生产，且管理上不要求按生产步骤计算产品成本的企业或车间。分步法适用于大量、大批、多步骤，且管理上要求按生产步骤计算产品成本的企业或车间。

## 3.5　生产成本核算案例分析

### 3.5.1　没有在产品存货分步法案例

在服务性组织中，多数存在重复提供的服务，通常都能够利用分步成本法进行分析。如处理税收返还、根据邮政编码分拣邮件、银行对账步骤、地铁入口的行李检查、牙齿清洗等相关业务，均为可重复提供的同类服务，基本上属于一个步骤即可完成的业务。也有需要一系列步骤的，例如预定了从上海到成都的飞行则包括了如下的一系列服务：订票、出票、值机、行李检查、飞行、行李托运和收取。虽然服务无法储存，但是对于从事服务的企业来说有可能存在产品存货，例如，一组税收返还业务可能在期末只是部分地完工，许多服务是以没有在产品存货的方式提供的，牙齿清洁、外科手术、殡葬服务等都是不存在在产品的存货的例子。

例如，洋浦医院产科部门对孕期妇女进行孕期检查，10 月份的成本和产出信息如下：

直接材料——4 000 元

直接人工——8 000 元

制造费用——16 000 元

检查次数——400 次

理论上当期的单位成本只能用属于该期间的产出数量与成本计算。这说明了分步成本法的原则：要用该期间的成本除以该期间的产出数量，计算出该期间的单位成本。

(1) 计算 10 月份每次检查的成本：

$$单位成本＝该期间的成本÷该期间的产出$$
$$＝(4\,000＋8\,000＋16\,000)÷400＝70(元/次)$$

(2) 计算 10 月份所出售的服务成本：

$$所售出的服务成本＝单位成本×产出$$
$$＝70×400＝28\,000(元)$$

(3) 如果洋浦医院发现了一种可以减少 50％ 材料成本的方法，对每次检查的利润有何影响？

$$单位成本减少(利润减少)＝该期间的节省额÷该期间的产出$$
$$＝2\,000÷400＝5(元/次)$$

## 3.5.2　有期末在产品的分步成本法

有期末存货的企业，必须明确该期间投产的是什么产品，明确期末在产品是没有完工的。一个已经完工并在本期间内转出的产品与期末在产品是不一样的，必须对该期间的产出进行定义。

恒顺醋业生产金山牌陈醋，其生产流程中要经过两个部门：搅和部与淋蒸部。这两个部门都使用加权平均法计算成本。在搅和部，所有的直接材料都在该步骤开始之初被投入。所有的其他加工性投入都在加工过程中均匀地追加。以下是混合车间 2 月份的数据。

(1) 期初在产品(2 月 1 日)100 000kg，有关材料的完工程度为 100％，有关加工成本的完工程度为 40％，分配到这项工作的成本如下：

$$直接材料——20\,000 元$$
$$直接人工——10\,000 元$$
$$制造费用——30\,000 元$$

(2) 期末在产品(2 月 28 日)50 000kg，有关直接材料的完工程度为 100％，有关加工成本的完工程度为 60％。

(3) 完工并转出产品 370 000kg，下列成本在本月投入：

$$直接材料——211\,000 元$$
$$直接人工——100\,000 元$$
$$制造费用——270\,000 元$$

要求：

(1) 计算产成品的数量和约当量及单位约当量(使用加权平均法)。

(2) 计算产出的总成本和期末在产品成本，并编制成本核对表。

(3) 若采用先进先出法，请计算约当产量。

分析计算见表 3-2～表 3-4。

表 3-2  投入产出数

| 投产的产品数量： | | | |
|---|---|---|---|
| 产品数量,期初在产品 | | 100 000 | |
| 投入生产的产品数量 | | 320 000 | |
| 投产的总产品数量 | | 420 000 | |
| 产出的产品数量 | | | |
| 完工并转出的产品数量： | | | |
| 本期投入生产并完工 | | 270 000 | |
| 期初在产品本期完工 | | 100 000 | 370 000 |
| 期末在产品数量 | | | 50 000 |
| 产出的总产品数量 | | | 420 000 |

表 3-3  约当产量计算

| 约当产量计算： | | | 直接材料 | | 加工成本 |
|---|---|---|---|---|---|
| 完工产品数量 | | | 370 000 | | 370 000 |
| 加：期末在产品数量×完工百分比 | | | | | |
| 直接材料(50 000×100％) | | | 50 000 | | — |
| 加工成本(50 000×60％) | | | — | | 30 000 |
| 约当产量 | | | 420 000 | | 400 000 |
| 单位约当产量： | | | | | |
| 单位材料成本(20 000＋211 000)÷420 000 | | | | 0.55 | |
| 单位加工成本(40 000＋370 000)÷400 000 | | | | 1.025 | |
| 单位约当产量成本 | | | | 1.575 | |
| 转出产品成本和期初在产品成本： | | | | | |
| 转出产品成本＝1.575×370 000＝582 750(元) | | | | | |
| 期末在产品成本＝(0.55×50 000)÷(1.025×30 000)＝58 250(元) | | | | | |

表 3-4  成本核对表

| 成本核对： | | | | |
|---|---|---|---|---|
| 投产的成本： | | | | |
| 期初在产品 | | | 60 000 | |
| 本期投入成本 | | | 581 000 | |
| 投产的总成本 | | | 641 000 | |
| 产出的成本： | | | | |
| 转出产品 | | | 582 750 | |
| 期末在产品 | | | 58 250 | |
| 产出的总成本 | | | 641 000 | |

先进先出法的计算结果见表 3-5。

**表 3-5　先进先出法计算**

约当产量数：

| | 直接材料 | | 加工成本 |
|---|---|---|---|
| 完工产品数量 | 270 000 | | 270 000 |
| 期初在产品数量×完工百分比 | — | | 60 000 |
| 期末在产品数量×完工百分比 | | | |
| 直接材料(50 000×100%) | 50 000 | | — |
| 加工成本(50 000×60%) | — | | 30 000 |
| 小计 | 320 000 | | 360 000 |
| 约当产量 | | | |
| 单位约当量成本： | | | |
| 单位材料成本(211 000/320 000) | | 0.659 | |
| 单位加工成本(370 000/360 000) | | 1.028 | |
| 单位约当量成本 | | 1.687 | |
| | | | |
| 转出产品成本和期末在产品成本： | | | |
| 转出产品成本=(1.687×270 000)÷(1.028×60 000)÷60 000=577 170(元) | | | |
| 期末在产品成本=(0.659×50 000)÷(1.028×30 000)=63 790(元) | | | |

　　约当产量法的成本计算过程如上所示,成本控制环节包括了"算"与"管",进一步可上溯到产品的设计阶段,比如新产品研发阶段的成本控制、生产过程的成本控制等。

### 3.5.3　成本管理案例定性分析

#### 1. 源头管理

　　上述计量解决了生产过程中的成本核算问题,在实务中还可以从源头控制成本,通常引进目标成本的概念,即为了保证设计的产品在给定的市场价格、销售数量、功能需求等条件下,取得可观的利润,在产品设计阶段,引进目标成本的概念是成本控制基础,尤其是在新产品研发设计阶段,目标成本作为衡量的原则,通过目标成本的计算,可确保成本控制的全面性。对于新产品的研发,企业应该组织相关部门人员参与采购、生产工艺活动。将相关部门纳入新产品的研发设计小组,这样有利于企业集中精力从全局角度考虑成本的控制。

#### 2. 生产成本过程控制

　　材料耗用成本贯穿企业生产的全过程,加强材料消耗管理和控制材料消耗是最直接有效的途径。

现在成本控制的程序可依据已制定的标准与措施，根据定额制定生产成本标准，并据此制定各项降低生产成本的技术措施执行标准。执行标准是指对成本的形成过程进行计算和监督，分析和确定差异，即实际消耗脱离成本指标的差异，分析成本发生差异的程度和性质及造成差异的原因，从而消除差异，提出降低成本的新措施。这体现了成本核算的目的在于强化成本控制管理职能，提供成本信息的指导思想。以上案例只是使用了实际数据，后续课程将介绍标准成本和目标成本的内容。成本控制属于事中控制的阶段，事中环节实务中常使用到的表格见拓展资料。

**注**：本案例定量计算部分选自汉森的《成本会计：成本管理基础》第 2 版 东北财经大学出版社 2014.8 有改动。

 ## 本章小结

本章首先介绍了企业对成本费用核算的基本要求，划分各种费用的界限，直接材料费用的归集和分配原则，各种辅助生产费用分配方法包括直接分配法、交互分配法、代数分配法、顺序分配法和计划分配法，以及制造费用的正确分配。其次介绍了生产费用在完工产品与在产品之间的多种分配方法及在产品的广义和狭义的概念区分，最后介绍了产品成本计算的基本方法，包括品种法、分批法和分步法，并举例说明了分步法的应用，简单说明了投料程度和加工程度两个概念。

 ## 复习思考题

1. 为什么说品种法是最基本的成本核算方法？
2. 各项成本的核算要点及关注点是什么（指料工费）？
3. 试说明约当产量法的应用场景。

 ## 自测题

# 第 **4** 章

# 盈 亏 分 析

## 学习目标

1. 掌握成本习性的概念及应用。
2. 掌握边际贡献的概念及应用。
3. 了解本量利分析的常用概念之间的优劣及在实务中的不同应用。
4. 了解盈亏分析的前提条件。

## 4.1 盈亏分析的基础理论

盈亏分析通常指本量利分析(cost-volume-profit,CVP),它是企业管理者在短期经营决策中比较重点参考的工具。cost 泛指成本,在 CVP 中还包含有变动成本和固定成本分类的概念。因此 CVP 分析就是分析成本、业务量和利润之间的关系。

### 4.1.1 成本习性

成本习性(cost behavior)也称成本性态,是指在相关范围内,成本总额与业务量之间的依存关系,在管理会计中通过对这两者的定量分析可归纳出一些非常有用的规律。

成本与业务量的关系常用数学模型 $y = f(x)$ 来表示,这里 $x$ 为业务量,$y$ 为成本。对成本和业务量依存关系的分析,是企业进行经营决策分析的出发点,也是管理会计的基础。据此,可将企业的全部成本分为固定成本、变动成本两大类,对于暂时无法区分两类成本的,我们称它们为混合成本。

#### 1. 固定成本

固定成本是指成本总额在一定时期和一定业务量范围内不随业务量变动而变动的成本。根据固定成本的特性,进一步将其分为约束性固定成本和酌量性固定成本两类。

### 2. 变动成本

变动成本是指成本总额在一定时期和一定业务量范围内,随业务量变动成正比例变动的成本。

### 3. 相关范围

相关范围(relevant range)即前述固定成本和变动成本定义中提到的"在一定时期"和"一定业务量"范围内。即理论上将实践中的现象进行细分,细分成一定范围条件,在这个条件下,固定成本的发生额和变动成本的发生额会存在这样的结论(线性关系),而放大范围就可以逐渐与实际接近(即超出这一业务量范围,两者之间就不再是这样的一种正比例变动关系)。

### 4. 混合成本

从成本习性来看,固定成本和变动成本只是两种特殊的成本类型,而在现实的经济生活中往往会碰到一些同时兼有变动成本和固定成本两种不同性质的成本,因而将它们统称为"混合成本"。

为进一步区分不同特点,可细分为如下四类:①半变动成本;②半固定成本;③延期变动成本;④曲线形混合成本。

## 4.1.2　边际贡献

边际贡献是指销售收入减去变动成本后的余额,再减去固定成本即是利润。因此边际贡献首先被理解为是用来补偿固定成本的,补偿有余才是利润,恰好补偿则为保本,若不能补偿,则为亏损。

企业是如何运用边际贡献这一理论的呢?

下面先介绍边际贡献的全部概念,边际贡献有三种表现形式。

(1) 单位边际贡献(cm):单位边际贡献 $cm=$ 单位售价 $s-$ 单位变动成本 $b$

(2) 边际贡献总额(Tcm):边际贡献总额 $Tcm=$ 销售收入 $sx-$ 变动成本 $bx$

(3) 边际贡献率(cmR,亦称贡献毛益率):

$$边际贡献率\ cmR=单位边际贡献/单位售价×100\%$$

【例 4-1】　假设海天味业某月只生产销售 1 瓶酱油,该产品的销售单价是 15 元,单位变动成本是 5 元,本期发生的固定成本总额是 1 000 元。那么酱油的利润情况如何?具体见表 4-1 所示。

企业亏损 990 元,在该营业时间,海天企业每多产销 1 瓶酱油,可用来补偿固定成本的边际贡献将增加 10 元。同样道理,再多产销 10 瓶酱油,则边际贡献再增加 100 元。具体见表 4-2 所示。

表 4-1 利润计算 Ⅰ 单位：元

| 项 目 | 总 额 | 单 位 金 额 |
|---|---|---|
| 销售收入（1 瓶酱油） | 15 | 15 |
| 减：变动成本 | 5 | 5 |
| 边际贡献 | 10 | 10 |
| 减：固定成本 | 1 000 | |
| 营业利润 | （990） | |

表 4-2 利润计算 Ⅱ 单位：元

| 项 目 | 总 额 | 单 位 金 额 |
|---|---|---|
| 销售收入（10 瓶酱油） | 150 | 15 |
| 减：变动成本 | 50 | 5 |
| 边际贡献 | 100 | 10 |
| 减：固定成本 | 1 000 | |
| 营业利润 | （900） | |

海天企业亏损减至 900 元。

如果想将亏损减至零，就应继续增加销售，直至销售收入增加到边际贡献与固定成本相等。具体计算见表 4-3 所示。

表 4-3 利润计算 Ⅲ 单位：元

| 项 目 | 总 额 | 单 位 金 额 |
|---|---|---|
| 销售收入（100 瓶酱油） | 1 500 | 15 |
| 减：变动成本 | 500 | 5 |
| 边际贡献 | 1 000 | 10 |
| 减：固定成本 | 1 000 | |
| 营业利润 | 0 | |

此即达到为保本点的状况。可知所谓保本点就是利润为零时的销售水平。而进一步增加销售，则利润将为正。一旦达到保本点，每增加一个销售单位，营业利润将增加单位边际贡献的数量。具体见表 4-4 所示。

表 4-4 利润计算 Ⅳ 单位：元

| 项 目 | 总 额 | 单 位 金 额 |
|---|---|---|
| 销售收入（101 瓶酱油） | 1 515 | 15 |
| 减：变动成本 | 505 | 5 |
| 边际贡献 | 1 010 | 10 |
| 减：固定成本 | 1 000 | |
| 营业利润 | 10 | |

这样的结果,告诉我们企业的销售收入、固定成本与营业利润的关系。这样就为我们进行销售和利润的预测判断带来了可能。

## 4.1.3　边际贡献率

如上计算,如果运用公式来演绎,则:

$$利润\ P = 销售收入\ sx - (固定成本\ a + 变动成本总额\ bx)$$
$$= sx - bx - a$$
$$= 边际贡献\ Tcm - 固定成本\ a$$

用该公式可以很容易地验证上一小节的定量计算:

$$利润 = 15 \times 101 - (1\,000 + 5 \times 101) = 1\,515 - 1\,505 = 10(元)$$

以上的边际贡献及单位边际贡献是绝对量的指标运用,而欲进行企业的横向绩效比较时,可使用边际贡献率指标(contribution margin ratio,CM ratio)。

$$边际贡献率\ cmR = 单位边际贡献/单位售价 \times 100\%$$
$$= cm/s \times 100\%$$
$$= cmx/sx \times 100\%$$
$$= Tcm/sx \times 100\%$$
$$= (sx - bx)/sx \times 100\%$$
$$= (1 - b/s) \times 100\%$$

其中 $b/s \times 100\%$ 即为变动成本与销售收入的比例,该比例为"变动成本率",用 $bR$ 来表示。

$$变动成本率\ bR + 边际贡献率\ cmR = 1$$

以上述的海天酱油公司为例,其边际贡献率=边际贡献/销售总额=1\,000/1\,500=66.67%。按照单位边际贡献,可得到相同的结论,边际贡献率=单位边际贡献/销售单价=10/15=66.67%。边际贡献率反映了边际贡献是如何受销售收入的变化影响的,其应用极其广泛。此例中该公司的边际贡献率为66.67%,则意味着销售收入每增长1,边际贡献总额将增加0.666\,7(1+66.67%)。若固定成本不变,企业营业净收益也相应增长0.666\,7倍。

销售量的变化对边际贡献的影响可用下式表示:

$$边际贡献的变化 = 边际贡献率 \times 销售量的变化$$

这样,只需简单运用边际贡献率,就能够很快计算出任何给定的销售总额变化对营业净收益的变化影响金额。

# 4.2 盈亏平衡分析

## 4.2.1 盈亏平衡的含义

### 1. 盈亏平衡的模型

前述的 CVP 就是在成本习性的要求下,将成本划分为固定成本和变动成本的基础上,分析和研究成本、销售量和利润三者之间数量变化关系的一种分析方法。

经过分析,我们也知道销售量的增加能够带来利润的增加,但是,到底销售量的变化在多大程度上影响着利润的变化? 我们可以通过盈亏平衡分析给出这个问题的答案。盈亏平衡分析在分析销售量与利润之间的关系时,也充分强调了成本的变化在其中的作用,正是由于固定成本的作用,销售量的增加能够使利润成倍地增加。这样的分析提供的会计信息,对于企业合理计划和有效控制生产经营过程极为有用。

这样的分析可以用来预测成本、收入和利润,并据以编制利润计划;估计销售量、成本水平,并根据估计销售量的大小决定企业产品的定价水平,综合以上变量的变化测算利润;为各种经营决策提供必要的信息,等等。

盈亏平衡的基本模型用于反映利润为零也就是边际贡献总额等于固定成本总额的状态:

$$利润 = 总收入 - 总成本$$
$$= 销售量 \times 销售价格 - 销售量 \times 单位变动成本 - 固定成本$$
$$= 销售量 \times (销售价格 - 单位变动成本) - 固定成本$$
$$= x(s-b) - a$$

这个方程式是表明销售量、产品成本和利润三者之间关系的基本方程式,是后续其他扩展模式的基础。

### 2. 本量利分析的基本模型用途

盈亏平衡分析具有简便易行、应用广泛的特点,因而易于被广大的企业管理人员所掌握,目前已经作为一种现代管理方法,在国内外的企业管理中广泛应用,尤其是在规划企业经济活动和确定经营决策等方面具有重要的作用。

盈亏平衡分析模型可用于保本点预测、目标销售量或者目标销售额的预测、成本的预测,以及利润的敏感性分析、生产决策和定价决策、不确定性分析、全面预算、责任会计与业绩评价等方面。保本点,是管理会计中一个十分重要的概念,因为保本是获利的基础,任何一个企业预测目标利润时,首先要预测保本点,超过保本点,再扩大销售量或增加销售额才有可能获得利润。

### 3．多品种情况下的盈亏临界点计算

在企业生产多个产品品种的情况下，每一种产品都具有自己的边际贡献，这些边际贡献有可能相同，也有可能不同，通常情况下各产品往往不具有相同的边际贡献。可以想象，企业在更新产品品种的时候，必然尽可能地降价销售旧品种中的边际贡献低的产品，而新品种的产品往往又会使用高定价的策略，所以新产品的边际贡献就高。在盈亏平衡分析中，由于多产品的销售量相加是无意义的，因而在多品种的情况下我们一般用以下的方法来计算企业多种产品盈亏临界点销售额的合计。如：

（1）综合边际贡献率法

$$综合边际贡献率 = \frac{各种产品边际贡献率之和}{各种产品销售收入之和} \times 100\%$$

（2）加权边际贡献率法

$$某个产品的销售比重 = \frac{某个产品的销售收入}{企业的销售收入总额} \times 100\%$$

$$加权边际贡献率 = \sum（某个产品品种的边际贡献率 \times 该产品的销售比重）$$

$$盈亏平衡点的综合销售额 = \frac{固定成本}{加权边际贡献率}$$

$$盈亏平衡点的综合销售额 = \frac{固定成本}{加权边际贡献率}$$

盈亏平衡点的某个产品的销售额 ＝ 盈亏平衡点的综合销售额 × 该产品的销售比重

其他还有分别计算法、主要产品边际贡献率法、联合单位法等方法来计量多种产品的综合边际贡献率不再介绍。

## 4.2.2　盈亏平衡的运用

仍以海天酱油生产制造的单位成本为例，说明管理会计师向公司管理层提示前述的边际贡献率的观念，是如何来分析产品的有关计划、预测与决策的，说明使用的数据仍然以上述数据为例，资料如表 4-5 所示。

表 4-5　资料

| | 单位金额/元 | 销售额百分比/% |
|---|---|---|
| 销售收入（1 瓶酱油） | 15 | 100 |
| 减：变动成本 | 5 | 33.33 |
| 边际贡献 | 10 | 66.67 |
| 减：固定成本 | 1 000 | |

表中的 33.33%，即为变动成本率，它等于变动成本与销售收入的比例，前述所示。

变动成本率(33.33%) ＋ 边际贡献率(66.67%) ＝ 1

若变动成本、固定成本、销售量和销售单价均发生变化时,我们该如何运用CVP原理进行分析呢? 理论上有一种称为敏感性的方法,即变化其中一项或两项因素,了解其对利润的影响。

### 1. 销售价格变化时

仍然使用原始数据,若海天酱油目前的销售量为每月100瓶,如果有批发商需要一个新的批发价格,以期望实现增加40瓶的销售量,而该项销售目标不影响公司原有的正常销售,即不需要发生追加固定成本的情况。当有相应的利润目标时,这是一个很好的直接增加利润的手段,若公司每月希望增长120元的利润,则:

每瓶酱油的变动成本5元

每瓶酱油的预期利润为 $120 \div 40 = 3$(元)

每瓶酱油的报价为8元

在不需要改变固定成本的情况下,所有能够超过变动成本的报价(即有单位边际贡献),都可增加利润。

### 2. 变动成本与销售量变化时

我们知道变动成本中含有直接材料费,如果有相关要素(比如选用优质大豆)变化(若涨价),则改良后的新品种会增加销售量,若产品销售价格不变的话,会减少单位边际贡献。若海天酱油目前的销售量为每月100瓶,若增加销售量到150瓶,变动成本增加0.8元,单位边际贡献由10元下降为9.2元,则

新的边际贡献总额为: $150 \times 9.2 = 1\,380$(元)

未改良的边际贡献总额: $100 \times 10 = 1\,000$(元)

差额: $1\,380 - 1\,000 = 380$(元)

这样,可知经过改良后的产品,由于未增加固定成本,新改良后的边际贡献增加了380元,进而使得营业利润增加380元。

### 3. 固定成本与销售量变化

回到前设,若海天酱油目前的销售量为每月100瓶,若增加广告宣传费用400元,则增加销售量到150瓶,销售额将会由1 500元(15×100)增加到 $15 \times 150 = 2\,250$(元)。

计算见表4-6。

表4-6 利润计算　　　　　　　　　　　　　　　　　单位:元

| | 单位金额 | 原销售金额 | 现销售金额 | 差异 |
|---|---|---|---|---|
| 销售收入(150瓶酱油) | 15 | 1 500 | 2 250 | 750 |
| 减:变动成本 | 5 | 500 | 750 | 250 |
| 边际贡献 | 10 | 1 000 | 1 500 | 500 |
| 减:固定成本 | 1 000 | 1 000 | 1 400 | 400 |
| 营业利润 | | 0 | 100 | 100 |

即在增加广告费用可增加销售量的假设下,不考虑其他的影响因素,可使得营业利润增加 100 元。

### 4. 固定成本、单价、销售量均变化

回到前设,若海天酱油目前的销售量为每月 100 瓶的状态,为了增加销售量,销售部门决定适度降低销售单价至 13 元,同时每月投放宣传广告,费用为 450 元,则销售量预计可达到 180 瓶。用计算来证明这个预计是否可行。结果见表 4-7。

**表 4-7　利润计算**　　　　　　　　　　单位:元

|  | 单位金额 | 原销售状况 | 单位金额 | 现销售状况 | 差异 |
|---|---|---|---|---|---|
|  | 销量 100 |  | 销量 180 |  |  |
| 销售收入 | 15 | 1 500 | 13 | 2 340 | 600 |
| 减:变动成本 | 5 | 500 | 5 | 900 | 400 |
| 边际贡献 | 10 | 1 000 | 8 | 1 440 | 440 |
| 减:固定成本 | 1 000 | 1 000 | 1 000 | 1 450 | 450 |
| 营业利润 |  | 0 |  | —10 | —10 |

根据数据计算得出的结果并不理想,因此这样的决策不可行。

### 5. 变动成本、固定成本、销售量均变化

若海天酱油目前的销售量依然为每月 100 瓶的状态,如果因提高质量或支付销售佣金等原因,导致增加支出 1.5 元/瓶,同时压缩部分广告费用 100 元,希望通过这样的策略获得相应的销售量(150 瓶)及利润增长,我们用数据作简单验证,见表 4-8。

**表 4-8　利润计算**　　　　　　　　　　单位:元

|  | 单位金额 | 原销售状况 | 单位金额 | 现销售状况 | 差异 |
|---|---|---|---|---|---|
|  | 销量 100 |  | 销量 180 |  |  |
| 销售收入 | 15 | 1 500 | 15 | 2 250 | 750 |
| 减:变动成本 | 5 | 500 | 6.5 | 975 | 475 |
| 边际贡献 | 10 | 1 000 | 8.5 | 1 275 | 275 |
| 减:固定成本 | 1 000 | 1 000 | 900 | 900 | —100 |
| 营业利润 |  | 0 |  | 375 | 375 |

此表的验算可以说明,此方案可获得利润 375 元,可行。

### 6. 目标利润分析

其实,在上述例解中,多次出现营业利润为零的状态,我们称之为盈亏平衡点,所谓的盈亏平衡点分析就是了解使得利润为零的销售量是多少的问题。当然任何企业要持续经营不可能停留在利润为零的状态,一定会面临预期利润为多少的发展状态。那么一

且企业有了目标利润,就会有必须销售多少的问题,如下公式:

$$利润＝销售收入－变动成本－固定成本$$

$$＝销售量×销售单价－销售量×单位变动成本－固定成本总额$$

因此可得

$$销售量＝\frac{固定成本＋利润}{单价－单位变动成本}×100\%$$

可改写为

$$销售量＝\frac{固定成本＋目标利润}{单位边际贡献}$$

或

$$销售收入＝\frac{固定成本＋目标利润}{边际贡献率}$$

销售量对应的目标利润公式主要适用于单一产品的状况,而企业多数情况下处于多产品的情况,这样就无法使用销售量这一指标,更多的是使用多个产品的合计额(即销售收入)这一指标。

如果海天酱油目前的销售量依然为每月 100 瓶的状态,利润为零,那么这个 100 瓶的销售量就是盈亏平衡点,而当企业的规划期望利润为 500 元时,销售量或者销售收入应该为多少?

根据

$$利润＝销售量×销售单价－销售量×单位变动成本－固定成本总额$$

$$500＝销售量(15－5)－1\ 000$$

可得

$$销售量＝150\ 瓶$$

# 4.3　安全边际、保本作业与经营杠杆

## 4.3.1　安全边际

盈亏平衡中的保本点之上的范围有一个很好的作用,这就是计算企业的安全边际(margin of safety)。安全边际就是企业目前的或者预测的销售量(额)超过盈亏临界点(保本点销售量之上)的部分,也即企业目前的和预测的销售量(额)与盈亏临界点的差距。这个差距能够反映企业实际经营的安全程度,具体表现形式如下:

$$安全边际量＝目前的或者预测的销售量－盈亏临界点的销售量$$

它反映的是发生损失之前能够控制的销售量(或销售额)。

$$销售收入＝目前的或者预测的销售收入－盈亏临界点的销售收入$$

安全边际使用相对量来表示时就是安全边际率。

安全边际率＝安全边际额/预计(或实际)销售额

假设按照上述目标利润的例子来解释,为实现预期计划利润的销售量为 150 瓶,由于盈亏平衡点是 100 瓶,则安全边际量就是 50(150－100)瓶,即如果达不到 150 瓶的销售数字,能够降低的销售数字最低为 100 瓶,低于 100 瓶就亏损了。

任何企业在计划产品销售量或销售额时,必须要考虑到安全边际的因素。

### 4.3.2　保本作业

另外一个反映企业生产经营安全程度的指标为保本作业率,它反映的是企业目前的或者预测的销售量(额)中含有多大比重的保本点销售量(额),换言之,保本点销售量(额)在目前的或者预测的销售量(额)中占有多大的份额,用公式表示为:

$$保本作业率＝\frac{保本点销售量(额)}{目前的或者预测的销售量(额)}×100\%$$

保本作业率越低时,企业的生产经营就越安全,或者说安全程度越高;反之,保本作业率越高时,企业的生产经营越不安全,或者说安全程度越低。这个指标正好与安全边际率相反,它们之间具有互补的关系。

$$
\begin{aligned}
安全边际率＋保本作业率 &＝\frac{安全边际量}{目前的或预测的销售量}＋\frac{保本点的销售量}{目前的或预测的销售量} \\
&＝\frac{安全边际量＋保本点的销售量}{目前的或预测的销售量} \\
&＝1
\end{aligned}
$$

### 4.3.3　经营杠杆

实务中关注的是经营杠杆所反映的企业的销售量出现变化之后所引起的利润大幅变化的现象,也可以说反映的是企业的利润对销售量变化的敏感性。经营杠杆高意味着如果销售额有一个微小的增加,将使得经营利润产生更大比例的增长。在销售水平一定的情况下,经营杠杆系数(degree of operating leverage)的计算公式如下:

$$经营杠杆系数＝\frac{\dfrac{利润的变化量}{利润}}{\dfrac{销售量的变化量}{销售量}}＝\frac{边际贡献}{经营净利润}$$

经营杠杆系数有一些变化的规律需要注意:

(1) 只要企业的固定成本不为零,那么经营杠杆系数一定会大于 1。企业固定成本的增加会增大经营杠杆系数;反之,企业固定成本的减少会减小企业经营杠杆系数。

(2) 在其他因素不变的情况下,随着企业销售量的增长,经营杠杆系数也在逐渐地减小;相反,经营杠杆系数会随着销售量的减少而增大。

（3）高的经营杠杆系数说明企业的利润对产销量的变化非常敏感，同时也说明企业的风险比较大。企业销售量的增长当然是好事，但是，在高的经营杠杆系数的情况下，一旦企业的销售量减少就会出现利润的大幅下滑。

（4）企业的经营杠杆系数与企业的安全边际率互为倒数。

$$安全边际率 = \frac{利润}{边际贡献} = \frac{1}{经营杠杆系数}$$

同样要关注经营杠杆带来的风险信号提示，即如果经营杠杆高，若销售额有一个微小的减少，将使得经营利润产生更大比例的下降！

# 4.4  盈亏平衡的案例分析

## 4.4.1  本量利的假设条件

本章前述的本量利分析模型在理论上能够成立，必须遵循如下的基本假设条件。

（1）成本性态分析假设。即成本能够被划分为变动成本和固定成本。

（2）相关范围假设。变动成本和固定成本的界定是在特定的期间范围和业务量范围内进行的分析和计量。

（3）模型线性假设。假设固定成本和单位变动成本（销售单价）不变，总成本与业务量呈线性关系，$y = a + bx$；销售收入与销售数量也呈完全线性关系，$y = sx$。

（4）产销平衡假设。这一假设可使研究人员忽略存货对利润的影响，只需关注单价、成本及业务量对利润的影响。

（5）品种结构组合稳定。品种结构不变是指即使在生产多产品的企业中，其各种产品的销售收入占总销售收入的比重也是固定不变的。

在以上假设下的数学模型，为揭示成本、业务量和利润之间的关系提供了方便，并指导企业在多数实务分析中了解企业盈亏时可以很便利地运用本量利分析法。

但在实务中运用盈亏临界点和实现目标利润分析时，往往会遇到某一因素发生变动而其他因素不变的情况，甚至于实际工作中很难存在各种线性条件。运营背景会复杂得多，比如收入、成本与业务量之间为不完全线性关系或者完全非线性关系等。

当本量利分析中的诸因素表现为完全线性关系时，不论是确定盈亏临界点还是目标利润，都非难事。完全线性关系下的收入线和总成本线均为直线，两条不平行的直线交点就是盈亏临界点，并分为亏损区域与盈利区域。但是，如果上述因素表现为不完全的线性关系，情况则略微复杂，明确一点：收入线和总成本线就会表现为各是一条折线，这样两条折线的交点（即盈亏临界点）可能不止一个，折线多时还会变得复杂；亏损区域与盈利区域也可能不止一个，区域界限也会变得模糊。

本量利分析还需细分和关注成本的划分，特别是专属固定成本的区分。

## 4.4.2　本量利分析案例分析

### 1. 明确行业特征

本节分析在第三方物流运输型企业的本量利分析。作为第三方物流的业态之一,第三方物流运输型企业是指同时满足以下条件的企业:①以从事货物运输业务为主,包括货物快递服务或运输代理服务;②可以提供门到门配送、门到站运输、站到站配送运输和其他物流中间业务;③企业自有一定数量的运输设备;④具备网络化的信息服务功能,应用信息系统可以对运输货物状态进行实时查询、监控。而本量利分析法则充分体现了管理会计在经济管理中的具体运用。通过对第三方物流运输公司开展本量利分析,可以直观地揭示固定成本、变动成本、业务量、单位运价、利润等变量之间的内在规律性的联系,为第三方物流企业的盈利管理提供可参考的数据资料。

### 2. 明确成本分类

中某海公司下属某运输型第三方物流企业的单位运价为 270 元/$(10^3 t \cdot km)$,其 2019 年度实际成本资料见表 4-9。

**表 4-9　2019 年某运输企业实际成本**　　　　　　　　　　　单位:元

| 项　　目 | 实际成本 | 小计 | 变动成本合计 | 固定成本合计 |
|---|---|---|---|---|
| 1. 司助工资 | | | | |
| （1）工资 | 650 000 | | | |
| （2）福利费 | 99 000 | | | |
| 小计 | | 749 000 | | |
| 2. 车辆行驶费用 | | | | |
| （1）燃料 | 410 000 | | | |
| （2）轮胎 | 70 000 | | | |
| （3）修理费 | 260 000 | | | |
| （4）折旧 | 43 000 | | | |
| （5）其他 | 40 000 | | | |
| 小计 | | 823 000 | | |
| 3. 养路费 | | 190 000 | | |
| 4. 营运间接费用 | | 198 000 | 1 762 000 | |
| 5. 费用总成本 | | 1 960 000 | | 198 000 |
| 6. 周转量 | 7 900 | | | |

注:假设该企业满足 CVP 分析的基本前提。第(4)项"折旧"费用按车辆的行驶里程数计提;第(5)项"其他"费用与周转量成正比例。

1) 对该运输企业的成本资料进行分析

根据固定成本和变动成本的含义,对该运输型第三方物流企业 2019 年的成本资料进行分析。根据历史资料及相关数据分析，上述成本资料中，"1. 司助工资"、"2. 车辆行驶费用"和"3. 养路费"均与周转量正相关，属于变动成本；"4. 营运间接费用"与周转量无明显的数量关系，属于固定成本。

根据上述分析，该企业固定成本总额（$a$）＝198 000（元）

变动成本总额（$bx$）＝1 762 000（元）

单位变动成本（$b$）＝1 762 000/7 900＝223.038（元）

单位运价（$s$）＝270（元）

2）对该运输企业进行保本分析

保本点业务量＝$a/(s-b)$＝198 000/（270－223.038）＝4 216.354（$10^3$ t・km）

保本点销售收入＝4 216.354×270＝1 138 415.58（元）

安全边际率＝（实际业务量－保本点业务量）/实际业务量

＝（7 900－4 216.354）/7 900＝46.628%

表 4-10 所示为常规安全边际的比例参考表，由此表可知，该运输企业目前经营"很安全"，经营状况很好。

表 4-10　安全边际的比例标准表

| 安全边际率 | 10%以下 | 10%～20% | 20%～30% | 30%～40% | 40%以上 |
|---|---|---|---|---|---|
| 安全程度 | 危险 | 警惕 | 较安全 | 安全 | 很安全 |

3）对该运输企业进行利润敏感性分析

敏感系数是反映有关因素敏感程度的指标，其计算公式为：

$$敏感系数＝利润变动百分比÷因素值变动百分比$$

若该运输企业的单价、单位变动成本、固定成本和业务量分别增长 10%，则可以得到各因素的敏感系数。先计算目标利润：

$$目标利润＝7 900×（270－223.038）－198 000＝172 999.8（元）$$

（1）单价的敏感系数。若单价提升 10%，则：

$s＝270×（1＋10%）＝297（元）$

$p＝7 900×（297－223.038）－198 000＝386 299.8（元）$

利润的变化百分比＝（386 299.8－172 999.8）÷172 999.8×100%＝123.29%

单价的敏感系数＝48.22%÷10%＝12.329

（2）单位变动成本的敏感系数。单位变动成本增长 10%，则：

$b＝223.038×（1＋10%）＝245.342（元）$

$p＝7 900×（270－245.342）－188 000＝6 798.2（元）$

利润的变化百分比＝（6 798.2－172 999.8）÷172 999.8×100%＝－9.6%

变动成本的敏感系数＝－9.6%÷10%＝－0.96

（3）固定成本的敏感系数。固定成本增长 10%，则：

$a＝198 000×（1＋10%）＝217 800（元）$

$p = 7\,900 \times (270 - 223.038) - 217\,800 = 153\,199.8(元)$

利润的变化百分比 $= (153\,199.8 - 172\,999.8) \div 172\,999.8 \times 100\% = -11.445\%$

固定成本的敏感系数 $= -11.445\% \div 10\% = -1.145$

（4）销售量的敏感系数。销售量增长 10%，则：

$x = 7\,900 \times (1 + 10\%) = 8\,690(件)$

$p = 8\,690 \times (270 - 223.038) - 198\,000 = 210\,099.8(元)$

利润的变化百分比 $= (210\,099.8 - 172\,999.8) \div 172\,999.8 \times 100\% = 21.445\%$

销售量的敏感系数 $= 21.445\% \div 10\% = 2.145$

将上述四个因素按其敏感系数的大小排列，其顺序依次是：单价（12.329）、销售量（2.145）、固定成本（-1.145）、变动成本（-0.96）；并且由以上计算结果可知，固定成本、单位变动成本与利润存在反向变动关系，单位运价、业务量与利润存在同向变动关系。其中，单位运价对利润的影响最大，变动成本对利润的影响最小。

需要明确一点，该排列的顺序只是针对该案例得出的结论，并不适用于所有的情况。因此要提高利润，可以考虑通过提高单价和业务量，控制固定成本和单位变动成本来实现。例如，在做规划和预算时，为了使利润提高 10%，达到 $172\,999.8(1 + 10\%)$ 元，在其他因素不变的情况下，可以通过以下单一途径来实现：提高单价和业务量一定比例，降低单位变动成本和固定成本一定比例，这均可在数字上简单看出。

### 3. 本量利分析在第三方物流运输型企业的应用小结

本量利分析作为一种参与企业经营管理决策的方法，能够为企业管理者提供与经营管理密切相关的数据信息。本量利分析在第三方物流运输型企业的优势及相关建议如下：

（1）保本分析将第三方物流运输型企业所有的成本项目按照成本性态重新进行划分，为企业内部提供了更加丰富的成本资料，对后续的预测、短期决策、预算、控制和考核分析提供了数据支持。

（2）通过保本分析和相关的经营安全程度评价指标，可以了解第三方物流运输型企业主体业务的经营状况，例如：是盈利还是亏损，目前第三方物流运输型企业经营处于安全水平还是非安全水平。将本期的保本点和安全指标与以前年度对比，观察企业整体的变化趋势，可以为企业制定长期发展目标提供数据。

（3）进行利润敏感性分析，可以帮助第三方物流运输型企业管理者抓住经营管控重点。

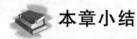 **本章小结**

本章介绍了成本习性的概念和盈亏分析的使用条件，通过盈亏平衡分析介绍了安全边际和经营杠杆的概念。并以单品种的盈亏分析为代表，以公式法为分析方法，分析企

业实现盈利的条件并进行利润的敏感性分析。

 **复习思考题**

1. 本量利分析的应用条件是什么？

2. 本量利分析的敏感性因素的作用是什么？

3. 本量利分析是如何对利润预测起作用的？

 **自测题**

# 第 5 章

# 成本控制与管理

## 🎯 学习目标

1. 掌握目标成本的源头管理思想。
2. 掌握标准成本管理的事中控制的要点及差异分析的方法。
3. 了解目标成本法和标准成本法的意义、原理和应用原则。

## 5.1 目标成本管理

### 5.1.1 目标成本管理的原理

目标成本是保证企业目标利润实现所必须达到的成本水平,它是企业经营目标的重要组成部分。它以产品成本形成的全过程为对象,结合生产经营的不同性质和特点进行有效的控制。

目标成本管理(objective cost management)的基础是目标成本法(target costing)。目标成本法是以市场价格为主,以顾客为导向,在产品企划和设计阶段采用跨部门团队合作的方式,运用价值工程、市场分析、产品功能分析及成本分析等方法以达成目标利润的目标成本。目标成本管理是把目标成本法的基本原理运用于企业成本管理的实践中形成的一套完整的方法,它是企业以具有竞争性的市场价格为尺度,扣除目标利润后推导出产品的目标成本,并利用目标成本来约束产品生产全过程的成本管理方法。目标成本管理是目标管理与成本管理的统一,它的主要精髓在于将成本管理的重点由产品的生产制造阶段转移至产品上游的研发设计阶段,强调产品成本的降低活动从源头阶段就已经开始,并在产品的生命周期期间持续不断地执行。

传统成本法是依据市场调查进行产品设计,再计算成本,然后再估计产品是否可能有市场销路,最后加上预期利润制定产品的售价。这样制定的价格可能过高而导致市场无法接受,或为了迎合市场而降价又可能造成企业亏损。而目标成本法则基于最可能赢得顾客认可的售价减去期望利润来计算目标成本,再运用价值工程来确保产品满足顾客的需要。这样生产的产品适销对路,能快速占领市场。

### 5.1.2 目标成本管理的原则

#### 1．以市场为出发点，关注顾客的需求

以市场为出发点，关注顾客的需求是目标成本管理的基本原则。企业制定的目标成本建立在预测价格的基础上，因此必须充分全面地认识市场，了解市场的状况，据此确定产品价格。顾客是产品的最终消费者，因此了解顾客的需求，掌握顾客对产品的期望和服务要求至关重要，生产出来的新产品才能有广阔的销路。

#### 2．价格引导的成本管理

与传统的成本加成法不同，目标成本管理体系是通过竞争性的市场价格减去期望利润来确定目标成本。其中，价格通常由市场上的竞争情况决定，而目标利润则由公司及其所在行业的财务状况决定。因此目标成本是以目标售价和目标利润为基础确定的。

#### 3．关注产品与流程设计

在产品设计中，企业应该遵循效益原则，尽可能地满足顾客对产品的设计要求和期望，所以应在研发设计阶段投入更多的时间，消除高消耗而又费时的暂时不必要的改动，缩短产品投放市场的时间。明确从产品设计阶段开始，通过各部门、各环节乃至与供应商的跨职能合作，共同实现目标成本。跨职能团队要对整个产品负责，而不是各职能各司其职。

#### 4．产品生命周期成本削减

产品的生产周期是指产品从前期研发到投入生产直至最后销售的整个过程。目标成本管理关注产品整个生命周期的成本，包括购买价格、使用成本、维护与修理成本以及处置成本。

#### 5．价值链协同合作

目标成本管理过程有赖于价值链上全部成员的参与，包括供应商、批发商、零售商以及服务提供商。在生产过程中，将原材料的供应商和产品的经销商等上下游企业纳入目标成本管理系统，与上下游企业形成长期友好的合作关系，减少采购和销售过程中寻找厂家、谈判等额外支出。

### 5.1.3 目标成本管理的基本步骤

目标成本管理的目的在于将顾客的需要转化为对所有相关流程的强制性竞争约束，

以保证能够创造利润。目标成本法一般需经过目标成本的设定、分解、达成到再设定、再分解、再达成多重循环，以持续改进产品方案。其实施过程包括以下六个步骤。

### 1. 确定市场容许价格

在传统成本管理中，市场价格只是市场上产品的买价，不包括产品的使用成本。而目标成本管理的目标是不仅要使顾客的购买成本最小化，还要使顾客的使用成本最小化。在确定市场价格时，需要考虑以下四个因素。

1）顾客需求及支付能力

顾客的需求与产品的功能、特性密切相关，企业依据顾客需求将其最后转化为产品的功能，进一步区分顾客的区域、年龄、性别，从而区分出消费能力。因此顾客需求是决定产品价格的关键因素。

2）竞争者产品分析

通过客户调查了解竞争者产品的质量、特性及成本，通过分析比较同类产品的性能、价格，确定目标成本。如果竞争产品的功能和质量较高，那我们的目标售价就必须低于竞争者的售价；如果我们产品的功能和质量较高，那我们的目标售价就可以等于或高于竞争者的价格。

3）目标售价与公司经营战略

公司可能会希望设定一个较低的价格以迅速地赢得市场份额，或者设定一个较高的价格以提高总体的长期盈利能力并塑造出技术优良的形象。企业应根据目标成本法的应用目标及其应用环境和条件，综合考虑产品的产销量和盈利能力等因素，确定应用对象。将拟开发的新产品作为目标成本法的应用对象，或选择那些功能与设计存在较大的弹性空间、产销量较大且处于亏损状态或盈利水平较低、对企业经营业绩具有重大影响的老产品作为目标成本法的应用对象。

4）市场份额目标

目标成本法下，新产品分为两类：一是根据市场需求的变化在原有产品的基础上加以改进；二是没有相近的同类产品，是全新的产品。根据新产品不同的类型，我们可以采用不同的方法确定市场价格。

（1）在对原有产品加以改进的基础上制定价格时，可以在原有价格的基础上，根据产品新的功能和特性来调整产品的市场价格。根据不同行业及不同产品类型，可分为以下三种主要方法：①根据产品功能调整来确定产品市场价格；②根据产品特性调整来确定产品市场价格；③根据竞争者同类产品价格来确定产品市场价格。

（2）对于全新产品的价格制定，由于没有相近产品来做参考比较，因此其市场价格确定相对于原有产品改进来说比较困难。此时，可以根据相关因素（顾客需求和顾客愿意支付的价款、竞争者产品及价格分析、目标售价必须配合公司的经营战略）选择相类似的产品，将相关要素设定不同权重，来综合考虑产品的定价。由于是全新的产品，还未被市场所了解和接受,因此企业考虑新产品的市场策略和竞争者因素对产品价格的影响度要大于市场需求对产品的价格影响度。

### 2. 确定目标利润

确定目标利润,其目的是要确保企业在产品生命周期内长期利润计划的完成。确定新产品的目标利润,通常方式是紧紧依托于原有产品的实际利润,然后综合考虑市场的竞争和波动情况,调整自身的长期获利计划。如日本的尼桑公司采用这种方法,利用计算机模拟确定售价和利润的关系,然后从这些经验关系出发,根据事前制定的目标售价,反过来确定新产品的目标利润。

### 3. 确定产品的目标成本

在企业负责目标成本管理的跨部门团队之下,可以建立成本规划、成本设计、成本确认、成本实施等小组,各小组根据管理层授权协同合作完成相关工作。成本规划小组由业务及财务人员组成,负责设定目标利润,制定新产品开发或老产品改进方针,考虑目标成本等。该小组的职责主要是收集相关信息、计算市场驱动产品成本等。随着产品市场价格和目标利润的确定,产品的目标成本便可得出。其计算公式为:

$$目标成本 = 市场价格 - 目标利润 - 应纳税金$$

该公式也被国内使用者称为"倒逼成本法",是目前实践中采用比较广泛的目标成本的确定方法。倒逼的含义就是由承包单位或个人,必须完成签订的成本指标协议,由此得出的目标成本是产品生命周期成本下最大的容许值,是新产品在开发过程中,为实现目标利润所必须达成的成本目标值。

### 4. 目标成本的分解

1) 企业成立成本设计小组

该小组由各职能技术、管理及财务人员组成,负责确定产品的技术性能、规格,负责对比各种成本因素,考虑价值工程理论,进行源头管控,在设计图上完成对成本降低或成本优化的预演等。该小组的职责主要是对可实现目标成本的设定和分解等。

2) 成本确认

小组由有关部门负责人、技术及财务人员组成,负责分析设计方案或试制品评价的结果,确认目标成本,进行生产准备、设备投资等。该小组的职责主要是实现目标成本设定与分解的评价和确认等。确定了目标成本之后,可以按照某种标准在企业内部将目标成本进行分解,编制成本计划,并落实到成本有关的各责任单位以及个人,使其都有一个明确具体的目标成本,作为控制成本和评价经济效果的有效依据。

3) 成本分解

在分解目标成本时,应该与单位以及个人的岗位责任制和经济责任制结合起来,这样有利于明确经济责任,有利于加强成本控制,同时也应该给予其相应的管理权力和经济利益,做到权责利相互结合。另外,分解给各个单位以及个人的目标成本必须符合可控性原则。

成本实施小组由有关部门负责人及财务人员组成,负责确认实现成本策划的各种措施,分析成本控制中出现的差异,并提出对策,对整个生产过程进行分析、评价等。该小组的职责主要是落实目标成本责任、考核成本管理业绩等。

企业内部的目标成本的分解方法常用的主要有以下几种。

(1) 按产品结构分解成本目标

这是分解目标成本最基本的方法。首先,对于机械制造企业,其生产的大多是零部件组装形成的产品,此时,企业可以将目标成本按照产品的构成分解到各个零部件和产成品,形成各个零部件和产品的目标成本;其次,企业可以参照原有产品或同类产品的实际成本资料,计算各个零部件占产品总成本的比例,可称作成本系数;第三,根据新产品的构成、材质、工艺设计等对成本系数加以调整,将调整后的成本系数乘以新产品的目标成本,从而得出各个零部件的目标成本。

(2) 按产品成本项目和成本特性分解成本目标

这种分解方法主要是以成本项目为主参照成本特性来分解目标成本。这种方法将新产品的目标成本按照经济用途即成本项目分解为直接材料成本、直接人工成本和制造费用三个项目,作为产品设计成本中的料、工、费的限额。其中,直接材料成本又具体分为由生产中用量引起的成本和由供应中价格变动引起的成本;直接人工成本又具体分为由工时定额变动引起的成本和由小时工资率变动引起的成本;制造费用按其与产量的关系,分为变动制造费用和固定制造费用。分解目标成本时,我们可以参照原有产品或同类产品的实际成本资料,计算出直接材料成本、直接人工成本和制造费用占产品成本的比例,然后将该比例乘以新产品的目标成本,从而得出新产品直接材料成本、直接人工成本和制造费用的目标成本。

(3) 按产品成本的形成过程分解成本目标

产品成本的形成要经过供应过程、生产过程和销售过程,在这三个过程中,成本有着不同的表现形式,即采购成本、制造成本和销售成本。其中,我们可以按照各个生产工序对生产过程中的制造成本进行分解,这主要适用于连续复杂式生产的产品。

(4) 按产品功能分解成本目标

在产品的研发设计阶段,对有必要进行功能分析的产品,或者处于导入期及成长期的产品,往往采用按产品功能分解成本目标的方法。按产品功能分解成本目标是指将新产品的目标成本分解成为该产品各个功能的目标成本。该方法的步骤大致为:将目标成本分解为大的功能分域成本,然后再将其分解为中功能分域成本,最后分解为小功能分域成本。值得注意的是,功能分域评价时必须用产品用户的观点来进行评估。

（5）按企业组织结构分解成本目标

这是一种广泛适用的目标成本分解方法。这种方法是将这个企业的目标成本分解给各个职能部门，成为这些部门的目标成本，然后，各个部门再将其目标成本拆分给各个负责人，成为各个负责人的目标成本，最后各负责人将其目标成本分解落实到个人，形成岗位目标成本，企业组织结构的各组成部分为确保其目标成本而实行相应的措施。这样就形成了自上而下的层层分解和自上而下的层层保证的、纵横交错的目标成本分解体系。

### 5. 执行产品的目标成本

第一，在产品的研发设计阶段，运用价值工程、成本分析等方法，寻找最佳的研发设计方案。

实行目标成本管理，要求将成本指标作为企业经营决策的一项重要因素，它不是在新产品设计后产生的，而是作为新产品设计前的目标，以目标成本作为新产品设计的一项重要依据，这和传统成本管理主要对生产和销售过程中的成本耗费进行控制是不同的。因此，研发设计阶段的节约是最有效的节约，研发设计中的失误，会导致成本控制"先天不足"，会导致巨大的浪费。因此，加强研发设计阶段的成本控制具有重要意义。而价值工程是进行此阶段成本控制的有效方法。

价值工程（value engineering，VE），也称价值分析（value analysis，VA），是指以产品或作业功能分析为核心，使产品或作业能达到适当的价值，力求以最低寿命周期成本实现产品或作业使用所要求的必要功能的一项有组织的创造性活动。价值工程的目的是在保证产品或作业必须具备必要功能的基础上，尽可能地降低产品成本。因为产品或作业的功能是必要的，而不是无限的，所以开展价值工程既不能脱离顾客的成本制约，片面追求高功能，也不能脱离顾客的需求，片面追求低成本，造成产品的必要功能不足。

价值工程是根据产品成本和功能的内在联系，通过科学的对比分析，从中得出产品的最佳价值。产品价值、成本和功能三者之间的关系如下：

$$价值＝功能/成本$$

目标成本管理就是要在产品研发设计的过程中始终贯彻价值工程的基本原理，对目标成本、产品功能和产品价值三个因素进行综合考虑，反复权衡，力图在保证目标成本实现的前提下，尽可能提高产品功能和价值。

第二，在产品的实际生产过程中，要对发生的生产成本进行严格控制，用最低的成本达到顾客需要的功能和品质要求。

（1）对原材料的成本控制。企业应根据目标成本编制材料采购计划，并监督企业严格执行。企业采购原材料时，主要发生的费用包括买价、运费、保险费、相关税费等。企业可以实施价值链管理，将供应商纳入生产体系，以获得比市价低的原材料；可以通过经济批量模型确定经济订货批次,使储存费等降低;还可以选择合理的运输方式,以降低原材料的运费。企业在采购原材料的过程中,首先应该保证原材料的质量,绝不能只注重材料价格的低廉,同时,也要防止盲目追求质量,造成质量过剩。此外,在保证原材料质量的前提下,企业也应从"廉"采购,进行原材料质量与价格的分析。企业可采用招标采购法,通过对多家参与投标的供应商的考察对比,选择质量好、价格合理的供应商作为合作伙伴。

(2) 对人员工资的成本控制。通过改善员工的业务素质和工作效率,逐步提高劳动生产率。企业要防止停工待料,避免不必要的加班加点;要发挥机器设备的最大生产能力,减少不必要的停工时间;要不断改进工艺流程,结合行为科学搞好劳动优化组合,做到人尽其用。企业可以实行绩效工资制,调动员工的热情和积极性。企业还可以通过衡量人工成本和引进新生产线之间的成本效益,考虑更新原有生产线,通过增加资本投入、缩小员工规模来减少人工成本。

(3) 对制造费用的成本控制。在资本密集型和技术密集型企业中,制造费用在产品成本中所占比重较大且有不断上升的趋势,因此,切实控制好这部分费用对于企业提高效益至关重要。企业应严格执行各项费用开支的标准,不得随意扩大制造费用的开支范围与开支标准;根据费用项目的性质,将制造费用总成本分解落实到有关责任中心,作为其费用控制的目标;对于固定性制造费用可设置费用目标成本手册进行日常控制。此外,企业应合理利用企业生产线,减少生产线的非正常性损失,减少制造费用。另外,企业研发部门应积极研究开发新的生产工艺,减少生产过程中的制造费用。

(4) 对其他费用的成本控制。生产过程中涉及的其他费用主要包括管理费用和一些未来成本。管理费用的控制主要指企业要减少管理人员行政管理过程中的成本浪费,如实现低值易耗品的循环使用。未来成本主要指一些特殊制造业在生产过程可能排放对环境有害的物品,企业在生产时必须考虑污染治理等费用问题。

第三,在产品的销售和售后服务阶段,企业应该在充分满足顾客需求的前提下,将成本费用最小化。

## 6. 目标成本的考核和修订

为了使成本管理起到指导和监督的作用,必须经常检查各个单位和个人对目标成本的执行情况,并加以考核。检查可以定期进行,也可以每旬、每月或每个季度进行,特别是对于那些占成本比重很大、经常发生波动并且控制比较困难的目标成本,更需要经常性地进行检查。在这个阶段,要对产品的财务目标和非财务目标的完成情况进行追踪考核,调查顾客的需求满足程度和市场的变化,并将所收集的信息反馈到产品生产的各个阶段,通过与企业实际生产情况的比较分析,对目标成本执行过程进行考核和修订。

# 5.2  标准成本管理

标准成本法的主要内容有标准成本的制定与差异分析,主要反映的是事中环节的成本控制的细节:哪些支出为有利差异,哪些是不利差异,应该有所重点管控,等等。

## 5.2.1  标准成本的概念

运用标准成本制度,应事先制定标准成本,以作为控制成本支出的依据,考核成本支出的尺度。所谓标准成本,是指通过精确的调查分析和技术测定而制定的,在已经事先达到的生产技术水平和有效经营管理条件下应当达到的单位产品目标成本,主要用来控制成本开支,评价实际成本,衡量工作效率。

涉及前述的差异分析主要指成本差异,特指实际成本与相应标准成本之间的差额。当实际成本高于标准成本时,形成超支差异(即不利差异);当实际成本低于标准成本时,形成节约差异(即有利差异)。

分析差异时管理人员应按照例外管理原则分析成本差异发生的原因,并就重大的差异事项及时采取措施纠正,从而达到成本控制目标。标准成本系统不单纯是一种成本计算方法,而是一种集成本分析、成本控制和成本计算为一体的成本管理系统,完整地说应包括标准成本的制定、成本差异分析和成本计算及账务处理三大部分。其中,标准成本的制定是采用标准成本系统的前提和关键,成本差异分析和成本计算是标准成本系统的重点,账务处理通常属于财务会计的操作而省略不做介绍。标准成本的制定、成本差异分析和成本计算及账务处理这三部分之间的相互关系如图 5-1 所示。

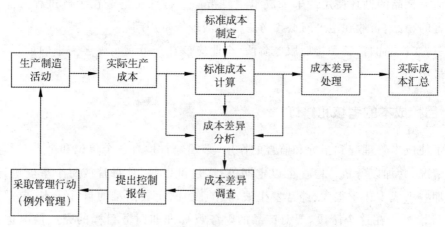

图 5-1　标准成本制度各组成部分关系图

与实际成本法相比,标准成本系统更重要的是被用来加强成本控制及衡量业绩。在标准成本的制定阶段需要对产品的生产工艺、技术流程以及生产和供销过程的各个方面进行全面分析研究,从而进行成本的事前控制。如快递业的分拣、包装、称重、发运等流程,均制定了标准。在业务流程的进程中将发生的实际成本与同标准成本进行比较,计算成本差异进而对成本差异进行分析,以及时揭示问题、发现问题、区分责任、分析原因,使成本在生产的进程中得到控制,即所谓的事中控制。同时在成本发生时区分标准成本和成本差异,归集和计算产品成本,一方面为存货计价和收益的计量提供成本资料,另一方面为成本控制、工艺流程的作业控制、工作成果的评价和企业的计划预算等提供依据。可以说实施标准成本系统使成本计算和成本控制得到了有机结合,是企业内部控制成本、评价和考核成本管理水平、降低成本、提高经济效益的重要途径。

## 5.2.2　标准成本制度的特点及构建

### 1. 标准成本制度的特点

标准成本制度以标准成本记录和反映成本的形成过程与结果,并通过对差异的解释和分析,实现对成本的控制。与实际成本核算方法相比,标准成本法具有以下特点。

(1) 采用标准成本制度,产品成本明细账只计算各种产品的标准成本,不计算各种产品的实际成本。

(2) 分别按直接材料、直接人工、变动制造费用和固定制造费用计算实际成本脱离标准成本的各种数量差异和价格差异等,并设置各种差异账户予以归集,以便对成本进行日常控制和考核。

(3) 会计期末,对各差异账户归集的成本差异,可以按标准成本的比例在本期已售产品、期末库存产成品和期末在产品之间进行分配,也可以将其全部结转到销售成本中。

实施标准成本制度需要将事前成本计划、日常成本控制和最终产品成本确定有机地结合起来,形成一个完整的成本分析、控制和计算体系,对企业加强成本管理,全面提高生产经营成果具有重要意义。

标准成本制度的具体作用包括以下几方面:

(1) 控制成本,提高成本管理水平;

(2) 正确评价和考核工作成果,调动职工的积极性;

(3) 为企业的预算编制和经营决策提供依据;

(4) 简化成本计算,为对外财务报表的编制提供资料。

### 2. 标准成本制度的构建

(1) 合理划分成本责任区域。

构建标准成本体系的前提条件就是划分成本责任区域,即成本中心。成本中心负责收集成本,它具有三大特质,即在一个主管的责任管理之下、最小的成本责任区域、责任界线划分清晰。

（2）对成本中心进行分类。

成本中心可细分为服务性成本中心、生产性成本中心及辅助性成本中心。其中，服务性成本中心负责为整个企业各成本中心提供服务，将服务的成本分摊至各受服务中心；生产性成本中心负责利用生产设备将原材料生产加工为半成品或产成品，以供市场销售；辅助性成本中心负责为某一生产性成本中心提供特殊的服务。

（3）建立成本中心的规范说明书。

（4）构建代码系统。

代码系统是标准成本体系的重要内容，包括成本中心代号（五位数字）、成本会计科目代号（四位数字）、统一产品代号（十五位数字）、物料代号、固定资产代号五项内容。

（5）确定体系的基本标准。

一般而言，构建企业标准成本体系需要有三种基本标准，即：①原料标准；②生产专业标准；③附加成本标准。

（6）完善企业的标准成本体系。

### 5.2.3 标准成本的制定

标准成本的制定通常包括直接材料标准成本、直接人工标准成本、变动制造费用标准成本和固定制造费用标准成本的制定。每一成本项目的标准成本应分为用量标准（包括单位产品消耗量、单位产品人工小时等）和价格标准（包括原材料单价、小时工资率、小时制造费用分配率等）。制定标准成本的基本方法是以公式"标准成本＝数量标准×价格标准"来确定的。

#### 1. 直接材料标准成本的制定

直接材料标准成本是指单位产品应耗用直接材料的成本目标，它是由直接材料的用量标准和直接材料的价格标准两个因素决定的。

直接材料的用量标准是指单位产品耗用的原料及主要材料的数量，也称为材料消耗定额。它是根据企业产品的设计、生产和工艺条件所确定的生产单位产品所需要的材料数量，其中包括了生产过程中发生的必要材料消耗和废品废料的材料损失。

直接材料的价格标准是以订货合同价格为基础，并考虑到未来可能发生的变动而制定的计划价格。直接材料的价格标准是预计下一年度实际需要支付的单位材料购进成本，包括材料的买价、税费、运费、装卸费、正常损耗和入库前的挑选整理费用等，是取得材料的完全成本。

制定该标准的一种方法是企业工艺工程师对流程的消耗时间与操作规范进行研究确定，所确定的标准根据程度不同，也细分成理想的（最高要求的标准成本）、正常的（正常的价格耗用水平和生产能力的利用程度,是过去时期成本的反映)、基本的(材料确定后不变化)和现行可达到的几种。直接材料标准成本等于单位产品所需用的各种材料标准用量与各自的标准价格乘积之和,即:

$$直接材料标准成本 = \sum(直接材料标准用量 \times 直接材料标准价格)$$

### 2. 直接人工标准成本的制定

直接人工标准成本是指单位产品应耗用直接工资的成本目标。直接人工的标准成本也是由直接人工的用量标准和价格标准所确定的,即生产单位产品应耗用的人工小时乘以每人工小时应有的工资率。即:

$$直接人工标准成本 = 单位产品直接人工标准工时 \times 直接人工标准工资率$$

直接人工的用量标准就是单位产品应发生的标准工时,也称单位产品工时消耗定额,是指在现有生产技术条件、工艺方法和技术水平条件下由工程技术人员根据生产步骤或工序,依时间研究与作业分析而制定,根据生产的加工工序分别统计,并汇总计算的单位产品生产工时,包括合理的间歇和停工时间、不可避免的废品所耗用的工时等。

而采用不同工资制度的企业,影响直接人工标准成本的因素是不同的。在计件工资制下,直接人工标准成本直接表现为计件工资单价,计件工资以外的各种奖金、津贴等作为制造费用处理;在计时工资制下,直接人工标准成本是由直接人工工时用量标准和工资率标准两个因素决定的。

直接人工标准工资率是指某会计期每一工作时间应分配的直接生产工人标准人工成本。其计算公式如下:

$$直接人工标准工资率 = \frac{预计直接人工工资总额}{标准工时总数}$$

"标准工时总数"等于企业在充分利用现有生产能力的条件下,单位产品工时消耗定额与可能达到的最大产量的乘积。

### 3. 变动制造费用标准成本的制定

制造费用预算按部门编制,部门制造费用预算首先是按照变动制造费用与固定制造费用分别进行编制,其次,在各部门制造费用分配基础上进行各部门单位制造费用标准成本的计算,通常变动制造费用与固定制造费用选择相同的分配基础,比如直接人工工时标准或机器工时;然后,按照产品所耗用该部门工时数量乘以该部门单位制造费用标准成本,就得到产品在该部门的制造费用标准成本;最后,将各部门中应由产品承担的制造费用标准成本进行汇总便求得该产品的制造费用标准成本。

变动性制造费用是指随业务量成正比例变动的那部分间接生产成本,变动性制造费用的标准成本是由变动制造费用的分配率标准和工时用量标准两个因素决定的。

变动制造费用标准成本的计算公式是:

$$变动性制造费用标准分配率 = \frac{变动制造费用预算总额}{标准工时总数}$$

单位产品变动制造费用标准成本 ＝ 单位产品直接人工标准工时 × 变动制造费用标准分配率

不同生产量水平的直接人工工时或机器工时会有所不同,因此企业在编制变动制造费用预算时,为应对多种生产量而采用弹性预算方式。弹性制造费用预算是指在预期生产量的一定范围内(通常为 80％～120％),以一定的组距(5％或 10％)预算将发生的各段变动制造费用。通常在以固定预算法下的预计生产量为 100％时的制造费用标准的基础上,用弹性预算确定生产量增、减范围的变动制造费用标准。应用弹性预算,就可以迅速确定生产量变化若干时的制造费用标准,亦可迅速确定生产量变动情况下的制造费用标准成本。

### 4. 固定制造费用标准成本的制定

固定性制造费用主要指不随业务量变化的那部分间接生产成本,通常根据事先编制的固定预算来控制其费用总额。

在变动成本法下,固定性制造费用属于期间成本,直接计入当期损益,不必在各种产品之间进行分配,因而不包括在单位产品的标准成本中;在完全成本法下,固定性制造费用要计入产品成本,因而需要确定其标准成本。固定制造费用在相关生产水平范围内不随产量的变化而变化,因此无须单独编制弹性预算。

固定性制造费用的标准成本也是由固定性制造费用的分配率标准和工时用量标准两个因素决定的。

固定制造费用的价格标准,即标准分配率,是指某会计期每一标准工时应分配的固定性制造费用。其计算公式如下:

$$固定制造费用分配率 = \frac{固定制造费用预算总额}{标准工时总数}$$

因此,变动性制造费用的标准成本为:

固定制造费用标准成本 ＝ 单位产品直接人工标准工时 × 固定制造费用标准分配率

通常标准成本卡(standard cost card)应包括生产单位产品需投入的用量(或工时)和价格(或工资率标准)。其计算公式如下:

单位产品标准成本 ＝ 直接材料标准成本 ＋ 直接人工标准成本 ＋ 制造费用标准成本

**【例 5-1】** 益生股份公司生产甲、乙、丙三种产品,有关资料如下:

(1) 全年生产能力 55 000 直接小时,直接人工工资总额 36 000 元,固定性制造费用 98 000 元,变动性制造费用 34 000 元。

(2) 甲、乙、丙三种产品的单位材料、工时如下:

| | 耗料数量(千克/件) | 单价(元/千克) | 耗用工时(小时) |
|---|---|---|---|
| 甲 A 种材料 | 360 | 0.5 | 400 |

乙 B 种材料 250　　　　　　1.5　　　　　　300

丙 C 种材料 140　　　　　　2.2　　　　　　280

要求：通过计算确定甲、乙、丙三种产品的单位标准成本。

**解：**

直接人工费用分配率＝36 000÷55 000＝0.65(元/小时)

变动性制造费用分配率＝34 000÷55 000＝0.618(元/小时)

固定性制造费用分配率＝98 000÷55 000＝1.78(元/小时)

甲产品单位标准成本＝360×0.5＋400×(0.65＋0.618＋1.78)

　　　　　　　　　＝180＋1 219.2＝1 399.2(元/件)

乙产品单位标准成本＝250×1.5＋300×(0.65＋0.618＋1.78)

　　　　　　　　　＝375＋914.4＝1 289.4(元/件)

丙产品单位标准成本＝140×2.2＋280×(0.65＋0.618＋1.78)

　　　　　　　　　＝308＋853.44＝1 161.44(元/件)

单位产品标准成本的制定可通过编制单位产品标准成本单(卡)进行。在每种产品生产之前,该产品的标准成本单(卡)要送达有关人员,包括各级生产部门负责人、会计部门负责人、仓库负责人等,作为领发料、分配员工和支出其他费用的依据。单位产品标准成本单(卡)的基本式样如表 5-1 所示。

表 5-1　标准成本卡

| 成 本 项 目 | 标 准 用 量 | 标 准 价 格 | 标 准 成 本 |
|---|---|---|---|
| 直接材料： | | | |
| 甲材料 | 5 千克 | 6 元 | 30 元 |
| 乙材料 | 3 千克 | 10 元 | 30 元 |
| 小计 | | | 60 元 |
| 直接人工 | 2 小时 | 12 元 | 24 元 |
| 变动制造费用 | 2 小时 | 5 元 | 10 元 |
| 固定制造费用 | 2 小时 | 3 元 | 6 元 |
| 单位产品标准成本 | | | 100 元 |

## 5.2.4　标准成本的差异分析

标准成本差异(standard cost variance)是指生产经营过程中发生的实际成本偏离预定的标准成本所形成的差额。实际成本超过标准成本所形成的差异称为不利差异、逆差或超支;实际成本低于标准成本所形成的差异称为有利差异、顺差或节约。

成本差异细分为直接材料成本差异、直接人工成本差异和制造费用差异三部分,其中,制造费用差异又可进一步细分为变动制造费用差异和固定制造费用差异。进一步再细分,有"数量因素"和"价格因素"两类,将"数量因素"变动所形成的差异称为数量差异,简称量差;将"价格因素"变动所形成的差异称为价格差异,简称价差。

计算和分析成本差异的目的,在于查明差异形成的原因,以便及时采取措施,消除不利差异,并为事中的成本控制和事后的考核和奖惩提供依据。

通用格式如下:

$$\text{标准数量} \times \text{标准价格} \tag{1}$$

$$\text{实际数量} \times \text{标准价格} \tag{2}$$

$$\text{实际数量} \times \text{实际价格} \tag{3}$$

(2)式减(1)式为数量差异——量差

(3)式减(2)式为价格差异——价差

(3)式减(1)式为总成本差异或(量差+价差)

### 1. 直接材料成本差异的计算与分析

如前所述,直接材料成本差异是直接材料的实际成本与标准成本之间的差额。

材料购买价格的高低、采购费用的高低,会引发直接材料价格差异;而产品耗用某种材料数量的多少、加工过程中必不可少的材料损耗的大小会引发直接材料用量差异。

因此直接材料成本差异由这两部分构成,公式如下:

(1)直接材料价格差异,是指由于材料实际价格脱离标准价格而形成的材料成本差异。其计算公式为:

$$\text{直接材料价格差异} = (\text{实际价格} \times \text{实际用量}) - (\text{标准价格} \times \text{实际用量})$$
$$= (\text{实际价格} - \text{标准价格}) \times \text{实际用量}$$

(2)直接材料用量差异,是指由于材料的实际用量脱离标准用量而形成的直接材料成本差异。其计算公式为:

$$\text{直接材料用量差异} = (\text{标准价格} \times \text{实际用量}) - (\text{标准价格} \times \text{标准用量})$$
$$= (\text{实际用量} - \text{标准用量}) \times \text{标准价格}$$

【例 5-2】 益生股份公司 1 月生产 A 产品 400 件,其中耗用甲材料共计 2 200 千克,耗用乙材料共计 1 410 千克,本月甲材料的采购单价为 6.1 元,乙材料的采购单价为 9.9 元。则 A 产品的直接材料成本差异计算分析如下:

甲材料价格差异 $= (6.1 - 6) \times 2\,200 = 220$(元)(不利差异)

乙材料价格差异 $= (9.9 - 10) \times 1\,410 = -141$(元)(有利差异)

A 产品直接材料价格差异 $= 89$(元)(不利差异)

甲材料标准用量 $= 5 \times 400 = 2\,000$(千克)——数据来自表 5-1

乙材料标准用量 $= 3 \times 400 = 1\,200$(千克)——数据来自表 5-1

甲材料用量差异 $= (2\,200 - 2\,000) \times 6 = 1\,200$(元)(不利差异)——数据来自表 5-1。

乙材料用量差异 $= (1\,410 - 1\,200) \times 10 = 2\,100$(元)(不利差异)——数据来自表 5-1。

A 产品直接材料用量差异＝3 300(元)(不利差异)

A 产品直接材料成本差异＝89＋3 300＝3 389(元)(不利差异)

在计算得出差异的基础上,可据此进一步分析原因,落实责任。

一般来说,直接材料价格差异应由采购部门负责,决定材料价格的影响因素也是多方面的,有些引起材料价格变动的因素会超出采购部门的控制范围。例如,因市场供求关系变化所引起的价格变动、临时需要进行紧急采购、运输方式的改变、订单顺序、配送服务等都会引发价格差异。

直接材料的用量差异一般应由控制用料的生产部门负责。因为在正常情况下,生产部门大体上是可以控制差异的。但是,影响材料耗用量的因素也是多方面的。除生产部门生产操作人员的原因(如是否注意合理用料、是否遵守操作规程、技术的熟练程度、员工岗位等级错用等)会对材料用量差异的形成产生影响外,其他部门的原因也可能对材料用量差异的形成产生影响。例如,因材料质量低劣而增加了废品、因材料不符合要求而大材小用等原因引起的过量用料,就应该由采购部门负责。

### 2. 直接人工成本差异的分析

直接人工成本差异,是指一定产量产品的直接人工实际成本与直接人工标准成本之间的差额。直接人工成本差异由直接人工效率差异和直接人工工资率差异两部分构成。

直接人工成本差异可以用下列公式表示:

直接人工成本差异＝(实际工资率×实际工时)－(标准工资率×标准工时)

＝直接人工实际成本－直接人工标准成本

＝直接人工效率差异＋直接人工工资率差异

实际工资率＝实际工资/实际工时

标准工时＝单位产品工时耗用标准×实际产量

其中,直接人工效率差异,是指由于直接人工实际工时数脱离标准工时数而导致的成本差异;直接人工工资率差异,是指由于直接人工的实际工资率脱离标准工资率而导致的成本差异。其计算公式为:

直接人工效率差异＝(标准工资率×实际工时)－(标准工资率×标准工时)

＝(实际工时－标准工时)×标准工资率

直接人工工资率差异＝(实际工资率×实际工时)－(标准工资率×实际工时)

＝(实际工资率－标准工资率)×实际工时

【例 5-3】　益生股份公司本月实际发生工时 790 小时,支付工资 9 559 元,则 A 产品的直接人工成本差异可计算分析如下:

标准工时＝2×400＝800(小时)

实际工资率＝9 559/790＝12.1(元)

直接人工工资率差异 $=(12.1-12)\times790=79$(元)(不利差异)

直接人工效率差异 $=(790-800)\times12=-120$(元)(有利差异)

直接人工成本差异 $=41$(元)(不利差异)

如果生产一种产品需经几个工种加工,则应先对每个工种进行上述的计算分析,然后加总。

实务中直接人工效率差异形成的原因主要有:工人技术的熟练程度和责任感、加工设备的完好程度、作业计划安排的是否周密、工作环境是否良好、动力供应情况等。人工效率差异的责任基本上应由生产部门负责,但如果是由于采购了不适用的材料,造成加工工时的增加,或者由于动力供应不及时等造成的差异,则应由采购部门、动力部门负责。影响效率差异的另一个重要因素是产品的需求不足导致的用工数量的差异,因为很少有企业会根据生产需要的用工数量而频繁调整人工数量,这也是不妥和不理性的,因为需要的时候往往是招不到合适的员工的;同样的,没有销售目标的产品,由于有员工的闲置,而下计划去生产,则形成存货,形成存货成本的高企。这两种情况都是企业不希望发生的。

直接人工工资率差异一般应由主管人事的部门负责,通常是可预测的。它通常与人事变动、工资制度和工资级别的调整有关。但如果是非生产工时造成的差异,如停工待料时间的工资、开会时间的工资,以及随意的加班费用所导致的直接人工成本的高企,仍由生产部门负责。

### 3. 变动制造费用差异的分析

变动制造费用差异,是指一定产量产品的实际变动制造费用与标准变动制造费用之间的差额。变动制造费用差异由变动制造费用耗用差异和变动制造费用效率差异两部分组成。因此变动制造费用差异可用下式表示:

变动制造费用总成本差异 $=$ (实际分配率×实际工时) $-$ (标准分配率×标准工时)

$=$ 实际变动制造费用 $-$ 标准变动制造费用

$=$ 变动制造费用效率差异 $+$ 变动制造费用耗用差异

$$变动制造费用实际分配率=\frac{实际变动制造费用}{实际工时}$$

其中,变动制造费用效率差异,是指因实际耗用工时脱离标准工时而产生的成本差异;变动制造费用耗用差异,是指因变动制造费用实际耗费脱离标准而导致的成本差异,耗费差异又称为分配率差异。其计算公式分别为:

变动制造费用耗用差异 $=$ (实际分配率×实际工时) $-$ (标准分配率×实际工时)

$=$ (实际分配率 $-$ 标准分配率)×实际工时

变动制造费用效率差异 $=$ (标准分配率×实际工时) $-$ (标准分配率×标准工时)

$=$ (实际工时 $-$ 标准工时)×标准分配率

变动性制造费用是一个综合性费用项目。计算出各种成本差异之后,还要结合企业实际,逐项分析这些差异形成的具体原因。变动制造费用效率差异实际上反映的是产品制造过程中的工时利用效率问题,在分析时应结合直接人工效率差异进行分析。变动制造费用效率差异本身很难说明制造费用的资源利用是否有效,多数情况下取决于直接人工是否有效。变动性制造费用的耗费差异,应视不同情况确定其责任归属。因预算额估算错误、间接材料质量低劣而耗费大、间接人工费用高、其他费用控制不力等造成的差异,其责任应分别由财务部门、采购部门、生产部门等部门负责。

### 4. 固定性制造费用差异的分析

固定性制造费用差异,是指一定期间的实际固定性制造费用与标准固定性制造费用之间的差额,其计算公式为:

固定性制造费用成本差异=(实际分配率×实际工时)-(标准分配率×标准工时)

=实际固定制造费用-标准固定制造费用

固定性制造费用标准分配率=预算固定制造费用÷预算产量标准工时

固定性制造费用实际分配率=实际固定制造费用÷实际工时

对固定性制造费用成本差异的分解通常有两种方法,一种是两差异分析法,一种是三差异分析法。

1) 两差异分析法

两差异分析法是将固定性制造费用成本差异分解为固定性制造费用预算差异和固定性制造费用产量差异两部分。前者指固定性制造费用实际发生数和预算数之间的差异;后者指在固定制造费用预算不变的情况下,由实际产量和计划产量不同引起的差异。计算公式为:

固定性制造费用预算差异=固定性制造费用实际数 - 固定性制造费用预算数

固定性制造费用产量差异=标准分配率×(预算产量标准工时 - 实际产量标准工时)

=固定性制造费用预算数 - 标准分配率×实际产量标准工时

2) 三差异分析法

利用三差异分析法,能更好地说明生产能力利用程度和生产效率高低所导致的成本差异情况,并且有利于分清责任;能力差异的责任一般在于管理部门,而效率差异的责任则多数在于生产部门。

三差异分析法是将固定制造费用成本差异分解为固定制造费用效率差异、固定制造费用能力差异和固定制造费用预算差异。三差异分析法中固定制造费用效率差异和固定制造费用能力差异之和等于两差异分析法中固定制造费用能量差异。

计算公式如下:

其中,耗费差异与两差异分析法相同,其计算公式仍为:

固定性制造费用预算差异

＝固定性制造费用实际数－固定性制造费用预算总额

＝固定性制造费用实际数－预算产量×工时标准×标准费用分配率

＝固定性制造费用实际数－预算产量标准工时×标准费用分配率

效率差异是指因生产效率差异导致的实际工时脱离标准工时而产生的成本差异。其计算公式为：

固定性制造费用效率差异

＝（实际产量实际工时－实际产量标准工时）×标准分配率

能力差异是指实际产量实际工时脱离预算产量标准工时引起的生产能力利用程度差异而导致的成本差异。其计算公式为：

固定性制造费用能力差异

＝（预算产量标准工时－实际产量实际工时）×标准分配率

＝固定性制造费用预算数－实际产量标准工时×标准分配率

固定性制造费用预算差异＝固定性制造费用实际数－固定性制造费用预算数

由以上可以看出，三差异分析法的能力差异与效率差异之和，等于两差异分析法的能量差异。因此，采用三差异分析法，能够较清楚地说明生产能力利用程度和生产效率高低所导致的成本差异情况，便于分清责任。

【例 5-4】 益生股份公司按变动成本法计算产品成本，某产品的标准成本资料如下：

| 直接材料 | 180 元 |
| --- | --- |
| 直接人工 | 150 元 |
| 变动制造费用 | 100 元 |
| 合计 | 430 元 |

本年度实际生产量为 1 000 件，有关差异资料如下：

| 直接材料消耗差异 | 2 500 元（有利差异） |
| --- | --- |
| 直接材料价格差异 | 1 000 元（不利差异） |
| 直接人工效率差异 | 1 000 元（有利差异） |
| 直接人工工资率差异 | 750 元（不利差异） |
| 变动性制造费用耗用差异 | 1 000 元（不利差异） |
| 变动性制造费用效率差异 | 600 元（有利差异） |

问该产品的实际成本是多少？

**解**：根据

实际成本 － 标准成本 ＝ 不利差异 － 有利差异

可得

直接材料实际成本＝1 000×180＋1 000－2 500＝178 500（元）

直接人工实际成本＝1 000×150＋750－1 000＝149 750（元）

变动性制造费用实际成本 $= 1\,000 \times 100 + 1\,000 - 600 = 100\,400$(元)

该产品的实际成本 $= 178\,500 + 149\,750 + 100\,400 = 428\,650$(元)

有利差异与不利差异形成的原因很多。

固定制造费用也是一个综合性的费用项目,因此,为了较准确地查明差异产生的原因,必须将固定制造费用各项目的预算数与其实际发生数进行对比,以便逐项分析原因和责任。

固定性制造费用预算差异的出现有外部原因,但大多数是内部原因,如临时购置固定资产,超计划雇用管理人员及辅助生产人员,研究开发费、培训费增加等。对于预算差异,应根据不同的情况确定其责任的归属。例如,由于折旧方法的改变而造成的差异应由财务部门负责;由于修理费用开支而造成的差异,应由设备管理部门负责。至于由一些不可控因素造成的差异,如税率变动、保险费价格上涨等,其责任不应由哪一个部门负责。

固定性制造费用效率差异形成的原因与直接人工效率差异的形成原因相同,主要应由人事部门和生产部门负责。

能力差异的出现主要是由于产销数量引起的,如经济萧条、产品定价过高造成销路不好和开工不足,或原材料、能源供应不足造成生产能力利用不充分等。具体还可细分:原设计能力过高生产任务不饱满;因市场需求不足,或者产品定价策略问题而影响订货量,造成生产能力不能充分利用;因原材料供应不及时,导致停工待料;机械设备故障,增加了修理时间;能源短缺,被迫停产;操作员工技术水平有限,未能充分发挥设备能力。对于产生的能力差异,其责任主要应由高层管理人员负责,当然还涉及计划部门、采购部门、生产部门及销售部门等,这就需要从整个企业的角度考虑,综合加以解决。

## 5.3　目标成本法实践应用分析

目标成本法在企业成本控制方面的积极作用在理论界以及实践界都得到了有效的论证,石油石化行业已经开始将全员目标成本管理、全面成本预算管理在各油田企业进行推广,成为应用范围最广、使用最多的管理方法。但在其使用中还存在一系列问题,如成本预算缺乏准确性,对成本的考评不够合理等。应将目标成本考核应用于全员目标成本管理的环节,使之成为企业绩效考核的重要组成部分。

### 1. 明确行业特征

本案例以中石化管道公司实施全员目标成本管理为例,就其目标成本的考核体系构建进行研究,并给出了实施建议。中石化管道公司的主要业务是油气储运、油气管道规划等,不同于石油、天然气的勘探、开采或石油炼制业务,但中石化对管道公司的考核并未考虑其经营特点,而是采用统一的经济责任考核。尽管现有的考核体系也有效地调动

了员工对成本管理的积极性,但也存在一些问题:

(1)考核目标单一,未充分反映成本控制效果,而管道公司在开始推出的全面预算管理、目标成本管理的过程中,尽管建立了各级成本管理控制考核体系,但其主要目的是为了年终奖金的分配,对成本的考核缺乏过程控制,管理作用得不到体现。

(2)原有考核指标确定缺乏科学性,对于成本支出的考评不够合理。分公司对输油处的考核以利润总额(40%)、单位完全费用(20%)、EVA(30%)、人工成本利润率(10%)为主,未考虑这种考核指标体系中关于储运行业管道业务的特点,没有考虑到部分输油处无法自主决定输油产量、输油价格,甚至存在结构性输油成本的运营特点。

## 2. 全员目标成本确立

企业成立目标成本实施小组,实施小组成员由各职能单位分别出人员组成,确定各层次的目标成本指标。

全员目标成本考核指导思想是建立"分级、分层、分岗位"的目标成本管理分解体系。"分级"是指分三级考核:首先确定输油处对二级单位(各职能部门及站队)的目标成本指标;其次确定各部门、站队对班组的考核;最后是基层各班组对员工的目标成本的确定。"分层"是指不仅要对全员目标成本管理的执行结果从定量上进行考核,而且还要对全员目标成本管理的执行过程等定性问题进行考核。"分岗位"是指按岗位对员工进行考核。

全员目标成本管理实施的成功与否与绩效考评制度的合理、科学有关。

全员目标成本考核指标体系具体如下。

考核主要有两个内容:一是目标成本执行结果考核,二是目标成本执行过程考核。目标成本执行结果指标包括总成本预算差异率、成本均衡性及关键单项成本差异率;目标成本执行过程指标包括成本分析、目标成本实施过程管理以及目标成本管理网络建设。各项考核内容的权重划分如表 5-2 所示。

表 5-2    二级单位目标成本权重细分

| 目标成本执行结果指标 | | | 目标成本执行过程指标 | | |
|---|---|---|---|---|---|
| 总成本差异率 | 成本均衡性 | 关键单项成本差异率 | 成本分析 | 实施过程管理 | 管理网络建设 |
| 20% | 20% | 20% | 10% | 20% | 10% |

1)目标成本执行结果的指标

各责任单位总成本预算差异率包含日常的运营管理成本、动力能耗成本及专项成本,计算公式如下:

$$总成本预算差异率 = \frac{实际总成本 - 预算总成本}{预算总成本} \times 100\%$$

成本均衡性指单位运营管理成本及动力能耗成本的均衡性,有按月和按年考核两种考核方法,其计算公式如下:

$$月成本均衡性 = \frac{当月实际累计成本 - 当月累计标准成本}{当月累计标准成本} \times 100\%$$

$$年成本均衡性 = 每月成本均衡性累计 \div 12$$

关键单项成本差异率，可以说明各单位重点可控成本费用项目的预算完成情况，即单项可控成本预算差异率。

各单项可控成本费用预算分别占总可控成本预算的比例为 $k_i$，具体计算公式如下：

$$k_i = \frac{单项可控成本预算数}{总可控成本预算数} \times 100\%$$

$$关键点位成本差异率\ r_i = \frac{实际支出数额 - 预算支出数额}{预算支出数额}$$

其中，$i = 1, 2, 3, \cdots$，分别代表各可控成本费用项目。

2）目标成本执行过程考核指标

包括成本分析、目标成本实施过程管理以及目标成本管理网络建设等内容。具体内容见表 5-3。

表 5-3　企业对二级单位目标成本考核细分表

| 序号 | 考核项目 | 考核内容 | 考核标准 | 标准分值 |
|---|---|---|---|---|
| 1 | 总成本与预算差异率 Rtc（20 分） | 实际成本支出控制在期初预算之内，不允许出现未经审批超预算的情况 | 0＜Rtc≤5%，扣 10 分<br>5%＜Rtc≤10%，扣 20 分<br>10%＜Rtc，扣 30 分 | 20 |
| 2 | 成本均衡性 Rac（20 分） | 成本均衡性控制在期初预算之内 | 0＜Rac≤5%，扣 2 分<br>5%＜Rac≤10%，扣 5 分<br>10%＜Rac，扣 10 分 | 20 |
| 3 | 关键单项成本差异率 $r_i$（20 分） | 重点可控费用实际支出要分别控制在期初预算之内 | 0＜$r_i$≤5%，扣 5 分<br>5%＜$r_i$≤10%，扣 10 分<br>10%＜$r_i$，扣 20 分 | 20 |
| 4 | 成本分析（10 分） | 成本分析资料全面、详细 | 每欠缺一项扣 0.5 分 | 10 |
| | | 分析方法要综合运用指标法、比较法、趋势法、分组法等 | 欠缺扣 1 分 | |
| | | 分析报告中有表、有图 | 欠缺扣 0.5 分 | |
| 5 | 目标成本实施过程管理（20 分） | 预算过程控制 | 每欠缺一项扣 1 分 | 20 |
| | | 核算过程控制 | | |
| | | 成本控制辅助机制 | | |
| 6 | 目标成本管理网络建设（10 分） | 目标成本管理基础建设：机制设置、职责划分、培训体系、考核制度 | 每欠缺一项扣 0.5 分 | 10 |
| | | 全面预算管理网络体系建设 | 每欠缺一项扣 1 分 | |
| | | 二级单位运营费用核算与监控的信息化建设 | 每欠缺一项扣 1 分 | |
| 满分 | | | | 100 |
| 总分 | | | | |

3）基层单位的班组目标成本指标

确定基层单位的班组目标成本指标，对基层单位的目标成本执行情况进行考核。基础单位的班组考核内容包括两大类：一是目标成本执行结果的考核，二是目标成本执行过程的考核。各项考核内容的权重划分如表 5-4 所示。其中，目标成本执行结果指标与对二级单位的考核一致。

表 5-4　班组指标权重划分表

| 目标成本执行结果指标 | | | 目标成本执行过程指标 | | |
| --- | --- | --- | --- | --- | --- |
| 总成本预算差异率 | 成本均衡性 | 关键单项成本差异率 | 目标成本基础工作 | 预算管理 | 成本管理 |
| 20％ | 20％ | 20％ | 10％ | 15％ | 15％ |

目标成本执行过程指标包括目标成本基础工作、预算管理和成本管理，具体内容及标准见表 5-5 所示。

表 5-5　班组成本考核——目标成本执行过程指标量表

| 序号 | 考核项目 | 考核内容 | 考核标准 | 标准分值 |
| --- | --- | --- | --- | --- |
| 1 | 目标成本基础工作 | 建立班组作业手册，岗位定额手册 | 不完整、不规划扣 2 分 | 10 |
| | | 能耗台账准确、设备台账完备 | 每欠缺一项扣 0.5 分 | |
| 2 | 预算管理 | 及时编制、上报日常运营成本预算和资金预算 | 每欠缺一项扣 1 分 | 15 |
| | | 及时上报月度能耗预算 | 欠缺一项扣 1 分 | |
| | | 及时发现设备问题并报维修预算 | 上级检查发现应报未报问题，一项扣 1 分 | |
| 3 | 成本管理 | 出现预算外支出 | 每出现一次扣 1 分 | 15 |
| | | 成本、能耗支出数据填报真实 | 成本支出不真实扣 3 分 | |
| | | 每周开展检查会，每月进行一次成本分析并提出改进建议 | 成本分析缺少一次扣 3 分，无图、表扣 1 分 | |
| | | 成本控制手段完善 | 制定规范的成本控制图，有具体的节能降耗等控制措施 | |

注：每一考核项目扣分至 0 为止。

4）对基层岗位的目标指标

企业对基层岗位的考核包括各责任单位的管理人员和基层操作人员。不同的岗位承担着不同的成本管理目标，因此指标体系的构成也会不同，考核的频率和周期也有所差异。通常会使用到的指标主要有以下几种。

（1）目标成本管理指标：如预算编制上报是否及时；成本核算是否及时准确以及预算执行情况等。

（2）能力指标：考核员工成本管理能力水平，具体包括参加培训情况、职位业务熟练程度、比赛获奖情况以及工作年限和职称等。

（3）附加指标：特殊情况对员工考核的影响。值得注意的是：不同职位人员对目标成本执行以及成本控制所承担的责任不同，在考核时，需按不同的权重对具体岗位进行考核。

### 3．全员目标成本考核的实施措施

（1）树立全员目标成本管理的"4SDP"理念，全面推进全员目标成本管理。树立"4SDP"理念，即目标成本标准科学化（scientification）、成本管理方法系统化（systematization）、考核和奖励力争规范化（standardization）、激发员工持续改进（sustainable）、预算和核算精细化（detailed）、成本发生过程控制（process control）的理念，建立全员目标成本管理的长效机制。

（2）建立双向沟通反馈机制。有效的成本考核是一个双向的沟通管理过程。当初制定的目标成本有个不断完善的过程，全员目标成本管理体系中，全体员工参与经营管理的全过程，扮演着重要的角色。因此，反馈沟通是成本考核中不可或缺的重要组成部分。沟通反馈要自始至终贯穿于整个目标成本管理的全过程。

（3）重视对各级员工的教育培训。为保证目标成本体系的成功实施，不仅要重视实施前的培训，还要进行实施中及实施后的教育培训。考核前的培训，主要是让全体员工了解如何制定全员目标成本和衡量标准、如何进行考核，培养员工的责任感等；考核中、后的培训，主要目的是当员工通过考核了解到自己的现有水平和目标绩效之间存在差距时，要求企业能提供更多的培训与再教育的机会，以此来提高员工的绩效水平。

（4）培育适应全员目标成本管理的文化。目标成本管理涉及企业生产经营活动的每一个环节，需要得到全体职工的配合和支持。除物质激励机制以外，建立良好的企业文化可以作为全员目标管理实施的精神激励机制。将企业文化作为考核、激励制度的补充，使全员目标成本管理能集中全体员工的智慧，充分发挥企业员工的主观能动性，使目标成本管理作为一种约束机制能得到全体员工的认同。

 ## 本章小结

本章重点介绍了目标成本法和标准成本法两种成本管理方法的意义、原理和应用的基本原则，分析了目标成本的源头管理思想和标准成本管理的事中控制的要点及差异分析的方法，并介绍了标准成本法的直接材料、直接人工和制造费用的差异计算及差异原因。

**复习思考题**

1. 目标成本法改变了传统成本管理的哪些思想?
2. 目标成本法的应用需要什么样的环境支撑?
3. 标准成本法的标准应如何编制与构建?
4. 标准成本系统的作用是什么?

 **自测题**

# 第 **6** 章

# 作业成本管理

## 🎯 学习目标

1. 掌握资源、动因等的基本概念。
2. 掌握作业成本计算与传统成本计算关于制造费用的差异。
3. 重点掌握战略成本管理的思想、方法及应用。
4. 了解作业成本管理思想的发展。

## 6.1 作业的相关概念

作业成本计算即 ABC(activity based costing),是指资源、作业以及成本计算对象和绩效评估的计算工具。作业成本法的原理并不复杂,是指将产品生产或提供劳务所消耗的资源成本按消耗资源的作业累积,再按受益原则依据成本动因将作业成本追溯至产品或劳务。采用作业成本法使得成本计算更为真实,有利于作业管理和资源使用效率的评价。进行作业分析,首先要了解作业成本法所涉及的相关基本概念。

### 6.1.1 作业及其分类

企业经营过程中的每个环节,或是生产过程中的每道工序都可以视为一项作业。作业本身就是指任何引起间接费用被消耗的活动,作业的类型和数量会随着企业的不同而不同,企业整个经营过程可以划分为许多不同的作业。作业的划分是从产品设计开始,到物料供应,从生产工艺流程的各个环节、质量检验、总装,到发运销售的全过程。常见的作业如产品设计、材料搬运、包装、装运、订单处理、机器调试、销售收账、采购、设备运行、开发货单、售后服务、储存、质量检验、发货、人员培训等。而将作业成本系统下与单个作业计量相关的成本都集中在内形成一个作业库,作业库中包含了多个作业。从管理角度看,作业是企业生产过程中的各工序和环节。作业库中到底细分多少作业的项目数量,必须依据成本效益原则来确定。如:

（1）成本信息需要正确到何种程度？每一个作业都能够对应成本动因，作业活动项目数越多，则产品成本的信息越正确。

（2）能够容忍的测定成本为多少？关于如何细分作业，这项工作的费用会变得高昂。如作业的项目不能太少，根据产品的多样化，产品数量的关系，考虑必须进行的作业的所需成本。

（3）信息技术的利用程度。如何充分利用信息技术构筑成本计算系统是 ABC 法能够实施的关键。

借用细分作业最权威的卡普兰当初推广的分类方法：企业可按照受益对象、层次和重要性，将作业分为以下四类，并分别设计相应的作业中心。

### 1. 单位水平作业

单位水平作业（unit level activity）是生产单位产品时所从事的作业，能使每单位产品都受益从而使产品产量增加。此类作业成本将随产品数量增加而成比例增加。例如直接材料、直接人工、机器运转消耗的电力、按产量法计提的折旧等。这类作业成本高低通常与产品的产量成正比。如果产量增加一倍时，则直接人工成本也会增加一倍。它也称产量级作业，是指明确地为个别产品（或服务）实施的、使单个产品（或服务）受益的作业。该类作业的数量与产品（或服务）的数量成正比例变动。包括产品加工、检验等。

### 2. 批量水平作业

批量水平作业（batch level activity）的成本随批量而成比例增加，但这类成本与产量多少无直接关系。例如，机器调整准备成本、订单处理成本，检验及生产规划成本、产品批量检验成本等。这类作业成本高低通常与作业批数成正比，而与产品产量无关。若要降低这类成本，只能靠设法减少作业批数来实现。这种作业的成本与产品批数成比例变动，是该批产品所有单位产品的固定（或共同）成本。例如机器从生产某批产品，转向生产另一批产品时，就需要对机器进行准备。当生产批数愈多时，机器准备成本就愈多，但与产量多少无关。它也称批别级作业，为一组（或一批）产品（或服务）实施的、使该组（或批）产品（或服务）受益的作业。该类作业的发生是由生产的批量数而不是单个产品（或服务）引起的，其数量与产品（或服务）的批量数成正比变动。包括设备调试、生产准备等。

### 3. 产品水平作业

产品水平作业（product level activity）的成本是为维持特定产品线存在所发生的各种成本。例如，产品开发与设计、设计改良、产品生产安排、制造过程改善、购买零部件管理、处理工程变更、测试线路、处理客户关系、营销等。这类作业成本与特定产品线相联系，而与产品产量、批量无关。这种作业的目的是服务于各项产品的生产与销售。这种作业的成本与单位数和批数无关,但与生产产品的品种成比例变动。它也称品种级作业,为生产和销售某种产品(或服务)实施的、使该种产品(或服务)的每个单位都受益的作业。该类作业用于产品(或服务)的生产或销售,但独立于实际产量或批量,其数量与品种的多少成正比例变动。包括向个别客户提供的技术支持活动、咨询活动、独特包装等。

### 4．维持水平作业

维持水平作业(facility level activity)的成本是指为维持生产环境而发生的成本。亦称生产能力层次作业。例如,厂房折旧、厂务管理、厂房维修、人事管理等。这类作业成本通常与总体生产能力相关。这种作业的成本,为全部生产产品的共同成本。

作业水平的分类能为作业成本信息的使用者和设计者提供帮助,因为作业水平与作业动因的选择有着内在关系。传统成本法只考虑了单位水平作业,因此其制造费用的分配主要采用与单位有关动因的概念,也称设施级作业,即为提供生产产品(或服务)的基本能力而实施的作业。

在复杂的环境下,管理会计系统要能够识别各项成本及促使其发生的原因,这些在作业成本系统中依靠成本动因进行分析、归类和成本集中,进而选择成本动因作为分配间接成本的基础。企业的制造过程中,所发生的间接成本需要成本动因来连接成本、作业和产品。

## 6.1.2　作业链

企业一系列前后有序的作业集合体就是作业链。作业链贯穿于企业生产经营过程的始终。作业可细分为增值作业和不增值作业。增值作业是指能增加顾客价值或企业价值的作业,如生产、制造、装配、产品质量检查、销售服务等作业;不增值作业是指不能增加顾客价值或企业价值的作业,如搬运作业。在企业中应努力增加增值作业,减少和消除不增值作业。企业通过作业链分析,有利于消除不增值作业,并减少增值作业的资源耗费,以提高经济效益。

在后续的 ABM 分析中经常会使用附加价值的概念,这就是指在作业链中的价值表现,即价值链。价值链包含每一个作业的价值形成和转移,从而构成价值运动过程。企业作业链的形成过程同时也是价值链的形成过程。

## 6.1.3　资源

资源是企业生产耗费的原始形态,是成本产生的源泉。企业作业活动系统所涉及的人力、物力、财力都属于资源。一个企业的资源包括直接人工(例如采购人员的工资成本)、直接材料、间接制造费用等。其成本信息主要来源于总分类账。

"产品消耗作业,作业消耗资源",这是作业成本法的基本原理,即完成一定量的作业就会对应消耗一定的资源,与此同时一定量的价值产出转移到下一项作业中,这样逐步结转,最终将产品提供给顾客。因此,可以这样说,作业链的形成过程也是价值链的形成,价值在作业链上的各项作业转移的时候、资源被消耗的时候也就是价值链形成的过程。

### 6.1.4 成本动因

成本动因是指引发成本发生的驱动因素,是决定执行的作业所需的工作量和工作耗费的因素。这些因素包括本作业与前一作业相关的因素,也包括本作业内部的因素。一个作业可能具有多个动因。成本动因解释了作业发生的原因。

常见的成本动因示例如表 6-1 所示。

**表 6-1 成本动因示例**

| 成 本 库 | 成 本 动 因 |
| --- | --- |
| 会计 | 被要求的报告、被消费的金额 |
| 人事 | 职务变更、雇佣活动、训练时间、咨询时间 |
| 数据处理 | 处理数据、报告、程序时间、程序变更 |
| 生产技术 | 各工厂耗费时间、工艺资料的变更、产品的变更 |
| 质量管理 | 发现问题、分析样品、在现场的时间 |
| 物料搬运 | 材料库出货金额、处理的交易数、与搬运工作有关的人员 |
| 效用 | 直接消费量、占用面积 |
| 生产现场 | 直接操作时间、机器时间、移动数量、材料消费量 |

成本动因按其不同要求有多种分类,最常见的是根据作业成本法的原理将其分为资源动因和作业动因两类。

#### 1. 资源动因

作业量的多少决定着资源的消耗量,资源消耗量的高低与最终的产品量没有直接的关系。资源动因反映作业消耗资源的情况,是资源费用归集到作业的依据,资源消耗量与作业量的这种关系称为资源动因。资源动因作为一种分配基础,是将资源一项项地分配到作业中去的,该过程就形成了作业成本,产生了作业成本要素,而逐项分配到作业的成本要素累加就形成了作业成本库。

分析成本要素和成本库,可知哪些资源需要减少或需重新配置,并确定如何改进和降低作业成本。比如,假设人工方面的费用主要与从事各项作业的人数有关,那么就可以按照人数来向各作业中心(作业成本库)分配人工方面的费用,这里的从事各项作业的人数,就是一个资源动因。

### 2．作业动因

作业动因是指作业发生的原因，是将作业成本库中的成本分配到成本对象（产品或劳务、顾客）中的标准。作业动因反映产品消耗作业的情况，是将资源成本逐项归集、分配到作业，形成作业成本归集、分配到产品的标准。它也是资源消耗与最终产出沟通的中介，通过实际分析，可以知道哪些作业是多余的，应如何改进，如何降低作业的成本。如订单作业中，假设在各种产品或劳务的每份订单上所耗用的费用基本相当，那么就可以按照订单份数来向各种产品或劳务分配订单作业成本，这里的订单份数就是一项作业动因。

作业成本计算的观点即成本分配观主要提供关于资源、作业及成本对象的有关信息。它是以"成本对象引起作业需求，而作业需求进而引起资源需求"为基本依据，将资源首先分配至作业，再由作业分配至成本对象。

ABC 法将成本动因分为资源动因与作业动因，即构成成本的决定性因素。通过对成本动因的分析，有助于发现引起成本发生的根本原因，发现那些价值上非增值作业的根源，寻找途径消除或者摆脱它们。

## 6.2　作业成本法的间接费计算方法

### 6.2.1　作业成本法的计算步骤

作业成本法（ABC 法）就是对作业、资源及成本计算对象的成本与业绩的测定方法。ABC 的本质是提供了成本测定的手段进而产生更加准确的成本信息，因此作业计量就是作业成本核算系统的分配基础。从成本计算角度看，作业是基于一定的目的、以人为主体、消耗一定资源的工作，区分不同作业的标志是作业的目的，因而作业才会有增值作业和非增值作业的区分，作业的范围可以被限定。

ABC 法可以排除对制造费用分配的随意性，产品多样化使得增加的制造费用按照以作业的成本动因为基础对成本计算对象较为合适的分配。ABC 追踪作业与成本的关系，按作业来归集和分配成本，其结果是产品成本被正确计算，为产品战略的合理性收益分析提供了可能。

ABC 法并非成本计算程序的重新设计，重点是对间接成本归集和分配方式的改变，由传统的以产品为中心分配成本改为以作业为中心的成本积累及分配。作业成本的思路是：产品生产要耗费作业，而作业活动需耗费资源。由此资源成本构成作业成本，作业成本应分配于产品。

传统的成本计算是为核定计算利润、编制财务报表服务的，成本通过三个阶段进行核算。

第一阶段,依据各个项目的差异进行分配和计算。费用在不同部门进行分配,部门的共同费用(如折旧等)就要选择合适的分配基准(如选择建筑物的面积等),在制造部门和辅助部门进行分配。

第二阶段,由于产品并不经过辅助部门,因此辅助部门分配的制造间接费用,采用了如直接分配法、顺序分配法、交互分配法等方法,把辅助部门费用就分配给了制造部门。

第三阶段,制造部门中归集的制造间接费用,按照直接人工时间或者机器作业时间等分配标准,分配给各产品。第三阶段也就是我们常说的品种法的计算过程之一。

ABC 法不再对制造部门和辅助部门的制造间接费用进行归集,制造间接费用将通过作业中心,对细分的成本库(以作业为核心区分的成本单元)核算成本。这相当于传统成本核算的第一阶段,此时作业中心中测定了各种不同的单元成本。

作业中心依据成本动因归集各有关联的作业,即传统的成本计算是一定要经过制造部门和辅助部门来归集计算的,ABC 法以成本库为归集发生的成本。从这个角度来说ABC 法有革命的意味。

对于成本库中归集的成本,将其依据各自不同的成本动因分配给产品,这相当于传统的成本计算的制造间接费用的第三阶段。因此关于 ABC 法的结构可分析总结如下。

(1) 关于传统的计算方法中的第二阶段的分配,ABC 法把辅助部门费用分配给制造部门这一过程排除了,辅助部门费用分配给制造部门的计算过程应该说相当的烦琐,而省去这个过程,对于成本管理而言无疑是革命性的。ABC 法将成本分配的三个阶段变为两个阶段。

然而,排除辅助部门费用的分配计算,有必要变换结构,设置作业中心和成本库。ABC 法均可以作业形式进行分配,这样成本库的数量会变多,通常成本库的数量在 80~150 个之间,如此这般反而会增加核算成本,因此在一定程度上必须利用信息处理技术。

(2) 关于分配到产品的分配标准,不仅是通常的直接人工时间、机器作业时间等与作业操作有关的标准,还有如设计次数、部件的数量、订单的数量、质检次数等作业成本动因可供使用。

(3) ABC 法可以纠正传统的间接制造费用的分配不准确导致的成本计算的偏差,达到正确的成本计算。

## 6.2.2 作业成本计算示例

武胜自动化仪表公司生产热工仪表(闪光报警器、长型图示记录仪、圆型图示记录仪)用于酒厂、仓储等温度控制。目前已知闪光报警器是老产品,产销稳定,每批生产5 000 件,供顾客备货,年产 60 000 件;长型图示记录仪是为顾客定制的产品,每批生产50 件,年产 30 000 件;圆型图示记录仪是生产工艺比较复杂的产品,每批 5 件,年产

6 000 件。目前三种产品的生产成本资料与利润核算如表 6-2 及表 6-3 所示。

表 6-2　三种产品收入成本汇总表　　　　单位：元

| 项　　目 | 闪光报警器 | 长型图示记录仪 | 圆型图示记录仪 | 合计 |
|---|---|---|---|---|
| 收入 | 1 616 500 | 854 000 | 699 500 | 3 170 000 |
| 直接材料 | 410 000 | 185 000 | 162 000 | 757 000 |
| 直接人工 | 175 000 | 74 500 | 48 500 | 298 000 |
| 间接费用 | 223 700 | 206 400 | 498 900 | 929 000 |

表 6-3　利润表　　　　单位：元

| 项　　目 | 费　　用 | 合　　计 |
|---|---|---|
| 销售收入 | | 3 170 000 |
| 销售成本 | | |
| 　直接材料 | 757 000 | |
| 　直接人工 | 298 000 | |
| 　制造费用 | 1 200 000 | 2 255 000 |
| 毛利 | | 915 000 |
| 销售和管理费用 | | |
| 　运输成本 | 65 000 | |
| 　一般管理费用 | 640 000 | |
| 　营销费用 | 450 000 | 1 155 000 |
| | | (240 000) |

注：该制造费用是以传统成本制度为分配方法，以机器小时为分配基础的。

虽然该企业的营销人员和质量管控人员都做了大量的工作，但显示的结果依然是亏损，这是产品价格的问题呢？还是产品成本的问题呢？

武胜自动化仪表公司研究了现行的成本会计系统和原有资料数据，管理会计小组建议实施作业成本制度，成立作业成本小组，根据作业成本法的原理框架，先确定成本对象，然后按要求编制订单，该作业将资源消耗，如使用电脑、消耗时间和打印纸张，而编制订单所需的时间和纸张越多，则投入的成本越多。

作业成本小组经过仔细分析，认为武胜自动化仪表公司所使用的传统的成本会计制度还是很好地计量了直接材料和直接人工的成本，正因为这些成本很好地直接追溯到了产品本身，并没有经过主观的分配率的选择，因此，作业成本小组将主要工作放在了公司的间接成本的计算上，如制造费用，销、管费用等。

执行作业成本系统的步骤如下。

## 6.2.3　确定作业及作业库

作业成本法开展的第一步就是确认作业，构建作业库。这是最基础也最繁重的工作,需要消耗大量时间以进行确认和判断。

作业成本小组需要同实际操作部门(即发生间接费用的部门)进行访谈了解,并要求说明其主要的工作流程,然后归纳出一系列可量化的作业。此时作业数量可能会归纳得比较多,作业成本小组会认为归纳出的作业数越多,计量的成本越准确;但是另一方面,该计量归纳所花的代价(成本)会非常高,比如必需的系统设计、执行、运行成本等。因此会在适当的时候合并处理一些类似的作业,以减少一些作业的计量数量。但是归并的时候需要区分作业水平类型,如:单位水平作业与批量水平作业不要混同,而相同的水平作业则尽量合并,等等。

作业成本小组经过会谈、核算和整理相关制造费用发生的作业,与企业管理层协商,提出如下的作业成本库归集和作业计量的方式。

例如,客户订单成本库将容纳所有由接受和执行顾客订单引起的资源消耗的成本,包括订单文书工作的成本和为特殊订单安装机器的成本。该成本库的作业量只是收到顾客订单的份数。这属于批量水平作业,因为无论每份订单是订货 1 件还是 1 000 件,需要的工作相同。所接受客户订单的份数就是作业量的一个例子。作业量也是作业成本法的分配依据。成本动因同样也指作业量,作业量将被分配到成本。

所有的产品设计中所消耗资源的成本都将被分配至产品设计成本库。该成本库的作业计量是产品设计的数量,这是一项产品层次的作业,因为一种新产品的设计工作量并不取决于最终订购的产品数量或最终执行的批次数。

所有因产量变动所消耗资源的成本都将被分配至订单规模成本库,包括各式的工厂供给、机器运行所需的电力以及一些设备折旧,这是一项单位层次作业,因为每件产品都将消耗其中的部分资源。该成本库的作业计量是机器工时。

所有与维持客户关系有关的成本都将被分配至客户关系成本库,包括销售电话与招待客户的成本。客户关系成本库是一项客户层次作业,该成本库的作业量是公司客户列表中的客户数量。

所有与客户订单、产品设计、订单规模或客户关系相关的间接费用都将被分配至"其他"成本库。这些成本主要由组织维系成本和闲置产能成本组成,而它们不是因产品所消耗的资源,因而不应分配至产品之中。

任何其他公司都不可能与武胜自动化仪表公司采用一致的专业成本库和作业计量,因为涉及判断的问题,不同公司对于作业成本库和作业计量的数量与界定可能会相差甚远。

## 6.2.4 归集制造费用项目的作业库

表 6-4 展示了武胜公司打算分配至作业成本库的年度间接费用(包括制造费用与非制造费用),表 6-4 的数据主要是按照部门进行划分的(如行政部、生产部、销售部等),这

是因为这些数据是从公司的总账中摘录出来的,而总账对于成本的分类通常是以成本发生的部门为依据。例如,销售部门发生的薪金、供应品以及租金应该由该部门承担。总账的职能导向反映在利润表中的成本列报上。实际上表 6-4 中生产部门的总成本等于利润表中的制造成本总额。行政部和销售部也是如此。

表 6-4　武胜自动化仪表公司作业成本库

| 作业成本库 | 成 本 动 因 |
|---|---|
| 客户订单 | 客户订单数量 |
| 产品设计 | 产品设计数量 |
| 产品检验 | 检验次数 |
| 材料处理 | 搬运次数 |
| 订单规模 | 机器工时 |
| 客户关系 | 现有客户数 |
| 其他 | 不适用 |

我们把利润表中的直接材料、直接人工和运输费用排除在表 6-4 所列示的成本之外。直接费用不需要采用作业成本法核算。

将成本分配到作业成本库表 6-5 所示。

表 6-5　武胜自动化仪表公司年度间接费用合计表

| 生产部门: | 费　　用 | 合　　计 |
|---|---|---|
| 间接生产人员工资 | 520 000 | |
| 生产设备折旧 | 400 000 | |
| 设计公用事业费 | 170 000 | |
| 工厂房屋租赁费 | 110 000 | 1 200 000 |
| 行政管理部门: | | |
| 管理费用和工资 | 455 000 | |
| 办公设备折旧 | 87 000 | |
| 办公用房租金 | 98 000 | 640 000 |
| 营销部门: | | |
| 销售人员工资 | 350 000 | |
| 销售费用 | 100 000 | 450 000 |
| 间接费用合计 | | 2 290 000 |

第一阶段的分配通常以与那些掌握一手作业信息的员工交流的结果为基础,如:自动化仪表厂有 52 万元的间接人工工资分配到 5 个作业成本库,如果被分类为间接生产工人(顾问、工程师、质检员等)的这些员工被问及他们的花费在顾客订单、产品设计、产品生产进程和顾客关系上的时间比例通常是多少时,这些分配将会更精确。作业成本法在实施这些访谈时,相对比较谨慎,因为被访谈者必须完全了解作业所包含的内容、期望从他们那儿得到信息,而且当这些信息要在未来进行核算和考核时,尤其需要认真确认。

武胜公司的访谈结果如表 6-6 所示,由此可确定各间接费用的分配比率。进而可将成本分配计入作业成本库。

表 6-6　作业成本库(访谈后所定比例)

| | 客户订单 | 产品设计 | 订单规模 | 客户关系 | 其他 | 合计 |
|---|---|---|---|---|---|---|
| 各生产车间 | | | | | | |
| 间接生产人员工资 | 20% | 35% | 25% | 15% | 5% | 100% |
| 车间设备折旧 | 15% | 0 | 60% | 0 | 25% | 100% |
| 生产公用事业费 | 0 | 15% | 40% | 0 | 45% | 100% |
| 车间房屋租赁费 | 0 | 0 | 0 | 0 | 100% | 100% |
| 行政管理部门 | | | | | | |
| 各职能科室工资 | 15% | 10% | 15% | 30% | 30% | 100% |
| 行政办公设备折旧 | 20% | 0 | 0 | 30% | 50% | 100% |
| 企业办公用房租金 | 0 | 0 | 0 | 0 | 100% | 100% |
| 市场营销部门 | | | | | | |
| 销售人员工资 | 25% | 10% | 0 | 50% | 15% | 100% |
| 销售费用 | 15% | 0 | 0 | 60% | 25% | 100% |

表 6-7 所示即为第一阶段分配到作业成本库的数据,具体的分配程序是根据车间所拥有的设备及发生的费用,可全部列出。

表 6-7　作业成本库第一阶段分配　　　　　　　　　　单位:元

| | 客户订单 | 产品设计 | 订单规模 | 客户关系 | 其他 | 合计 |
|---|---|---|---|---|---|---|
| 各生产车间 | | | | | | |
| 间接生产人员工资 | 104 000 | 182 000 | 130 000 | 78 000 | 26 000 | 520 000 |
| 车间设备折旧 | 60 000 | 0 | 240 000 | 0 | 100 000 | 400 000 |
| 生产公用事业费 | 0 | 25 500 | 68 000 | 0 | 76 500 | 170 000 |
| 车间房屋租赁费 | 0 | 0 | 0 | 0 | 110 000 | 110 000 |
| 小计 | | | | | | 1 200 000 |
| 行政管理部门 | | | | | | |
| 各职能科室工资 | 20 250 | 13 500 | 20 250 | 40 500 | 40 500 | 135 000 |
| 行政办公设备折旧 | 35 000 | 0 | 0 | 52 500 | 87 500 | 175 000 |
| 企业办公用房租金 | 0 | 0 | 0 | 0 | 330 000 | 330 000 |
| 小计 | | | | | | 640 000 |
| 市场营销部门 | | | | | | |
| 销售人员工资 | 87 500 | 35 000 | 0 | 175 000 | 52 500 | 350 000 |
| 销售费用 | 15 000 | 0 | 0 | 60 000 | 25 000 | 100 000 |
| 小计 | | | | | | 450 000 |
| 间接费用合计额 | 321 750 | 256 000 | 458 250 | 406 000 | 848 000 | 2 290 000 |

注:表中数据系据表 6-6 中的百分比计算而得。

### 6.2.5　计算作业成本分配率

作业成本分配率是指将间接费用分配到产品和客户的比率,其计算如表 6-8 所示。该作业小组为每一个成本库确定总的作业量,这些作业量用来生产现有的各种产品和服务现有客户。例如,作业成本小组发现每年需接受 1 000 份订单以服务于客户。作业费率的计算方法是将每个作业库的全部成本以作业量合计。即客户订单成本库的全部年成本 320 000 美元除以年客户订单数 1 000 件,即得到每张客户订单作业费率为 320 美元,等等。"其他"成本栏的作业费率不计算,因为"其他"成本库包括组织维护成本、闲置生产能力的成本等固定性约束成本,不单独计入产品和客户,但是企业的整个边际贡献必须补偿全部固定成本才能获利。

表 6-8　武胜公司的作业费率的计算

| 作业成本库 | 成本合计(a) | 作业合计(b) | | 作业费率(a÷b) | |
| --- | --- | --- | --- | --- | --- |
| 客户订单 | 400 000 | 1 000 | 份订单 | 每份订单 | 400 |
| 产品设计 | 250 000 | 400 | 份设计 | 每份设计 | 625 |
| 生产检验 | 99 000 | 1 000 | 次检验 | 每次检验 | 99 |
| 材料处理 | 80 000 | 500 | 次搬运 | 每次搬运 | 160 |
| 订单规模 | 240 000 | 20 000 | 机器工时 | 每机器小时 | 12 |
| 客户关系 | 600 500 | 200 | 客户 | 每个客户 | 3 002.5 |
| 其他 | 620 500 | 不适用 | 不适用 | | |
| | 2 290 000 | | | | |

同时,应注意作业费率表示的是平均成本,如表中的每个数字都是平均数值。这些并没有考虑每件新产品真正需要多少设计时间,这是不公平的。在讨论正反观点之后,该小组决定,现阶段努力追溯每件新产品所用的实际设计时间是不值得的。他们发现增加这种准确性所获得的收益还不能补偿因执行和保持这种细化了成本系统而提高的成本。与此类似,一些小组对每个客户使用同样的 3 002.5 元成本感到不适,他们认为,一些客户预先订购了公司的标准产品,这些客户来得比较容易;而另一些客户则需努力争取才行,这消耗了市场营销人员和管理人员大量的时间。即通常所见的客户中,他们有的订购标准化产品,有的是经过反复思考,最后才愿意订货,有的还临时改变主意。当每个人都认可这种观察时,就应该确认每个客户各自消耗的资源,而不是使用现有的平均数据。为了不延误作业成本制度的执行,小组决定暂缓改进。

在进一步讨论之前,为了帮助了解作业成本制度是如何将成本分配计入产品或其他成本对象的,图 6-1 从作业成本制度的角度提供了武胜自动化仪表厂的资料。

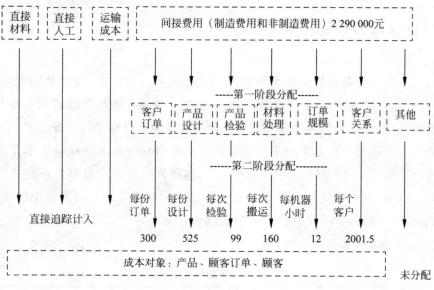

图 6-1　成本费用追溯

## 6.2.6　将成本分配到成本对象

作业成本法的这一步被称为第二阶段分配。在第二阶段分配中,使用作业成本费率将成本分配至产品和客户。自动化公司运用作业成本制度分配成本到公司所有的产品、客户订单和客户中。

使用作业成本法将间接费用在公司三种产品——闪光报警器、长型图示记录仪、圆型图示记录仪之间进行分配所需的信息如下(见表 6-9)。

### 1. 闪光报警器

(1) 这是一个不需要任何新设计的产品线。

(2) 该年订购 30 000 件,包含 550 份订单。

(3) 生产闪光报警器每件耗费 12 分钟机器工时,共计 3 000 机器工时。

(4) 每次检验 99 件,需要检验 100 次。

(5) 材料处理每次搬运 160 件,需要搬运 80 次。

### 2. 长型图示记录仪

(1) 该年订购 30 000 件,包含 150 份订单。

(2) 需要 100 个设计程序。

(3) 生产长型图示仪每件耗费 12 分钟机器工时,共计 5 000 机器工时。

(4) 每次检验 99 件,需要检验 300 次。

（5）材料处理每次搬运 160 件,需要搬运 120 次。

### 3．顾客的特殊订单的圆型图示记录仪

（1）该产品耗用新的设计资源。

（2）该年有 300 个订单,与闪光报警器、长型图示记录仪的订单之间是独立的。

（3）需要 300 个设计程序,每个程序设计针对一个订单。

（4）生产圆型图示记录仪每件需要 12 分钟机器工时,共 12 000 机器工时。

（5）每次检验 99 件,需要检验 600 次。

（6）材料处理每次搬运 160 件,需要搬运 300 次。

表 6-9　三个产品的间接费用分配表

闪光报警器的间接费用

| 作业成本池 | 作业率(a) | | 作业(b) | | ABC 成本(a×b) |
|---|---|---|---|---|---|
| 客户订单 | 400 | 每份订单 | 550 | 命令 | 220 000 |
| 产品设计 | 625 | 每份设计 | 0 | 设计 | 0 |
| 生产检验 | 99 | 每次检验 | 100 | 次数 | 9 900 |
| 材料处理 | 160 | 每次搬运 | 80 | 次数 | 12 800 |
| 订单规模 | 12 | 每机器工时 | 3 000 | 机器工时 | 36 000 |
| 小计 | | | | | 278 700 |

长型图示记录仪的间接费用

| 作业成本池 | 作业率(a) | | 作业(b) | | ABC 成本(a×b) |
|---|---|---|---|---|---|
| 客户订单 | 400 | 每份订单 | 150 | 命令 | 60 000 |
| 产品设计 | 625 | 每份设计 | 100 | 设计 | 62 500 |
| 生产检验 | 99 | 每次检验 | 300 | 次数 | 29 700 |
| 材料处理 | 160 | 每次搬运 | 120 | 次数 | 19 200 |
| 订单规模 | 12 | 每机器工时 | 5 000 | 机器工时 | 60 000 |
| 小计 | | | | | 231 400 |

圆型图示记录仪的间接费用

| 作业成本池 | 作业率(a) | | 作业(b) | | ABC 成本(a×b) |
|---|---|---|---|---|---|
| 客户订单 | 400 | 每份订单 | 300 | 命令 | 120 000 |
| 产品设计 | 625 | 每份设计 | 300 | 设计 | 187 500 |
| 生产检验 | 99 | 每次检验 | 600 | 次数 | 59 400 |
| 材料处理 | 160 | 每次搬运 | 300 | 次数 | 48 000 |
| 订单规模 | 12 | 每机器工时 | 12 000 | 机器工时 | 144 000 |
| 小计 | | | | | 558 900 |

由表 6-9 可知,分摊到三个产品的间接费用分别是闪光报警器 278 700 元,长型图示记录仪 231 400 元,圆型图示记录仪 558 900 元;另外,客户关系属于顾客水平作业,其他成本属于组织作业,这两种作业都与产品无关,不分配到产品。间接费用合计为

2 290 000 元。

进一步做分配作业给客户的计算,其中一个客户是荆州啤酒厂购买了武胜公司的闪光报警器 100 台的订单 2 份,另一份订单为圆型图示记录仪。共处理材料搬运 6 次和检验 6 次,及全部订单消耗工时共 154 机器工时。

得出如下计算将 8 630 元的间接成本分配给荆州啤酒厂。表 6-10 所示为某单一客户的间接费用计算表。

**表 6-10　荆州啤酒厂的间接费用**

| 作业成本池 | 作业率(a) | | 作业(b) | | ABC 成本(a×b) |
|---|---|---|---|---|---|
| 客户订单 | 400 | 每份订单 | 4 | 命令 | 1 600 |
| 产品设计 | 625 | 每份设计 | 1 | 设计 | 625 |
| 生产检验 | 99 | 每次检验 | 6 | 次数 | 594 |
| 材料处理 | 160 | 每次搬运 | 6 | 次数 | 960 |
| 订单规模 | 12 | 每机器工时 | 154 | 机器工时 | 1 848 |
| 客户关系 | 3 002.5 | 每个客户 | 1 | 客户 | 3 003 |
| 小计 | | | | | 8 630 |

至此作业成本法的第二阶段分配结束,下一步可以编制作业成本法下的损益计算报告来分析和解释公司的盈亏情况。

# 6.3　作业成本管理的应用实践

## 6.3.1　作业成本计算的盈亏报告

传统的成本计算已让我们了解了成本、收入和利润的关系与结果,据此编制的常规的财务报表经过披露,在外部很容易获取这些信息并被解读。而运用作业成本法所获得的信息,往往作为内部报告使用,针对各种产品使用作业成本法的成本数据编制的最常见的管理报告是产品和客户盈利能力报告,正是这些信息能帮助企业寻找到真正获利的产品及提供利润来源的客户,并且指导企业将有限的资源转移到产生利润的产品和客户之中,并识别出引发亏损的产品和客户。

下面仍以武胜自动化仪表公司的数据为例,分析盈亏状况。产品利润等于产品销售收入减去产品的直接费用和间接费用,计算如表 6-11 所示。应注意,计算产品利润时扣除的成本含有直接成本。相关数据参见表 6-2。

更进一步还可以编写单一客户的盈利分析,分析哪些客户会给企业带来盈利,了解哪些客户需要保留和增强联系,等等,计算过程不再细述。

表 6-11　作业成本法下的利润计算　　　　　　　　　单位：元

| 销售收入 | 闪光报警器 | | 长型图示记录仪 | | 圆型图示记录仪 | | 合计 |
|---|---|---|---|---|---|---|---|
| 成本 | 1 616 500 | | 854 000 | | 699 500 | | 3 170 000 |
| 直接材料 | 410 000 | | 185 000 | | 162 000 | | |
| 直接人工 | 175 000 | | 74 500 | | 48 500 | | |
| 运费 | 35 000 | | 25 000 | | 5 000 | | |
| 客户订单 | 220 000 | | 60 000 | | 120 000 | | |
| 产品设计 | 0 | | 62 500 | | 187 500 | | |
| 生产检验 | 9 900 | | 29 700 | | 59 400 | | |
| 材料处理 | 12 800 | | 19 200 | | 48 000 | | |
| 订单规模 | 36 000 | | 60 000 | | 144 000 | | |
| 总成本 | | 898 700 | | 515 900 | | 774 400 | 2 189 000 |
| 产品毛利 | | 717 800 | | 338 100 | | (74 900) | 981 000 |
| 未分配至产品间接费用 | | | | | | | |
| 客户关系 | | | | | | | 600 500 |
| 其他 | | | | | | | 620 500 |
| 合　计 | | | | | | | 1 221 000 |
| 营业净损益 | | | | | | | (240 000) |

## 6.3.2　作业成本管理的作用

企业管理者利用作业成本的信息所欲采取的行动常被称为作业成本管理的策略。如上例中，在充分了解成本信息的基础上对产品进行重新定价，或选择替代产品，或重新设计产品，改进生产过程和经营策略。

### 1. 产品重新定价

当某些产品被大公司所控制，在高度的竞争市场中销售时，购买者很难对其从质量和性能上进行划分，因此市场中的客户就会很容易地更换供应商以获得低价格的产品，除非他们对该供应商有很强的忠诚度（或该产品的更换成本很高）。否则小公司必须遵循行业领导者的价格政策。在这种情况下，即使经过了一次详细的成本分析，公司也不能变更其价格政策。这些公司必须注重于别的方面，而不是用定价来提高它们产品的盈利性，这些方面包括创新设计、新产品替代、消减产品线或改进生产程序。

然而，有些公司在价格调整方面拥有一定的决定权，尤其是对于那些高度顾客化的产品。当产品不在高度竞争的市场上销售时，管理者通常根据产品标准成本确定的成本加成率或者根据现有的类似产品的价格进行推断来定价。当价格政策是根据传统的标准成本制定时，由于制造费用的分配是通过直接人工或机器小时来实现的，管理者将会采用并不出色的价格政策。例如，某造纸生产企业的某种特殊纸 K100 的价格是在竞争激烈的市场环境中建立起来的,而企业另一个产品特殊纸 Q120,其外形和生产过程都与 K100 相似,但由于其独特的颜色,价格会稍高于普通的特殊纸。此外,该企业还要为这种产品付出更高的关于产品发展、改进、购买、检验、准备及维护这种颜色的特殊纸所需资源等方面的成本。通常情况下,对于一位顾客而言,买特殊纸的花费只是他全部花费中所占很小的一部分(如购买特殊颜色的特殊纸是用来包婚礼请柬的,只占整个婚礼花费的极少一部分),同时顾客也许愿意为高品质、可靠的产品以及特殊产品的独特性支付高价。

在进行初步的作业成本分析之后,企业往往会将那些特殊的、顾客化的和豪华产品的价格大幅度提升,一旦那些低产量的特殊产品的成本被正确地分配,那些高产量的普通产品的成本就会下降,而且,成熟产品的成本也会降低。虽然这样的成本看上去降低不多,但高产量的成熟产品通常在竞争市场上销售,其利润的增长本身就很有限。采用作业成本法计算成本,这些产品中没有分配它根本没有耗用的资源成本,因而其获利水平其实更高,此时,公司就可以降低这些产品的售价以提高产品的销售量。用作业成本法分析即:产量增加只引起单位水平作业成本的增加,而没有引起批量水平成本和产品水平成本的增加。

### 2. 获利能力分析

除了帮助企业管理者识别制造费用的分配的核心以外,作业成本法还使管理者能够识别到是什么原因使得为一些顾客提供服务比为其他的顾客更昂贵或者更便宜。表 6-12 列出了有隐性成本(高服务成本)和隐性利润(低服务成本)的顾客的特征。

所有的公司都能大致识别高服务成本顾客的部分或全部特征。有时,公司会幸运地遇到一些低服务成本的顾客,但当顾客发现他的行为降低了供应商的成本之后要求降低价格时,低服务成本客户的不利的一面就会展现。

表 6-12　高服务成本和低服务成本顾客的特征

| 高服务成本顾客 | 低服务成本顾客 |
| --- | --- |
| 购买定做产品 | 购买标准产品 |
| 小批量订货 | 大批量订货 |
| 不能预期的订单要求 | 可预期的订单要求 |
| 特殊交货方式 | 普通交货方式 |
| 交货方式有变化 | 交货方式无变化 |
| 手工加工 | 机器加工 |
| 大量的售前准备 | 很少的售前准备 |
| 大量的售后服务 | 无售后服务 |
| 营销、技术和销售资源 | 普通价格和订货 |
| 安装、培训、保证、现场服务 | 无 |
| 需要公司保留存货 | 随生产补充 |
| 付款缓慢(高应收账款) | 及时付款 |

公司对顾客实行作业成本分析时,这些区别可以通过图 6-2 看出。纵轴表示向顾客销售产品获得的净利润,它等于销售净价,即扣除销售折扣和折让后的净价,再减去制造成本(这是按照作业成本法所计量的成本)。横轴表示服务顾客的成本,包括与订单相关的成本,加上作业成本法的顾客成本模型中得到的服务于每一特定顾客所需的营销、技术、销售和管理费用。图 6-2 表示,当公司以不同的方式获得盈利性顾客时,一些顾客可能很容易服务,但他们同时要求很低的价格。在这种情况下,净毛利低,但通过与供应商的密切合作,公司降低了服务所需的成本。高服务成本顾客(具有图 6-2 左侧所示的调整)同样可以获利(它们位于图 6-2 的右上角)。如果从这些顾客获得的毛利高于提供服务所需资源的成本,公司就可以考虑单一菜单制价格,即价格的制定不仅仅考虑产品的特性,还要考虑按作业成本法计算的服务成本。

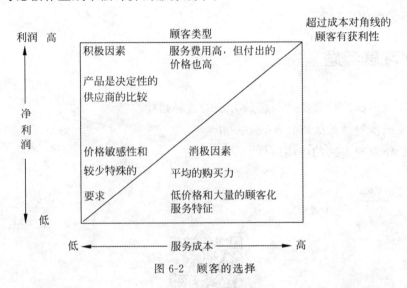

图 6-2  顾客的选择

在图 6-2 的左侧能够产生高毛利且只需很低的服务成本。这些顾客应受到严密的观察,因为他们面对竞争时很脆弱。当有竞争者威胁时,管理者可向他们提供适当的折扣、激励以及特殊服务,以留住这些高获利性顾客。进一步解读该图可以了解获利性取决于净利润在多大程度上弥补了特殊顾客成本。

而图中右下方的部分,他们有很高的服务成本,却只能提供低利润。公司通过使用净毛利中的作业清单和作业成本法下计算出的服务成本来改进同这些顾客的关系,使他们向图 6-2 的左上方移动,以实现盈亏相抵并获利。

## 3. 重新进行产品设计

一些产品之所以昂贵是由于设计不合理,在没有作业成本法引导产品设计及开发的情况下,工程师们往往忽略许多零部件及产品多样性和复杂的生产过程所引起的成本。他们为性能而设计产品,却不考虑增加独特部件、寻找新卖主和复杂生产过程需要的成本。通过出色的设计来消减产品成本的最好机会是产品的初次设计。使用作业成本法可以揭示一些设计中存在的非常昂贵的复杂部件以及独特的生产过程,它们很少增加产品的绩效和功能,可以被删除或修改。产品的重新设计是一个非常有吸引力的选择,因为它通常不会被顾客发现,如果设计成功地完成了,那么公司不必进行重新定价或者进行产品替代。

## 本章小结

本章介绍了作业成本法的原理和应用的基本原则,分析了作业成本法关于制造费用的分配方法与传统成本计算方法的差异,介绍了作业成本管理作为战略成本管理的思想及作业成本管理的应用实践。

## 复习思考题

1. 作业成本法的计算步骤与传统方法的差异是什么?
2. 作业成本管理的战略性体现在哪里?
3. 分析作业成本法的应用条件。

## 自测题

# 第 7 章

# 预决策分析

## 学习目标

1. 掌握定量和定性两类预测分析方法，及平滑指数法和序列回归法的应用。

2. 掌握成本预测的因素分析法；掌握目标利润的本量利分析法、经营杠杆系数法在利润预测中的应用。

3. 重点掌握短期决策的特殊成本的概念及运用。

4. 掌握差量分析法、边际贡献分析法、本量利分析法。

5. 了解定价决策的基本方法。

## 7.1 预测决策概述

### 7.1.1 预测的概念及意义

#### 1. 预测的概念

预测(predict)是进行科学决策的前提，是指根据研究对象现有的信息资料，结合对象的影响因素，运用科学的方法，推测目标及其发展趋势，减少未来不确定性。

预测分析是指财务人员根据企业过去一段时期的财务活动，结合影响企业财务活动的各种因素，运用经济预测的基本原理和数理统计的方法，对企业未来的财务活动的销售量、成本、利润与资金需求作出科学估计的过程。

预测直接为企业的决策服务，是决策科学化的前提条件。没有符合客观实际的预测，不可能作出最优化的决策，科学的预测是决策的基础。同时，预测也是企业编制预算的基础，它所提供的许多数据最终被纳入预算。

#### 2. 预测分析的方法

经营预测的具体方法种类很多，分析对象、目的、时间以及精确程度等因素会影响具体方法的选择与运用。但归纳起来可分为两大类：定性分析法和定量分析法。

（1）定性分析法又称非数量分析法，是一种直观性的预测方法，是指由有关方面的专业人员根据个人经验和知识，结合预测对象的特点进行综合分析，对事物的未来状况和发展趋势作出推测的一种预测方法。

（2）定量分析法又称数量分析法，是指在完整掌握与预测对象有关的各种要素统计资料的基础上，运用现代数学方法对数据进行科学的加工处理，据以建立能够反映有关变量之间规律性联系的各种预测模型的方法体系。又可分为趋势预测分析法和因果预测分析法两类。

① 趋势预测分析法也叫趋势外推分析法，是指以指标本身过去的变化趋向作为预测的依据，将时间作为制约预测对象变化的自变量，把未来作为历史的自然延续，属于按事物自身发展趋势进行预测的一种动态预测方法。

该法又称时间序列分析法，具体细分为算术平均法、移动平均法、趋势平均法、加权平均法、指数平滑法等。

② 因果预测分析法是指根据预测对象与其相关变量之间存在的因果函数关系，按预测因素（即非时间自变量）的未来变动趋势来推测预测对象（即因变量）未来水平的一类相关预测方法。

## 7.1.2　预测内容

### 1. 销售预测

销售预测通常指销售量预测，又称产品需求量预测，是指根据市场调查所得到的相关资料，结合本企业的实际销售状况，运用一定的分析方法研究影响销售的相关因素，预测特定产品在未来一定时间内的市场销售量水平及变化趋势，进而预测本企业产品未来销售量的过程。

销售预测是企业经营（计划）预测的核心，是成本预测、利润预测、资金需求预测的基础，也是编制企业生产经营计划、组织生产活动和采购供应活动的前提。

### 2. 成本预测

成本预测（cost forecast）是指运用一定的科学方法，对未来成本水平及其变化趋势作出科学的估计。通过成本预测，掌握未来的成本水平及其变动趋势，有助于减少决策的盲目性，使经营管理者易于选择最优方案，作出正确决策。

成本费用预测是在分析成本费用历史数据、将要采取的技术组织措施和影响成本费用高低的各种主要因素的基础上，对公司未来的成本费用水平和变动趋势进行预计、测算，为经营决策和编制计划提供依据。

成本预测的方法有因素分析预测法、成本变动趋势预测法、工业工程法、学习曲线法、目标成本预测法等。

### 3．利润预测

利润预测（profit forecast）是指在销售预测的基础上，按照影响公司利润变动的各种因素，预测企业未来应当达到和可以实现的利润水平，或按照实现目标利润的要求，预测需要达到的销售量或销售额。

目标利润是企业生产经营活动最终取得的财务成果和企业目标，关系到企业的生存与发展，是反映和衡量企业经营成果和工作业绩的主要依据。利润预测是对公司未来某一时期可实现的利润的预计和测算。它是按影响公司利润变动的各种因素，预测公司将来所能达到的利润水平，或按实现目标利润的要求，预测需要达到的销售量或销售额。

利润预测是根据过去营业情况和市场未来需求对预测期公司利润所进行的预计和测算。对利润的预测可依据具体的情况采用各种方法，如：本量利分析法、市场调研法、季节指数法、经营杠杆系数法、相关比率法、因素测算法等。

## 7.1.3 短期决策

在一年以内的生产经营决策，是企业短期经营决策的重要内容之一。该类决策通常要为企业做出生产什么产品、生产多少以及如何去组织安排生产等决策，这主要是因为企业为增强竞争能力，准备开发新产品或推出新的服务项目时会考虑究竟生产哪种新产品或提供哪种新服务项目最为有利。

而正在生产的企业中，每批生产多少数量？怎样选择最优的产品组合？选择什么工艺进行加工生产？根据什么标准分配生产任务？等等，都是生产经营决策的内容。

生产决策所涉及的问题很多，不同类型的问题需要不同的决策分析方法，但是它们的最终目标是一致的，即在现存的生产条件下，如何最合理、最有效、最充分地利用企业的现有资源，取得最佳的经济效益和社会效益。因此，生产决策正确与否，最终都将通过效益指标反映出来。

正是由于企业生产决策所面临的问题多种多样，因而决策分析所采用的具体方法也很多。并且主要是应用数学工具对决策过程可选择的多种方案进行定性、定量的描述和分析，提供数量依据，为决策者提供选择最佳方案的方法。具体地讲，包括生产过程中产品品种选择决策、接受或拒绝特殊订货的决策、自制与外购方案的决策、半成品是否深加工问题决策、产品组合优化决策等方面。

按决策问题中有关因素的状态的不同，管理决策可分为确定性决策（即决策方案有一个明确的结果），风险性决策（决策方案可归纳为几种结果的一个，而事先仅仅知道每种结果的概率），以及不确定性决策（即决策方案可归结为几种结果的一个，甚至事先也不能知道每种结果的概率）。这三类决策分析方法不大相同,对于确定性决策,分析方法有边际贡献分析法、差量分析法、本量利分析法、线性规划法等。对于制造业而言,生产决策包含了决策的主要内容及方法,对此将在下一节详细讨论。

## 7.2  生产决策分析

### 7.2.1  决策理论概论

实际上,人们在日常生活中采取任何行动之前都会碰到需要做出决策的问题。例如单位派遣在国内长距离出差可选择飞机或高铁,短距离可选择动车、高铁和汽车等,这些通常可快速决策,只需稍微思考,就可做出一个不需修改的决定。但是对于一个企业的经营活动而言,要做出决策则复杂得多,如在计划年度内生产什么产品能赚钱? 生产多少数量比较合适? 采用什么工艺进行生产,生产出的产品如何定价可获利最大? 等等。这些问题就不那么简单容易了。

因此从广泛的意义来说,决策是一种有目的的选择行为,决策的本质就是择优。经营决策的目的就是使企业的目标最优化。可从不同角度对决策进行分类,最常用的是按照时间长短来分类,分为有长期投资决策和短期经营决策。

（1）长期投资决策。所谓长期决策是一年以上的涉及企业发展方向和规模的重大问题的决策。例如企业设备的改建、更新等,其涉及的金额大、时间长,并且必须考虑货币的时间价值和风险价值。管理会计中又称为资本支出决策。

（2）短期经营决策。短期是指一年以内的相关经济活动,包括生产、销售、定价等决策内容。它的主要特点是不涉及货币的时间价值。

### 7.2.2  决策分析的程序及相关成本

决策分析必须符合科学性,因此决策必须按照科学的程序来进行。不论是短期经营决策,还是长期投资决策,一般而言,决策分析应该包括提出目标,拟订方案,选择最优,检查反馈等步骤。结合对国家经济政策,消费者的心理、习惯等各种非计量因素的影响,对备选方案经过多次分析、比较,最后选取最优方案。

决策分析的目的是选取最优方案,而成本又是众所周知的反映生产经营的一项综合性指标,是衡量各种经济效益的一个重要参数,在决策分析中起着重要的作用。管理会计的决策分析中除了运用成本习性的概念外,还存在一些其他必须考虑的因素,因此常用一些特殊的决策成本概念,帮助决策以避免发生决策失误。这些特殊的决策成本与日常所说的生产成本和费用既有联系又有区别。它们的联系是在决策分析中着重考虑的一些成本概念都以传统的成本数据为基础,并对此进行必要的加工处理,以适应不同情况的需要;区别是有的决策成本不一定要求记录在账簿上,但却可以作为正确评价不同备选方案的依据。各种特殊成本如差量成本、边际成本、专属成本、共同成本、沉没成本、重置成本、付现成本、机会成本、可避免成本、不可避免成本、相关成本与无关成本等,在决策过程中起着举足轻重的作用。

## 7.2.3　相关成本的差异性分析

### 1. 决策成本的概念

成本的相关性是指成本中的分类与当前或未来的决策具有关联,根据这个特性,可提出两个新的成本概念:相关成本和无关成本。

相关成本(relevant cost),是指与未来决策有关联的、在决策分析时必须加以考虑的成本。比如,机会成本、假计成本、差量成本、边际成本、重置成本、付现成本、可避免成本、可延缓成本和专属固定成本等都属于这一类。

无关成本(irrelevant cost)也叫非相关成本,是指过去已经发生,或虽未发生,但对未来决策没有影响的、在决策时不必加以考虑的成本。比如,历史成本、沉没成本、共同成本、不可延缓成本、不可避免成本等都属于这一类。另外,在各个备选方案中项目相同、金额相等的未来成本也属于无关成本。

决策关注的重点是各备选方案中总额不相同的成本和收益是否与决策相关,即如果成本和收益相同,则无论选择什么备选方案,成本差总是相同的,决策对成本是没有影响的,这时的成本就完全可以忽略。

哪些成本与决策有关呢?比如沉没成本,它指过去已经发生的,一经支出就一去不复返,因而现在和将来的任何决策都无法改变这项历史事实的成本。因此它实质上与历史成本是同义词。

例如,某运输企业10年前购置了一台大卡车,原价12万元,累计折旧108 000元,由于技术更新及使用状况不佳,这台汽车已完全过时,因而决定将其淘汰。此时,该设备的账面净值12 000元是原始支出中无法收回的部分,即沉没成本。

历史成本是指过去已经发生的实际成本。它在传统的财务会计中作为资产入账的依据,是有用的历史信息;但在管理会计中对于决策来说,则是无须考虑的无关成本。

因此在不同备选方案之间没有差别的未来成本也不应该加以考虑,只有那些在不同备选方案间会有差别的成本和受益才与决策相关。这就是短期决策中的差量分析法的运用依据。

### 2. 差量分析法

在管理会计中把不同备选方案指标之间的差额叫"差量",扩展后就有"差量成本"

"差量收入""差量边际贡献""差量利润"等说法。管理会计人员在比较不同备选方案的差量收入、差量成本的基础上从中选出最优方案的方法,叫差量分析法。

如果两个备选方案的差量收入大于差量成本,则前一个方案为优。反之,差量收入小于差量成本时,则后一方案为优。显然,在计算差量收入与差量成本时,方案的前后排列次序必须保持一致。差量分析法的基本原理如表7-1所示。

表 7-1　差量分析法

| 项　目 | 方　案 A | 方　案 B | 差　量 |
|---|---|---|---|
| 收入 $R$ | $R_A$ | $R_B$ | $R_A - R_B$ |
| 成本 $D$ | $D_A$ | $D_B$ | $D_A - D_B$ |
| 利润 $P$ | $P_A = R_A - D_A$ | $P_B = R_B - D_B$ | $P_A - P_B = (R_A - R_B) - (D_A - D_B)$ |

从表 7-1 中可以发现,差量收入与差量成本的差额,实际上就是两个方案利润的差额。即当 $P_A - P_B > 0$ 时,差量收入要大于差量成本,此时应选择 A 方案,若 $P_A - P_B < 0$ 小于零则应选择 B 方案。

须明确一点,差量分析法是针对待定的两个方案进行的两两比较,属于"劣中选优"的方法,即只能解决这两个方案中哪个比较好的问题;若存在两个以上的备选方案,要从中选择最优方案就必须多次选择后选出最优方案。

差量成本法可用于自制与外购的决策、生产与否的决策。

**【例 7-1】**　某企业在生产过程中需要 A 零件 1 500 件,如自制,需购置一台专用设备,将发生固定成本 5 200 元,自制时发生直接材料 3 元、直接人工 3 元、单位制造费用 2 元;如果外购,则可按每件 14 元的价格购入。试问自制与外购的决策应如何判断?

**解**:采用差量分析法进行分析,如表7-2所示。

表 7-2　差量分析法计算过程　　　　　　　　　单位:元

| 项　目 | 自制 总成本 | 外购 | 差量 |
|---|---|---|---|
| 直接材料 | $3 \times 1\,500 = 4\,500$ | | |
| 直接人工 | $3 \times 1\,500 = 4\,500$ | | |
| 变动制造费用 | $2 \times 1\,500 = 3\,000$ | | |
| 固定成本 | 5 200 | | |
| 小计 | 17 200 | | |
| 外购:购入成本 | | $1\,500 \times 14 = 21\,000$ | |
| 差量损益 | | | 3 800 |

由表 7-2 可以知道,外购的成本要高于自制的成本,应该选择自制。

但是,若在自制与外购决策分析中还有其他有利可图的机会时,就必须考虑机会成本的概念。比如上例中外购比自制的成本要高 3 800 元,我们选择了自制。但是如果有自制的机会成本存在的话(即,大多数情况下,外购或外包业务确定后会发现设备或设施会出现闲置的情况),例如外包后,原有的用于自制的设备可以出租,且每月可有 350 元的收入,则全年共有 4 200 元的收入。那么结果会如何?具体分析如表 7-3 所示。

表 7-3　差量分析法有机会成本时的计算过程　　　　　　单位:元

| 项　目 | 自制 | 外购 | 差量 |
|---|---|---|---|
| | 总成本 | 总成本 | |
| 直接材料 | 3×1 500＝4 500 | | |
| 直接人工 | 3×1 500＝4 500 | | |
| 变动制造费用 | 2×1 500＝3 000 | | |
| 固定成本 | 5 200 | | |
| 小计 | 17 200 | | |
| 外购:购入成本 | | 1 500×14＝21 000 | |
| 减:机会成本 | | 350×12＝4 200 | |
| 小计 | | 16 800 | |
| 差量损益 | | | 17 200－16 800＝400 |

这样,我们就会知道,虽然一开始外购的总成本很高,但是当有自制设备出租的机会成本存在的时候,决策的结果就会取决于机会成本参数的多少了。这时我们发现外购的机会更好,从而选择外购的方案。

### 3. 自制与外购的分析

定性分析以上财务数据显示的结果通常可以作为决策判断的有力支撑。但是,在自制与外购的决策中如果只是使用财务数据就可以简单做出决定,那么这样的决策会显得有些草率。我们进一步分析,可以采用自制的企业,往往在生产系统中采用了纵向一体化的模式,这样就可以比较少地依赖供应商,比非一体化的企业更能够确保生产用的零部件和原材料均衡地得到供应。2020 年的中国手机厂商就面临着这样的选择,由于芯片的生产均依赖于美国的厂商供应,当某一手机终端厂商的需求量大,甚至影响了该芯片厂家的产能时,另一家手机终端厂家的生产就会受到影响,有时甚至是面临灭顶之灾。这就成为竞争市场的一种手段了。

同样地,许多企业对于自己的生产所需的零部件和原材料,相对比较容易进行质量把控,而不是依赖供应商的质量控制标准。但是另一方面,纵向一体化的优势也会被外部供应商的优势所抵消。比如供应商集中了许多家公司的需求,能够获得研究、开发及制造的规模经济。而这些规模经济所带来的优势是比企业自制零部件更能提高质量和降低成本。这些因素表明自制与外购决策除了定量的财务数据之外,还要考虑非财务数据的影响。

### 7.2.4 相关成本的目的性分析

在介绍管理会计之初,我们就提到过:不同的目的就有不同的成本。事实上管理者在一系列的成本中首先需要分清成本的相关性,而理顺相关与否的工具之一就是目的。因为在某个决策方案中的相关成本在另外的决策中可能就不是相关成本。因此在每一项决策中,管理者都必须检查分析数据,挑选出其中的相关成本。否则管理者可能会被一些不相关的数据所误导。

目的性分析其实就是根据成本的相关性进行方案的选择。

【例7-2】 海斯是海事大学三年级的学生,出于对未来的考虑,做出考研的决策,由于要参加校外培训班,为减少来回奔波,拟出两个方案:在校内复习和在校外住宿复习。如果一个方案的成本比另一个方案的成本低,那么成本因素将会对方案选择起到比较重要的作用,海斯列出了复习阶段需要考虑的影响项目,见表7-4。

表 7-4  影响分析

| 项　　目 | 固定成本 | 变动成本 | 备　　注 |
|---|---|---|---|
| (1) 学校往返培训点的地铁费用 | | 10 元/往返 | |
| (2) 地铁至培训教室的费用(共享单车) | | 1 元/次 | |
| (3) 校外住宿费用 | 1 000 元/月 | | |
| (4) 校外宿舍的水电费 | | 0.65＋1.7＋0.9＝3.25 元 | 各单价 |
| (5) 校外宿舍的宽带费 | 80 元/月 | | |
| (6) 校外住宿获得的减少奔波的时间 | | | |
| (7) 本校的住宿费用 | 1 600 元/年 | | |
| (8) 本校入校初已缴纳的空调使用费 | 500 元 | | |

在这一决策中哪些成本和效益是相关的? 只有那些不同方案中有区别的成本和效益才是相关的,任何其他的成本都是不相关的,因而可以不加考虑。

逐一分析,表中(1)是海斯居住原校,往返培训点所花费的费用,这个费用相对居住在校外培训点附近的方案而言是不同的,是有差异的,这个是相关成本。

表中(2)共享单车的费用显然是相关的,该费用取决于地铁与教室的距离和到达目的地的时间(若时间稍早,距离不远,还可以走路前往)。

表中(3)校外的住宿费用是相关成本。与住在原校的方案相比,这一笔费用可以不发生,因而是相关成本。

表中(4)、(5)校外宿舍的水电、宽带费,这个取决于是否在外借住的方案,因而是相关成本。

表中(6)是决策成本,也是做该方案的原因之一,但较难用货币来量化。

表中(7)是不论哪个方案都将发生的成本,属于非相关成本,与决策无关。

把所有的成本数据理顺后,可知海斯的校外借住成本如表 7-5 所示。该成本为预估,需根据实际成本进行比较后,才能确定。

表 7-5 借住成本分析

| 校外借住的成本 | 金 额 | 备 注 |
| --- | --- | --- |
| (1) 学校往返培训点的地铁费用 | 5 元/次 | |
| (2) 地铁至培训教室的费用(共享单车) | 1 元/次 | |
| (3) 校外住宿费用 | 1 000 元/月 | |
| (4) 校外宿舍的水电费 | 3.25 元/立方米 | |
| (5) 校外宿舍的宽带费 | 80 元/月 | |

海斯的选择依据是纯财务数据的成本合计额,还是需要考虑借住后带来的便利与舒适?因为,节约的时间和身体非劳作所带来的学习效率的提升,还不太好用货币计量。这个问题提醒我们,决策时若只考虑财务因素会有失偏颇,应该适时考虑非财务因素。

### 7.2.5 特殊订货的方案选择分析

所谓特殊订货,对企业而言,往往是一次性的,不是企业正常的持续经营活动的一部分。要么是新产品设计的样品生产,要么是正常生产的捡漏,这种情况的关键是能否利用企业的剩余生产能力,来完成和确定特殊订货的定价问题。通常对方出的定价比正常生产的产品的售价要低。这样的订单不应该对原有计划的产品形成冲击,否则就不是特殊订货的决策了。边际贡献的概念在此会被充分利用。

边际贡献的计算公式是:

$$边际贡献 = 销售收入 - 变动成本$$

$$单位边际贡献 = 单价 - 单位变动成本$$

因此讨论问题之时就需要考虑某项决策是否能够提供贡献,即单位边际贡献,尤其是边际贡献总额是否大于零。

具体的特殊情况有如下几种。

第一种情况,充分利用现有剩余的生产能力(即不涉及追加固定成本)的情况。

购买方的报价小于企业出售产品的完全成本,但是大于单位变动成本,即有单位边际贡献存在,此时可以考虑接受该特殊订货。

【例 7-3】 如某企业生产 A 产品,其单位变动成本为 $x$ 元,单位成本为 $y$ 元,该产品售价为 $z$ 元,并且 $x<y<z$。但该产品的年生产能力是 10 000 件,目前的生产能力利用率只有 80%(即产量 8 000 件)。若有一客户,要求以 $k$ 元($x<k<y$)的价格订货 $h$ 件(在剩余的 2 000 件范围之内),问是否应该接受该特殊订货?

解：分析该案例，只需要分析该企业是否存在剩余的生产能力 2 000 件(10 000 − 8 000)，由于是利用其剩余的生产能力来生产，因此在其相关范围内并不会增加固定成本的支出。并且对方的单价 $k$ 元大于单位变动成本 $x$ 元，只要有($k-x>0$)，边际贡献存在，即可接受该订货，并可为企业增加边际贡献总额最大 $2 000\times(k-x)$ 元。因此，可以接受这笔追加的订货。

第二种情况，虽利用了剩余生产能力，但是剩余的生产能力无法转移，且会突破原有生产能力(即涉及固定成本追加的情况)。追加的生产量所形成的边际贡献额必须大于固定成本的追加额(或专用的固定成本，考虑前述的剩余边际贡献的概念)，方可接受追加订货。即要求"追加订货量×(单位售价−单位变动成本)−追加的固定成本"大于零。

**【例 7-4】** 如上例中该企业 A 产品生产能力为 10 000 件，接到特殊订货 2 500 件，此时必须减少 500 件，才能接受这样的特殊订货，那么企业的特殊订货价格是多少才可以接受？

目前的单价为 11 元，单位成本为 9 元(其中单位变动成本 6.5 元)。

特殊订货价格 ＝ 单位变动成本 ＋ 因减少正常销售而损失的边际贡献 / 特殊订货的数量
$$= 6.5 + (11 - 6.5)\times 500/2 500 = 7.4(元 / 件)$$

即该次的特殊订货必须在 7.4 元以上，接受后才能增加企业的利润。

第三种情况，现有一客户要求追加订货 800 件，出价是 8.5 元/件，而且还有特殊的技术要求，以至于必须购买一项专用仪器，仪器的报价为 1 020 元，问是否应该接受该项特殊订货？

根据上述可知：
$$800\times(8.5 - 6.5)-1 020 = 580(元)$$

也可利用差量分析法把接受订货和拒绝订货作为两个方案来处理，进行差量分析：
$$差量收入 ＝ 800\times 8.5 = 6 800(元)$$
$$差量成本 ＝ 800\times 6.5 + 820 = 6 020(元)$$

差量收入大于差量成本，说明可以接受此项订货，预期利润可增加 400 元。因此，接受这类特殊订货的关键是对方出价高于产品的变动成本，且能超额补偿追加的固定成本。

## 7.2.6 相关成本的计算性分析

在决策分析中有一些成本看上去有具体的数据，但是如果这些数据在决策中被考虑和计算了，则极有可能会影响所做的决策。比如半成品是否需要进一步加工处理的问题，会涉及联产品成本(即原有成本)是否影响到加工后的成本，进而影响到是否加工的决策问题。

## 1. 大庆某炼焦化工厂的生产流程

大庆某炼焦化工厂,对收集到的煤焦(成本:4 000 万元)进行初加工处理,初期进行分离加工,加工过程有二次分离(分离加工成本:5 500 万元),产生:粗煤气(该时点的销售价格 3 100 万元)、焦炭(该时点的销售价格 2 400 万元)。加工后每一种产品的加工成本(含添加物成本)为净煤气 2 000 万元、硫铵 1 800 万元、焦油 1 800 万元、焦炭 1 400 万元。最后可得到铺路用沥青(普通沥青和彩色沥青),销售价格分别为 800 万元、1 400万元。

当产品使用的原材料是同一种原料,经过同一生产工序生产出来的两种及以上的产品称为联产品(joint products)。这里还有一个概念就是分离点(split-off point),是指生产加工过程中能够分别确认为单独产品的时点。当加工工序不同时会发生联产品的分离,分离前的成本称为联合成本(joint cost),它反映的是分离点之前所发生的全部成本。应注意,分离后的加工过程会增加相应的成本数额。

因此我们就知道联合成本是同时生产出多个终端产品的共同成本。在成本会计中最常用的处理共同成本的分配方法就是根据销售价值进行联合成本的分配。联合成本的分配是必需的,这是在编制报表时计入存货价值的要求,但是这样处理往往会误导决策。

图 7-1 为大庆某炼焦化工厂联合成本分离过程。

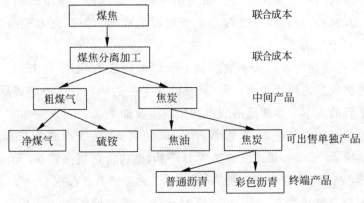

图 7-1　联合成本分离过程

## 2. 半成品是否进一步加工决策

这个决策的关键知识就是利用相关成本的概念,即在分离点之后如何进行决策(是否要进一步加工)。联合成本属无关成本,一旦达到分离点,联合成本就已经发生,之后如何决策都不会影响到分离点之前的联合成本。

因此,联合成本经济上属于联合生产产生的中间产品或终端产品的共同成本。在大庆某炼焦化工厂(见上述案例决策例)中,1 400万元焦炭的联合成本不对分离点后沥青产品的处理产生影响,即忽略将焦炭废品倒入焦场堆积的负面环境影响,正确的分析是该公司通过将焦炭废品(沥青)进一步加工为可用沥青用于铺路而赚钱,分析应该如表7-6所示。

表 7-6 进一步加工成沥青的损益分析      单位:万元

| 项　　目 | 倒入堆场 | 进一步加工 | 备　　注 |
|---|---|---|---|
| 沥青的售价 | 0 | 1 800＋1 400＝2 200 | |
| 焦炭进一步加工成沥青的成本 | 0 | 1 200 | |
| 边际贡献 | | 1 000 | |
| 利润 | | 1 000 | 假设无固定成本 |

这样的决策就是进一步深加工的决策问题。

因此,在某些企业中,某些产品在完成一定的加工阶段后,在最终完工前,可以作为半成品出售,也可以继续加工成完工产品后再销售。例如纺织品企业,在棉花加工成印染布匹的过程中,分为棉纱、白布、印染布等不同形态,既可以出售半成品棉纱或白布,也可以加工并出售最终产品——印染布。这种进一步加工情况在许多企业里都会遇到。继续加工后再出售,毋庸置疑,售价可以高些,但是多一道工序就要追加一定的成本。所以,为了在这两种方案中做出一个正确的选择,就必须计算出进一步加工预期所增加的收入是否超过进一步加工时所追加的成本。

对于这一类问题,可以采用差量分析法来分析。即分析其差量成本与差量收入,继续加工所能增加的收入是否大于继续加工所增加的成本。而继续加工前的已投入成本属于无关成本,不予考虑。

若继续加工所增加的收入大于继续加工所增加的成本,则应做出继续加工的决策;反之,则以出售半成品为最优决策。即当(继续加工后的销售收入－半成品的销售收入)大于(继续加工后的成本－半成品的成本)时,应继续加工。

**【例 7-5】** 某企业每年生产、销售A产品8 000件,单位变动成本15元,单位固定成本3元,销售单价20元。如果继续加工成B产品,则售价可提高到30元,但是单位变动成本也需增加至21元,问究竟应否将A产品继续加工成B产品呢?

很显然,A产品继续加工前发生的成本不会对是否继续加工产生影响,而继续加工后:

$$差量收入 = (30 - 20) \times 8\,000$$
$$差量成本 = (21 - 15) \times 8\,000$$

可多获得差量利润32 000元。

但是若另外还需增加专属固定成本15 000元时又该如何?

其实也一样,只需将差量成本追加15 000元,再比较即可。结果为32 000－15 000,仍然有17 000元的利润,所以仍以继续加工的决策为最优决策。

# 7.3 定价决策分析

## 7.3.1 定价决策目标及影响因素

### 1. 定价目标

定价目标就是每一个产品的价格在实现以后应达到的目的。例如,追求最大利润、提高投资利润率和市场占有率等都可以是定价的目标。

通过高定价最快速地获取最大利润是企业最简捷的目标。但竞争激烈时,依靠长期维持高价来获取最大利润是不现实的,因为这会遇到需求的减少、替代品的盛行、竞争者的加入等,所以高价只能维持一时而不能保持一世。

那么时间拉长呢?企业针对投资项目均希望获得预期的报酬,并且希望获得长期的报酬,追求一定的投资利润率或投资收益率是企业经常采用的注重长期利润的一种定价目标。

以市场占有率为考核指标的定价策略,则验证的周期更长,其占有率是指企业产品销量在同类产品的平均销售总量中所占的比重,也称市场份额。它是反映企业经营状况好坏和产品竞争能力强弱的一个重要指标。

### 2. 定价决策的影响因素

产品的价格是否合理,不能简单地一概而论,因为影响价格的因素有多种,以下分别讨论。

(1) 供求因素。从经济学的角度来考虑,商品的需求量与它的价格往往成反比例的关系,即商品的价格增加时,需求量会减少,反之亦然。

(2) 价值因素。在经济学理论中,价格是商品价值的货币表现,商品价值是形成价格的基础,价格是围绕着价值而波动的。因此制定价格必须以价值为基础,市场规律中确定的价格一定也是围绕着商品的价值。

(3) 成本因素。成本也是影响定价的基本因素,是定价的主要依据之一,企业的产品价格应该包括成本、费用、利息和税收。产品的价格制定过程中以成本作为其客观依据,是制定价格的最低经济界限。

(4) 商品寿命因素。商品从投入市场开始到完全退出市场为止所经历的全部时间称为商品的寿命周期,包括投入期、成长期、成熟期、衰退期四个阶段。投入期的价格,既要补偿高成本,又要能为市场所接受,其收益比较少;成长期和成熟期,商品的销售量增加,市场的占有率扩大,此时的收益最丰厚;进入衰退期,其价格趋于下降,商品收益也减少。

### 7.3.2 定价方法

#### 1. 完全成本定价法

完全成本定价法也称全额成本定价法,它的特点是在某种产品预计完全成本(包括变动成本和固定成本)的基础上,追加一定的销售利润,以此二者之和作为产品销售价格。公式如下:

$$售价 = \frac{产品完全成本总额}{产量} \times (1 + 加成的利润比例)$$

【例 7-6】 某企业预计在下年度生产某产品 10 000 件,直接材料费 280 000 元,直接人工费 80 000 元,制造费用总额 240 000 元,销售与管理费用 100 000 元,加成的比例定为 70%,则该产品的基本售价为:

$$售价 = \frac{280\ 000 + 80\ 000 + 240\ 000}{10\ 000} \times (1 + 70\%) = 102(元)$$

其中包括 60 元的制造成本和 42 元的加成,加成中包含了 10 元的销售及管理费,须知成本加成是以制造成本为基础的。

#### 2. 变动成本定价法

这是以产品的单位变动制造成本为加成的基础定价的一种方法。它是在某种产品预计变动成本(不包括固定成本)的基础上,追加一定的边际贡献。即:

$$售价 = 单位变动成本 \times (1 + 加成比例)$$

如单位变动成本为 15 元,预定加成比例为 25%,则产品定价为

$$15 \times (1 + 25\%) = 18.75(元)$$

若企业的生产能力还有剩余,在不追加固定成本的情况下,只要产品单位边际贡献大于零,即所定价格大于单位变动成本,企业就可盈利,因此特殊产品的定价公式为:

$$特殊订货单价 = 单位产品变动成本 + 单位产品正常利润$$

变动成本定价法与完全成本定价法相比较,产品价格更具竞争力,通常适用于实力雄厚的企业,其他企业需在一定条件下才可使用。

#### 3. 边际成本定价法

边际成本定价法也称最优价格定价法。一种商品如果价格优惠,销售量就会增加,但价格定得过低,单位边际贡献就小,就不能保证有足够的利润。在成本一定的情况下,售价高一点,可以使单位边际贡献大一些,但又会影响销路。

边际成本具有一个重要规律:当某产品的边际收入与边际成本相等时,可使企业实现最大的利润,同时该产品的价格也是最优的。因此可利用边际成本的这个规律作为最

优价格定价的方法。此时边际收入与边际成本的差额，即边际利润为零。最大利润时的销售价格即为最佳售价。

具体可通过下面的例题来说明。

【例 7-7】　某企业销售的产品的售价及相应的销售预测量如表 7-7 所示，已知固定成本为 1 000 元，单位变动成本为 10 元，要求通过分析预测，确定如何才能使企业获得最高利润及最佳的售价是多少。

表 7-7　资料

| 价格/元 | 30 | 29 | 28 | 27 | 26 | 25 | 24 | 23 | 22 | 21 | 20 |
|---|---|---|---|---|---|---|---|---|---|---|---|
| 销售量/件 | 250 | 270 | 290 | 310 | 330 | 350 | 370 | 390 | 410 | 430 | 450 |

根据上述资料，整理计算后可编制计算表如表 7-8 所示。

表 7-8　计算过程

| 销售量/件 | 单价/元 | 销售收入/元 | 边际收入/元 | 销售总成本/元 | 边际成本/元 | 边际利润/元 | 销售利润/元 |
|---|---|---|---|---|---|---|---|
| 250 | 30 | 7 500 | — | 3 500 | — | — | 4 000 |
| 270 | 29 | 7 830 | 330 | 3 700 | 200 | 130 | 4 130 |
| 290 | 28 | 8 120 | 290 | 3 900 | 200 | 90 | 4 220 |
| 310 | 27 | 8 370 | 250 | 4 100 | 200 | 50 | 4 270 |
| 330 | 26 | 8 580 | 210 | 4 300 | 200 | 10 | 4 280 |
| 350 | 25 | 8 750 | 170 | 4 500 | 200 | −30 | 4 250 |
| 370 | 24 | 8 880 | 130 | 4 700 | 200 | −70 | 4 180 |
| 390 | 23 | 8 970 | 90 | 4 900 | 200 | −110 | 4 070 |
| 410 | 22 | 9 020 | 50 | 5 100 | 200 | −150 | 3 920 |
| 430 | 21 | 9 030 | 10 | 5 300 | 200 | −190 | 3 730 |
| 450 | 20 | 9 000 | −30 | 5 500 | 200 | −230 | 3 500 |

由表 7-8 可知，随着销售量的逐步增加，当边际收入大于边际成本时，价格的下降可以增加销售利润；但是当边际成本等于或大于边际收入时，销售利润的增长出现停滞，甚至负增长（降低），说明此时再降价实属无意义。从上表中可知最高利润为 4 280 元，而此时的销售价格为 26 元。若一定要寻找边际利润为零的区域，亦可进一步细分，但其实际意义不太大。

## 4．新产品定价策略

新产品的定价一般具有明显的不确定性。需根据消费者对新产品的认可程度、新产品所面对的消费层次等问题加以考虑。假定企业推出一种新产品，是市场上从未出现过的，那么市场上对它有多大的需求就很难确定。另外，即使该产品与市场上某种产品有些近似，但它能替代多少现有产品，它的推销成本估计是多少，也不易确定，并且产品本身质量也不够稳定,规模效应也未产生,等等。因而许多公司在新产品投入期时,都会采用不同的价格进行试销,在试销时一般有如下两种定价策略。

(1) 撇脂策略(skimming strategy)。由于新产品在投放市场初期销售市场比较容易开辟,也不存在竞争对手,此时可以用较高的价格,并辅以强有力的促销手段,从而保证在初期就获得高额利润。在市场扩大时或产品趋于成长阶段后再逐渐降低价格。此策略可以保证初期就获取足够的利润,便于迅速收回投资。但是高额的利润会引来众多的竞争者,高价也不容易持久,因此撇脂策略只能是一种短期性策略。

(2) 渗透策略(infiltration strategy)。该策略是在新产品试销初期先制定较低的价格,以占有市场为主要目的,得到市场的认可后,再逐步提升价格。这种策略能有效地排除竞争者的渗入,达到企业长期占有市场的目的,从而后期为企业带来可观的利润,并确立市场的领先地位,但是在前期会放弃一些利润。这种策略的缺点是投资回收期长,比较适合于市场需求量大,价格弹性也大的产品,所以说这是一种长远的定价策略。

## 7.4　短期决策实务分析

上海 GM 食品集团股份有限公司的前身是 GM 集团(成立于 1996 年,是国家级的企业集团)。由于企业上市的需要,于 2008 年 11 月对原有集团公司的子公司——GM 食品有限公司进行了增资扩股后并改为现名。公司下辖若干个大区域公司,GM 牛奶是主打产品,主要销售区域在长江流域,其某分公司目前使用了生产产能的 80%,公司生产的产能是 2 500 万吨。不久前有个北方省份的流通企业提出以 19.50 元/箱的价格购买 400 万箱优质牛奶,并要求将其标签贴在该产品上。其正常销售价格为 36 元/箱,一箱有 24 盒,共计 6 千克。目前的优质牛奶的成本信息如表 7-9 所示。

表 7-9　产品成本信息表

| 项　目 | 2 000 万箱 | 单 位 成 本 |
|---|---|---|
| 变动成本: | | |
| 直接材料 | 198 500 000 | 9.925 |
| 直接人工 | 84 900 000 | 4.245 |
| 包装 | 75 000 000 | 3.750 |
| 佣金 | 9 450 000 | 0.473 |
| 分送 | 7 400 000 | 0.370 |
| 其他变动成本 | 9 000 000 | 0.450 |
| 非产量层次的成本 | | |
| 采购处理(14×650 000 个采购订单) | 9 100 000 | 0.455 |
| 销售处理(9×800 000 个销售订单) | 72 000 000 | 0.360 |
| 安装设备(9 000×50 次安装) | 450 000 | 0.023 |
| 固定成本 | 8 170 000 | 0.838 |
| 总成本 | 401 000 000 | 20.05 |

该特殊订单不需要 GM 公司佣金或分送,由买家自行承担,该订单将增加 15 000 个采购订单和 20 000 个销售订单以及 10 次设备安装。另外,特殊订单的标签模板所产生的一次性成本需要 45 000 万元,标签模板一次性支付需要 1 万元。

试分析 GM 公司将如何决策。

(1) 首先考虑是否能够接受该方案,将接受与拒绝作为两个备选方案来思考。分析接受订单的相关收益和成本。

若是拒绝,则一切为零,没有任何收益与成本支出;若接受该特殊订单,首先应分析特殊订单的量是否在剩余的生产能力的范围之内?

2 500 万箱×80%=2 000 万箱,而 400 万箱特殊订单恰好在此范围内,之所以检验该指标,是由于若超出该生产能力范围之外,又接受该订单,则必须追加生产设备的投入(即增加固定资产)。

(2) 计算特殊订单的成本(含变动成本等已知条件)。

| 项　　目 | 接受订单/元 | 拒绝订单/元 | 接受与否的差异额/元 |
| --- | --- | --- | --- |
| 销售收入 | 78 000 000 | 0 | |
| 直接材料 | (39 700 000) | 0 | (39 700 000) |
| 直接人工 | (15 000 000) | 0 | (15 000 000) |
| 包装 | (800 000) | 0 | (800 000) |
| 其他变动成本 | (1 800 000) | 0 | (1 800 000) |
| 采购处理(14 元×15 000 个采购订单) | (210 000) | 0 | (120 000) |
| 销售处理(9 元×20 000 个销售订单) | (180 000) | 0 | (180 000) |
| 安装设备(9 000×10 次) | (90 000) | | (90 000) |
| 标签模板 | (10 000) | 0 | (10 000) |
| 净利润 | 20 210 000 | 0 | 20 210 000 |

(3) 差异收益分析

$$=收入-总成本=20\ 210\ 000(元)$$

即如果接受此订单,可增加利润 20 210 000 元。注意此处的利润是扣除了变动成本之后的利润,在剩余的生产能力范围内,不需要考虑固定成本的分摊问题,只需考虑是否补偿了变动成本即可。接受该订单中有些数据属于无关成本的,则不需考虑。需要注意的是该订单对原来订单的客户未来销售的影响情况,比如战略、渠道、市场份额等,该分析则比较复杂,此处不再细述。

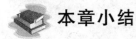 **本章小结**

本章介绍了短期经营决策的概念、特点,短期决策的常用成本概念,介绍了本量利分析法、差量分析法、边际贡献分析法和成本的无差别点法的分析方法。介绍了短期决策

的使用场景,如自制与外购、亏损产品停产与否、半成品是否深加工等常用决策内容,介绍了定价决策的运用。

## 复习思考题

1. 如何理解相关成本对短期决策的影响?
2. 分析各种定价决策的特点及应用条件。
3. 产品的生命周期是如何影响短期决策的?

## 自测题

# 第 8 章

# 长期投资决策

## 学习目标

1. 掌握现金流的概念及运用。
2. 掌握净现值、现值指数和内含报酬率在实务中的运用。
3. 了解货币的时间价值对长期决策的影响。
4. 了解现金流量分析的三个阶段,了解独立项目的决策要求、方法及评价。

## 8.1 长期投资决策概述

### 8.1.1 长期投资概述

长期投资决策,又称重大决策,是企业为适应长远发展需要,投入的资金量大、投资回收期较长,影响企业经营获利能力的投资活动。长期投资既包括对内投资的固定资产的增加,扩建、改建和更新等方面的资金投入,也包括对外投资的购买长期债券、股票等证券的资金投入。在管理会计中所说的长期投资一般指对内的固定资产投资。长期投资投入资金量大,无法由当年产品的销售收入来补偿。长期投资又称资本支出,长期投资决策又叫资本预算决策。

预算告诉了我们需要多少资金,也决定了筹资的金额数量。投融资需要考虑的事项为:

(1) 企业通过银行贷款、发债和发行股票等方式筹得长期资金;

(2) 编制投资项目的资金计划;

(3) 编制预算;

(4) 按照成本效益原则(即产出要大于投资额)决定投资项目的可行性;

(5) 最低收支比率要大于筹资的资本成本率。

长期投资的资金一定来源于资本筹资,不能将短期筹集来的资金用于长期项目,企业向银行申请借款也必须要如实告知:资金的使用用途,欲投资标的项目的投资效益率是否大于可出借的资金利率。其他如是否违背国家政策（包括环保政策、产业政策）、资金总额限制等需一一评估。

## 8.1.2 投资品种

### 1. 债权

增加债权需考虑债务资金成本，债务资金包括短期借款、长期借款、应付债券、长期应付款等。债务所发生的债务利率，在中国目前所发行的债券和借款合同中均采用固定利率制，浮动利率较为少见。由于利息在财务会计中算入财务费用，且在税前列支，因此可起到节税效果。除利息之外，筹资费用主要有：①银行收取的手续费用；②抵押担保的公证费用；③律师签证费；④发债的宣传费等。

### 2. 股权

以增资扩股（配售等）增加股权的方式筹资也是投资项目的资金来源之一，股权筹资同样需要考虑成本，切不可认为企业可以硬性不分红就不用考虑资金成本。股权资金成本率是股东的预期回报率，在第 11 章中的经济附加值（EVA）中，股东权益是必须考量的指标。

正常情况下，债权人可以获取稳定约束条件下的利息回报和本金的安全收回。股东可以获取股息分红和股票升值。当要承受亏损以至于破产清算时，债权人是第一处置优先人，股权投资者是其次的处置人。

长期筹资必须考虑资金成本，如债务资本成本率 $K = \dfrac{D}{P-f} \times 100\%$，或 $K = \dfrac{D}{P(1-F)} \times 100\%$，式中，$K$ 为资本成本率，以百分比表示；$D$ 为用资费用额；$P$ 为筹资额；$f$ 为筹资费用额；$F$ 为筹资费用率，即筹资费用额与筹资额的比率。另外还有长期借款成本率和长期债券资本成本率。

而股权资本成本率，主要考虑普通股资本成本率。根据所得税法的规定，公司须以税后利润向股东分派股利，故股权资本成本没有抵税利益。

### 3. 综合

股权和债权合计是综合资本成本率，这是一个企业全部长期资本的成本率，通常以各种长期资本的比例为权重，对个别资本成本率进行加权测算，也称为加权平均资本成本率，表示为

$$K_w = \sum_{k=0}^{n} W_j K_j$$

式中,$K_w$ 为综合资本成本率;$K_j$ 为第 $j$ 种资本的资本成本率;$W_j$ 为第 $j$ 种长期资本的资本比例。比例合计为 1。

# 8.2　货币的时间价值

## 8.2.1　货币的时间价值的概念

长期投资决策中最基本和最重要的概念是货币的时间价值,是指货币经历一定时间的投资和再投资所增加的价值,也称资金的时间价值。即,过去的 1 元钱的经济价值大于现在 1 元钱的经济价值,即使在不存在通货膨胀的情况下也是如此。在实务上,习惯使用相对数表示货币的时间价值,即用增加的价值占投入货币的百分数来表示。

货币投入生产经营过程后,随着投资循环其数值不断增长。企业资金的循环和周转的起点是其投入点,①购买生产所需的资料;②生产出新产品;③产品出售;④资金回笼。正常情况下回笼的资金量大于生产投入的资金量。因此,随着时间的推移,货币在循环和周转中按照几何级数增长,使得货币具有时间价值。

并且,在不同时间点上货币的时间价值不相等,因此同样 1 元钱的货币资金,若在不同时间点上投入,便不具有可比性。为了更加准确地衡量投入与产出的关系,评价各项目的盈利性,习惯上将不同时间点上的货币通过适当的折现率折现在某个确定的同一时间点上,使其具有可比性。这不同时间点上发生的货币流入与流出称为现金流量,进一步分为现金流入量、现金流出量,及流入与流出的差额,称为净流量。

## 8.2.2　复利与年金

### 1. 复利

由于货币价值随时间的增长过程与复利的计算过程在数学上类似,因此,在折算时,广泛使用复利的折算方法。

如复利终值的计算公式:$FV_n = PV(1+n)^n$,它表示当前的一笔资金在若干期后所具有的价值。式中,$FV_n$ 表示复利终值;$PV$ 表示复利现值(即资金当前的价值,本金价值);$i$ 表示利息率;$n$ 表示计息期数。复利现值是复利终值的逆运算,可倒过来求解。

### 2. 年金

满足每次发生金额相同、发生间隔相同、连续不间断这三个条件的复利,称为年金。

年金(annuity)是指在未来若干均等间隔期所发生的等额收入或支出的款项。例如,分期付款赊购和分期偿还贷款中每期支付的款项就是年金。而且很多投资并不是在未来只发生一次现金流,而是在未来期间连续产生等额的现金流。此时,就需要计算年金的终值和现值。根据每年收支款项发生时间段中的时点不同,年金可以分为普通年金、预付年金、递延年金、永续年金等形式。任何一种年金都建立在复利计算基础上。

普通年金细分为普通年金终值和普通年金现值。普通年金终值就是我们常说的分期零存整取的本利和,表示为

$$FVA_n = A \cdot \sum_{t=0}^{n} (1+i)^{t-1}$$

式中,$A$ 为年金数额,$\sum_{t=0}^{n} (1+i)^{t-1}$ 为年金终值系数。

实务中,每一个项目的每年现金流入、流出是在不同的时间点发生的,为了方便计算,可简化采用普通年金来计算年金的终值和现值。相关计算可采用 Excel 工作表的方式,只要调用内置函数"FV",然后输入利率、期数和现值等参数,复利终值就计算出来了,计算复利终值的过程就是在 Excel 工资表中创建复利终值计算模型的过程。

同样,在 Excel 工作表中,只要调用内置函数"PV",然后输入利率、期数和终值等参数,就可计算复利现值。利用复利现值的计算模型,然后在利率、期数和年金等单元格内输入相应的参数,可计算年金现值。除普通年金外,还有先付年金、延期年金和永续年金。

# 8.3  现 金 流 量

在长期投资项目的决策过程中,除了使用货币的时间价值的概念之外,常常需要分析该投资项目的现金流入与现金流出情况来进行判断。

## 8.3.1  现金流量的含义

现金流量(cash flows)是指在投资活动过程中,由于投资一个项目而引起的现金支出或现金收入增加的数量。在投资决策分析中所说的"现金"是一个广义的概念,它不仅包括货币资金,也包含与项目相关的非货币资源的变现价值,例如项目投入的厂房、设备和材料等。

长期投资决策中以现金流量为判断依据而不是会计利润,其原因如下:

(1) 在长期项目投资决策中,项目产生的现金流量不同于它产生的会计利润。由于现金流量表明了投资项目在未来期间货币资金的实际收支,它不受人为因素的影响,可以序时动态地反映投资资金的流向与回收之间的投入产出关系,因此能够使决策者站在投资主体的立场上准确、完整、全面地评价投资项目的经济效益。

（2）会计利润受到权责发生制的制约，不同的固定资产折旧方法、无形资产摊销方法、存货估价方法等会计估计带有一定的主观性和可操纵性，利润的计算结果也会很大不同。

（3）由于现金流量信息与项目计算期的各个时点密切结合，因此可以使用货币时间价值的原理进行动态投资效果的综合评价。

### 8.3.2　现金流量的内容

现金流量由现金流入量和现金流出量两部分构成，但现金流量有现金流入量、现金流出量和净现金流量三个具体概念。

#### 1. 现金流入量

现金流入量（cash in flows）是指由于实施某项投资而引起的现金收入的增加额，是整个投资及其回收过程中所发生的实际现金收入，主要包括项目投产后每年的营业现金收入、固定资产报废时的残值现金收入，以及项目结束时垫付的流动资金的收回。

#### 2. 现金流出量

现金流出量（cash out flows）是由于投资某个项目而引起的现金支出额，是整个投资及其回收过程中所发生的实际的现金支出，主要包括建设投资支出、垫支的流动资金、经营期发生的成本（特指付现成本）和各项税款支出等。

#### 3. 净现金流量

净现金流量（net cash flow，NCF）是指一定期间现金流入量和现金流出量的差额。当现金流入量大于流出量时，净流量为正值；反之，净流量为负值。

各年的现金流入和现金流出可计算如下：

现金流入量＝营业收入＋固定资产残值收入＋垫支的营运资金的收回

现金流出量＝建设投资＋垫支的流动资金＋营业成本＋各项税款＋销售费用＋管理费用－固定资产折旧－无形资产摊销

某年的净现金流量＝某年的现金流入量－某年的现金流出量

## 8.4　投资决策指标

长期投资决策评价的方法按照是否考虑资金时间价值因素可以分为两大类：一类是不考虑资金时间价值的方法，即非贴现的现金流量法（non discounted cash flow method），又称静态分析法；另一类是考虑资金时间价值因素的方法，即贴现的现金流量法（discounted cash flow method），又称动态分析法。

### 8.4.1 静态投资分析法

#### 1. 投资回收期法

静态投资回收期指以投资项目的经营净现金流量抵偿原始总投资所需要的全部时间。通常,回收期越短,表明该项投资的效果越好,风险程度也越小。静态投资回收期的计算方法分两种情况:一是各年现金净流量相等;二是各年现金净流量不等。

(1) 年现金净流量相等

$$投资回收期 = 原始投资总额 \div 年现金净流量$$

(2) 年现金净流量不等

在这种情况下,通常采用逐年扣减的方法。

**【例 8-1】** 某企业有两个投资项目,两个项目均需要在项目初始点投资 200 万元,除此外无其他投资。甲项目寿命期 5 年,每年的现金净流量为 50 万元。乙项目的寿命期也为 5 年,但各年的现金净流量不等,分别为 35 万元、55 万元、60 万元、50 万元、30 万元。要求分别计算甲、乙项目的投资回收期,并根据投资回收期选择较优的方案。

**解**:甲项目的投资回收期为

$$投资回收期 = \frac{原始投资总额}{年现金净流量} = \frac{200}{50} = 4(年)$$

乙项目的年现金净流量不等,可以通过列表法计算,如表 8-1 所示。

表 8-1　乙项目现金流量　　　　　　　　　　　　单位:万元

| 年　　度 | 1 | 2 | 3 | 4 | 5 |
| --- | --- | --- | --- | --- | --- |
| 年现金净流量 | 35 | 55 | 60 | 50 | 30 |
| 尚未收回投资 | 165 | 110 | 50 | — | — |

因此乙项目的投资回收期 = 3 + 50/60 = 3.83(年)

由于乙项目的投资回收期小于甲项目的投资回收期,所以应选择投资乙项目。

静态投资回收期法概念简单,计算方便,利用该指标评价项目可促使企业尽快回收投资,降低风险。但是它没有考虑资金时间价值,更没有考虑投资期满后的现金流量状况,因此难以全面衡量方案的经济效益。所以静态投资回收期法只作为辅助性的决策方法使用。

#### 2. 平均报酬率法

平均报酬率(average rate of return)是指投资项目的年平均净利润与初始投资额的比率,也叫会计报酬率或会计收益率。这个比率越高,说明项目获利能力越强。平均报酬率的计算公式如下:

$$平均报酬率 = \frac{年平均利润}{初始投资额} \times 100\%$$

进行投资决策时,应遵循以下基本的决策标准:若投资方案的平均报酬率大于或等于期望的平均报酬率,则接受该投资方案;若投资方案的平均报酬率小于期望的平均报酬率,则拒绝该投资方案;如有若干投资方案可以选择,在资金条件有限的前提下,应选平均报酬率最高的投资方案。

【例 8-2】　某企业投资建设某生产线,有甲乙两个方案可以选择,方案的具体情况如表 8-2 所示。

表 8-2　甲乙方案具体情况资料表

| 方案 | 初始投资/元 | 使用年限/年 | 净残值/元 | 产销量/件 | 年平均利润/元 |
|---|---|---|---|---|---|
| 甲 | 80 000 | 5 | 0 | 10 000 | 20 000 |
| 乙 | 120 000 | 5 | 5 000 | 20 000 | 27 000 |

要求:用平均报酬率法作出投资决策。

解:

甲方案:

$$平均报酬率 = \frac{年平均利润}{初始投资额} = \frac{20\ 000}{80\ 000} \times 100\% = 25\%$$

乙方案:

$$平均报酬率 = \frac{年平均利润}{初始投资额} = \frac{27\ 000}{120\ 000} \times 100\% = 22.5\%$$

由于甲方案的平均报酬率大于乙方案的平均报酬率,因此应该选择甲方案。

平均投资报酬率法用于评价长期投资项目也简单易懂、计算方便,但同样没有考虑货币的时间价值,不同时点的现金流量被看做有相同的价值,而且这种方法没有考虑项目的现金流量情况,仅依据年均投资报酬率法进行计算,会导致投资决策方案不够科学。因此,年均投资报酬率法也只作为辅助方法,通常在事后的考核评价中使用。

## 8.4.2　动态投资分析法

动态投资分析法主要是考虑货币的时间价值原理,利用贴现指标进行决策的方法。常见的贴现指标包括净现值法、现值指数法和内含报酬率法三种。

### 1. 净现值法

所谓净现值(net present value)是指从项目投资开始直至项目期终结,现金流入量与现金流出量,按照预定的贴现率折现的现值之差,它反映的是一项投资的获利能力,即项目计算期内各年净现金流量现值的代数和。因此简单地说,它是未来报酬的总现值减去

原始投资额的现值之差。贴现率可以是企业的资本成本,也可以是企业要求的最低收益率水平。净现值的计算公式如下:

$$\text{NPV} = \sum_{t=0}^{n} \frac{\text{NCF}_t}{(1+i)^t}, \quad \text{或} \quad \text{NPV} = \sum_{t=1}^{n} \frac{I_t}{(1+i)^t} - \sum_{t=0}^{n} \frac{O_t}{(1+i)^t}$$

式中,$n$ 为项目计算期;$i$ 为现金流量的贴现率;$\text{NCF}_t$ 是第 $t$ 年时点上的现金净流量;$I_t$ 为投资项目第 $t$ 年的现金流入量;$O_t$ 为投资项目第 $t$ 年的现金流出量。

净现值越大,说明一个投资方案的经济效益越好,越值得投资;净现值越小,说明该投资方案的经济效益越差。评价一个投资方案经济效益的标准是:NPV 大于 0,投资该项目;NPV 小于 0,放弃该项目;多个项目进行选择时,选择 NPV 最大的项目。

### 2. 现值指数法

现值指数(present value index method),又称获利指数,是指投资项目未来现金流入量现值同其现金流出量现值之间的比值。表示为

$$现值指数 = \frac{投资收益现值}{原始投资额} = 1 + \frac{净现值}{原始投资额} = 1 + 净现值率$$

或

$$\text{PVI} = \frac{\displaystyle\sum_{t=1}^{n} \frac{I_t}{(1+i)^t}}{\displaystyle\sum_{t=0}^{n} \frac{O_t}{(1+i)^t}}$$

式中,$\displaystyle\sum_{t=0}^{n} \frac{O_t}{(1+i)^t}$ 表示原始投资额;$\displaystyle\sum_{t=1}^{n} \frac{I_t}{(1+i)^t}$ 表示未来报酬的总现值。

现值指数是一个相对数指标,以现金流量为计算基础,并且考虑了货币的时间价值,以比率的方式表现,可以用于不同投资规模的项目的比较。利用这一指标进行项目决策的标准是:如果投资方案的 PVI≥1,方案为可行方案;如果投资方案的 PVI<1,方案不可行;如果几个方案的现值指数都大于 1,那么现值指数越大,方案越好。但采用现值指数进行互斥方案的选择时,应在保证现值指数大于 1 的条件下使投资收益最大化,且比净现值法实用。

### 3. 内含报酬率法

内含报酬率(internal rate of return)又叫内部收益率或内部报酬率,是投资项目本身实际可以实现的收益率,是指项目在计算期内各年净现金流量现值累计等于零时的折现率,即能使投资方案净现值等于零的折现率就是该方案的内含报酬率。通过内含报酬率指标,可以判断项目的实际收益是否高于资金成本,从而确定投资方案是否可行。若内含报酬率大于资本成本率,方案可行;反之,则不可行。在多个互斥的备选方案中,选择内含报酬率最大的方案进行投资。

显然，内含报酬率 IRR 满足下列等式：

$$\text{IRR} = \sum_{t=1}^{n} \frac{I_t}{(1+i)^t} - \sum_{t=0}^{n} \frac{O_t}{(1+i)^t} = 0$$

式中，$i$ 即 IRR 为内含报酬率。

### 4. 含息回收期法

企业进行投资决策时，若使用自有资金，那么投资决策过程在企业内部就可以完成。但如果依靠外部力量，如银行的贷款，就必须通过银行审查，也就把投资决策过程延长到外部，即银行。银行考虑的回报期间公式如下：

$$\frac{\text{本金} + \text{利息}}{\text{年净现金流量}} = \text{回收期} \leqslant \text{融资期}$$

对比以上的静态回收期和动态回收期法就会发现含息回收期法与前两种方法的不同：第一是分子由投资额变成本金和利息之和；第二是有了一个银行的外加条件，即所借款项必须在融资期内收回，否则该项目就不会被接受。这样就可以知道，只要该项目的回收期小于融资期，企业就有盈利。因此，企业管理者只需要根据是否有能力还款来判断该项目的好坏。

下面以等额还款法为例进行分析。设 $n$ 为还款期，年现金净流量为 NCF，$P$ 为原始投资额（融资额），则上面公式就可以进一步变为

$$\text{回收期} = \frac{\text{融资额} + \text{利息}}{\text{NCF}} = \frac{\text{还款总额}}{\text{NCF}} = \frac{nA}{\text{NCF}}$$

式中，$A$ 表示每期相等的还款额，且根据年金现值公式有

$$A = \frac{P}{(P/A, i, n)}$$

则

$$\text{回收期} = \frac{nA}{\text{NCF}} = \frac{nP}{\text{NCF}(P/A, i, n)}$$

【例 8-3】 假设水星公司的原始投资额为 2 000 万元。已知该项目的预计寿命为 6 年，预计年现金流入量 400 万元。资本成本率为 8%，还款期为 6 年，还款方式为等额还款法。根据含息回收期法判断该投资项目是否可行。

**解：**

$$\text{回收期} = \frac{nA}{\text{NCF}} = \frac{nA}{\text{NCF}(P/A, i, n)} = \frac{6 \times 2\ 000}{400 \times 4.623} = 6.49（年）$$

回收期大于 6 年，该投资项目不可行。

## 8.5　投资决策实务分析

长期投资行为在企业经营活动中成为影响企业再发展的一个关键因素，而长期投资的最终效果取决于企业对其决策的把控。长期投资项目存在投资金额大、资本回收期

长、风险高的特征,如何作出准确且有效的长期投资决策,直接关系到企业在未来期间的经营状况与收益。

## 8.5.1　企业背景分析

### 1. 企业现状

暴风集团成立于 2007 年 1 月,注册资本为 3.32 亿元,拥有员工 1 300 余人,是互联网视频企业,经营业务范围包含互联网视频、体育、影业、TV、VR、游戏、电商、金融等多个领域,拥有暴风体育、暴风影业、暴风 TV、暴风墨镜、暴风影音等品牌,试图建立"暴风生态圈"。该集团于 2015 年在深圳创业板挂牌上市。

暴风集团致力于建立"暴风生态圈",大力扩展企业经营业务范围,该集团参控公司数量为 20 余家,参控公司涉及金融、影视、体育、文化、游戏等多个领域。

暴风集团以视频播放器起家,暴风影音平台在其业务板块中占据重要地位,是其收益的主要来源。为促进该项业务的发展,抢占更多市场份额,暴风集团斥巨资大力研发创新技术,在视频内容、传输、压缩、播放四个方面均取得优异成果。2015 年,该集团投资暴风统帅,正式将互联网电视纳入集团主营业务范围内。随着 VR 概念的兴起,暴风集团开始进军 VR 领域,并推出暴风魔镜这一 VR 硬件产品及配套 APP。随着体育市场的逐渐升温,暴风集团于 2016 年 6 月宣布进军体育市场,与其旗下控股公司共同建立暴风体育(北京)有限责任公司,致力于打造世界一流互联网体育平台。后续还投资游戏业务、金融业务。一系列的投资,将暴风的投资战线拉长。

### 2. 企业投资环境分析

1) 宏观环境因素

(1) 外部经济环境因素。分析企业的运营与发展受经济政策、经济周期、经济发展状况等外部经济环境的影响,企业应综合考虑外部经济环境,制定和调整自身运营策略。

(2) 市场环境因素。跟随消费者的消费观念变化而变化,消费需求呈现多元化,给企业的发展带来较大的冲击。企业的投资决策应和市场变化趋势保持动态平衡。

2) 微观环境因素

(1) 信息对称性。信息是企业作出投资决策的重要依据,信息的准确性与企业投资风险成正相关关系。

(2) 业务范围。企业为了分散经营风险、增加投资收益通常会实施多元化投资,但是该方式会导致其战略目标呈现模糊状态,使企业的管理和资金资源分散,致使其原有业务被削弱。又因为企业投资新项目后,需要重新了解市场环境和消费者状况,学习新技术和管理方法,其经营成本将会大幅增加。

（3）产权关系。一般情况下,集团拥有多个子公司,由于各个子公司均有独立的法人主体,集团对子公司的控制力度减弱,形成了较为杂乱的产权关系,各子公司均拥有决定自身经营决策的权利,还可自行选择控制风险的方式,导致集团无法建立统一的风险控制机制。

### 3. 企业投资价值预估方法

（1）评估现金流量。企业在评估一个投资项目是否合理时,需要准确估计其在每个时点的现金流量。投资项目的预计收益和成本需要依靠货币时间价值确定,而现金流量是计算货币时间价值的基础。投资方案的现金流量包括方案的参与价值、净现金效益量、净现金投资量三部分内容,其中,净现金效益量与投资量两项是评估投资方案现金流量的必要内容,需重点考虑,其余可忽略不计。

（2）评估资金成本。经上述分析可知,企业对投资项目进行评估时需要核算货币的时间价值,而货币时间价值在计算过程中需要利用项目的资金成本以获取贴现率,所以资金成本是评估项目价值的重要因素,当资金成本预估过低时,投资项目价值会被高估;资金成本预估过高时,投资项目价值会被低估,从而影响企业的投资决策。

（3）企业在选择过程中应利用货币时间价值换算的方法核算和比较各个项目所产生的价值。使用较为普遍的投资价值评估方法包括投资回收期法、净现值法、内部回报率法三种。

## 8.5.2　暴风集团长期投资决策的定量分析

### 1. 暴风魔镜项目的决策及评价

1）暴风魔镜项目的决策

随着 VR 概念的兴起,暴风集团认为 VR 行业具有较大的发展前景,所以针对其展开了新的业务布局。该集团在 2015 年 1 月创立北京暴风魔镜科技有限公司,正式进军 VR 领域,由其负责 VR 硬件与内容的研究和经营。

2）投资回收期法评价暴风魔镜项目

互联网行业具有盈利存在极大的不确定性的重要特征,此次暴风集团投资暴风魔镜发展 VR 业务需要背负较大的经营风险,该项目五年内难以盈利,对集团的资金实力具有较高的要求。暴风集团管理者曾表示,VR 业务是一个烧钱的项目,发生亏损属于必然现象。利用投资回收期法对暴风集团投资暴风魔镜项目的合理性进行评估最为合适。投资回收期是指收回投资项目支出成本所需的时间,当投资项目每年获得净收益保持一致时,可利用以下公式进行核算:

$$投资回收期 = \frac{净现金投资量}{每年的净现金效益量}$$

由于在未来 5 年内,暴风魔镜项目可能会处于亏损状态,因此可通过上述公式得出:暴风集团收回对该项目所投入的资本还需要很长的一段时间,具体期限无法确定。

目前暴风魔镜项目仍然处于投入阶段,该项目若一直处于亏损状态会对集团业绩带来极大的负面影响,甚至导致集团出现现金流短缺的问题。虽然投资该项目是建设暴风生态圈的重要环节,但是现金流短缺会严重阻碍暴风生态圈的建设,因此暴风集团的这一投资决策的前景堪忧。

## 2.暴风体育项目的决策

### 1)暴风项目的决策

2016 年 6 月暴风集团宣布进入体育行业,致力于打造世界一流的互联网体育平台。为实现这一目的,暴风集团通过浸鑫投资耗资 10 亿美元收购了 MP&Silva 公司 65% 的股份。MP&Silva 在全球体育行业中处于领先地位,其主营业务为分销、管理和收购体育赛事版权,是一家专门从事体育媒体服务的公司。该公司拥有数量庞大的体育媒体版权,在全球建立了 20 个办事处,其辐射范围包括 200 余个国家和地区,通过收购MP&Silva 公司股权可为暴风集团在体育行业的发展提供更多优势。

### 2)净现值法评价 MP&Silva 项目

MP&Silva 项目是否合理可利用净现值法进行判断,净现值的具体计算公式如前所述,用 NPV 代表净现值。当 NPV 为正数时,说明投资该项目会给企业带来收益。

MP&Silva 公司经营状况良好,其净利润呈逐年上升趋势。根据该公司以往向外公布的数据信息可推出 2016—2024 年的净利润分别为 3 877 万美元、5 089 万美元、6 679万美元、8 767 万美元、11 506 万美元、15 102 万美元、19 823 万美元、26 120 万美元、34 152 万美元。已知市场贴现率在 2016 年 6 月的平均数值为 2.11%,利用上述数据可得出 MP&Silva 项目的净现值:

$$NPV_{2016} = \sum_{t=1}^{n} \frac{NCF_t}{(1+i)^t} - A$$

$$= 3\,877 + 5\,089/(1+2.11\%)^1 + 6\,679/(1+2.11\%)^2 + 8\,767/(1+2.11\%)^3 +$$

$$11\,506/(1+2.11\%)^4 + 15\,102/(1+2.11\%)^5 + 19\,823/(1+2.11\%)^6 +$$

$$26\,120/(1+2.11\%)^7 + 34\,152/(1+2.11\%)^8 - 100\,000$$

$$= 16\,556 > 0$$

由上述计算结果可知,若 MP&Silva 公司一直保持持续经营状态,其利润稳定增长,则暴风集团所耗费的 10 亿美元直到 2024 年才可收回成本。暴风集团愿意耗费大量时间和资金成本的原因是看中了 MP&Silva 公司数量巨大的体育赛事版权,以及其广阔的体育市场。虽然暴风集团收购 MP&Silva 公司可使其成功步入体育市场,为其建设暴风生态圈奠定了基础,但是 10 亿美元金额巨大,会给集团带来极大资金压力,集团的主营业务可能会因现金流的短缺问题而发展受限。

## 3.暴风 TV 项目的决策及评价

### 1)暴风 TV 项目的决策

2015 年,暴风集团出资 1.35 亿元与三诺声智联、日日顺等多家公司共同成立暴风

TV,正式进军互联网电视行业。暴风集团投资该项目的原因为：与传统电视相比,互联网电视由于更加注重用户体验,改变了传统电视单方传递信息的特点,为其用户提供了更多话语权,以其视频资源丰富、大屏高清、使用便捷等特点受到越来越多的消费者喜爱,从而引发电视换机热潮,互联网电视获得了广大的市场空间;互联网电视与移动端和PC端互联网视频相比而言,前者的收入更高,这是因为互联网电视具有丰富多样的盈利模式。由此可知互联网电视具有较大的升值空间,因此暴风集团认为投资该项目可为集团带来更高的利润。

2）内部回报率法评价暴风 TV 项目

内部回报率是指投资项目的净现值现金效益量与投资量相等时的贴现率,可以将其视为投资项目偿还本金和利息的能力,当市场贴现率低于投资项目的内部回报率时,方案可行。内部回报率的具体计算公式如前所述。

由于暴风 TV 是暴风集团新扩展的业务,2016 年该项目正处于初步发展阶段,需要投入大量资本研究电视技术、建立销售渠道等,又因为本年度原材料价格上升的原因,暴风 TV 的成本大幅度增加,导致该公司发生亏损 34 200 万元。通过该集团向外公布的信息可知,2017 年该项目亏损收窄,由前两个季度的数据可预估本年将发生亏损 21 063 万元,较之前年度亏损额大幅度下降。根据上述发展趋势可估算出暴风 TV 在 2018—2022 年的净利润分别为 $-7\,926$ 万元、5 211 万元、18 348 万元、31 485 万元、44 622 万元。该项目内部回报率的具体核算过程为如下：

$$NPV = \sum_{t=1}^{n} \frac{I_t}{(1+r)^t} - \sum_{t=1}^{n} \frac{O_t}{(1+r)^t} = 0$$

根据内含报酬率公式：

$$IRR = \sum_{t=1}^{n} \frac{I_t}{(1+i)^t} - \sum_{t=0}^{n} \frac{O_t}{(1+i)^t} = 0$$

$$-34\,200 + (-21\,063)/(1+r)^1 - 7\,926/(1+r)^2 + 5\,211/(1+r)^3 +$$

$$18\,348/(1+r)^4 + 31\,485/(1+r)^5 + 44\,622/(1+r)^6 = 0$$

利用试算法可得出该项目的内部回报率为 6%,高于市场贴现率,这表明投资该项目具有一定的合理性,若暴风 TV 在以后年度持续稳定发展,确实会给暴风集团带来可观的利润。但是该项目的投资回报期相对较长,前期一直处于亏损状态,短期内会增加集团的资金压力。

## 8.5.3　暴风集团长期投资决策的定性分析

### 1. 忽视人力资本的作用

调查发现,暴风集团的长期投资决策过程由其最高领导者全权把控,其他利益相关者的建议被忽视。我们知道,企业在制定长期投资决策之前需要对投资项目可能产生的风险进行分析。如为了构建暴风生态圈盲目扩展业务板块,占用了企业大量的现金流,又因为其投资项目的回收期较长,导致该集团资金压力骤增,已出现资金周转不灵的问题。集团的管理层人员必然在上述问题的初始阶段对此就有所发现,然而在集团内部并未听到异议,这可能是因为 CEO 在暴风集团中拥有最大话语权,其对打造暴风生态圈的积极态度导致管理人员提出的意见被压制,这一现象恰好为暴风集团忽视人力资本的问题提供了佐证。

### 2. 忽视货币的时间价值

通过上文分析可知,暴风集团的长期投资项目具有回收期较长的特点,有些项目的投资支出甚至无法收回,这充分说明暴风集团在制定长期决策过程中未对资金的时间价值进行综合考虑。当集团投资项目的资本回收期过长时,集团应该对项目的意义进行慎重考虑后再决定是否进行投资,这是因为投资回收期与投资风险、时间价值成本呈正相关关系,而且被投资公司的运营具有极大的不确定性,投资风险会随着投资回收期的增加而提高。企业想要规避投资金额的贬值风险,在择取投资项目时应对其货币的时间价值进行评估。而货币的时间价值与资金的流动性息息相关,当资金由流动转为闲置时会产生贬值问题,一直保持静态的货币资金不会产生时间价值,因此将闲置的资金投入投资风险相对较低的项目中或企业经营活动中可有效规避货币贬值风险。

### 3. 未考虑委托代理问题

经过调查可知,暴风集团的 CEO 冯鑫具有代理人与委托者两种身份。作为企业股权投资者的代理人,应时刻保持理性的思维参与企业运营,但是从冯鑫通过抵押资产获取发展资金的行为可得出其没有保持理性的结论,因此冯鑫的委托者身份更为显著。从暴风集团的长期决策可以看出,其决策者主要围绕构建暴风生态圈的计划来选择投资项目,其关注的重点为生态圈建成后为集团带来的高额收益,并未考虑项目可能会给集团带来的风险。而对投资项目的风险与其未来收益进行评估是制定投资决策过程中必不可少的环节,也是集团代理人的主要工作,但是代理人的作用在暴风集团制定投资决策的过程中并未得到有效发挥,委托者的意见反而在决策中占据重要地位。由此可以看出,在暴风集团中代理人与委托者两个身份的权利没有得到权衡。

## 8.5.4  实务案例小结

### 1. 建立完善的长期投资决策机制

根据上文分析可知,企业制定长期投资决策的基本流程为:分析风险、估计价值、评估项目、监督实施过程。除第四个阶段外,集团在建立长期投资决策机制时应将前三项视为基本因素。除此之外,企业还需对长期投资决策机制的基本框架进行补充,即对企业代理人和委托者的权利进行明确规定,并设立一定的制度使两者互相制约。例如,在暴风集团的长期投资决策中,冯鑫为实现建立暴风生态圈的目的盲目扩张业务板块,极大增加了暴风集团的资金压力,使其经营状况陷入困境。若该集团拥有完善的决策机制,在实施投资之前就可对项目可能产生的风险与其可行性进行评估,又因为代理者与委托者之间具有相互制约的关系,当委托者选择的投资项目所需成本过高、回收时间过长时,代理者即可提出反对意见阻止投资项目的实施,从而可有效规避上述问题的产生。

### 2．充分考虑资金来源及评估

针对投资决策首先要考虑资金的来源,不能因为互联网企业"烧钱"就可以无底线,其次要进行投资项目的可行性分析,分析方法依据动态或静态的指标。可列表分析,如表 8-3 及表 8-4 所示。

表 8-3　资金来源与投资回收比较

| 融资渠道 | | 融资方式 | 资金性质 | 参考利率 | 回报比较 |
|---|---|---|---|---|---|
| 内源融资 | | 留存收益 | 自有资金 | 参考国债利率,属于机会成本 | 至少大于国债利率,项目可行 |
| | | 折旧基金 | | | |
| | | 资产变现 | | | |
| 外源融资 | 直接融资 | 股权融资 | 借入资金 | 计算 NPV | NPA>0,可行 |
| | | 债券融资 | | 债券利率 | |
| | | 风险融资 | | 总投资数 | |
| | | 民间融资 | | 民间借贷利率 | |
| | | 商业信用 | | 应收账款 | 比较应收账款回收率 |
| | | 项目融资 | | 项目成本率 | 比较投入产出比 |
| | 间接融资 | 银行贷款 | | 借款利率 | 大于借款利率,项目可行 |
| | | 融资租赁 | 融资融物 | 多种融资租赁 | |

表 8-4　投资项目分析表

| 序号 | 步　骤 | 影 响 因 素 |
|---|---|---|
| 1 | 提出投资项目建议书 | 投资必要性 |
| 2 | 进行可行性分析 | 实施可能性 |
| 3 | 编制设计任务书 | 方案选择性 |
| 4 | 投资项目的事前评估 | 同行比较性 |
| 5 | 投资项目递交审批 | 可行性 |
| 6 | 投资项目回馈 | 修改完善 |
| 7 | 投资项目执行 | |
| 8 | 投资项目的事中控制 | |
| 9 | 投资项目绩效评估 | |

本案例根据敦浩《企业长期投资决策优化探析——以暴风集团有限公司为例》(《财会通讯》,2019.11)改编。

## 本章小结

本章介绍了长期投资决策的基本概念、现金流量的概念、货币的时间价值概念,以及长期投资决策的工具,如净现值、现值指数和内含报酬率等动态的分析方法,现金流量与净利润的关系,战略投资行为在长期投资决策中的运用。

## 复习思考题

1. 分析现金流对长期项目的重要性。
2. 净现值与内含报酬率的使用差异?
3. 进行长期投资决策的风险分析。

## 自测题

# 第 9 章

# 预算管理

## 学习目标

1. 掌握全面预算的编制方法。
2. 掌握全面预算的控制过程。
3. 了解作业预算方法，以及包括固定预算法的经营预算、财务预算。
4. 了解特殊预算如弹性预算、零基预算、滚动预算等的各项要求。

## 9.1 预算概述

### 9.1.1 预算术语

#### 1. 预算

预算（budget）是一个实体的营运计划和控制工具，是在企业战略目标的指引下，用来确定一段时间内为合理分配企业的财务、实物及人力等资源，提高企业经济效益，而对企业的生产、销售和财务等各个环节进行的统筹安排。企业可以通过预算来监控战略目标的实施进度，这样有助于控制开支，并预测企业的现金流量与利润。

预算可作为公司在下一期间的行动蓝图，通常包括财务方面和非财务方面。预算主要是定量指标，而非定性指标。财务预算量化了管理层对收入、现金流量和财务状况的预期。财务预算的基础是财务数据，如产量或销售量、员工人数和即将投放市场的新产品数量。

问题是不少企业的预算管理推行起来很困难，主要是因为没有达成共识，每一个部门都依照自己的理解和演绎去做，结果就使预算管理变味，或为预算管理该怎么做而无休止地争论，导致工作无法正常开展。预算管理特别强调"三全"原则（全员、全程、全方位）或者要求。这样可摒弃预算只是"财务部门的事情"这样一种观念，否则，若各个部门各行其是，预算就真成为财务部门的数字游戏了。

关于预算,我们应注意以下问题:

(1) 预算不等于财务计划,也不等于预测;

(2) 预算是包括财务预算在内的全面预算;

(3) 预算可以用价值形式来反映,也可以用其他数量形式反映;

(4) 预算应该有明确的目标;

(5) 预算以预测为前提;

(6) 预算是预测和计划的数字化反映。

预测是根据历史资料和现在的信息,运用一定的科学预测方法,对市场趋势和企业未来经济活动可能产生的经济效益和发展趋势进行的预计与推测;预算则是在预测的基础上,对企业未来发展所提出的对策性方案和计划的数量表述,它是以货币形式对企业未来的收入、现金流量和财务状况的预期量化。

预测解决了事项的可能性,有可能的就进入决策,决策确定的事项,使用财务数字编制预算并依此进行执行与控制,解决的是必须性。预算既是目标,也是控制手段。所以也经常听到"预算外""计划外"等名称,这些就是打预算擦边球的。

### 2. 全面预算

全面预算(total budget)反映的是企业未来某一特定期间(一般不超过一年或一个经营周期)的全部生产、经营活动的财务计划,以实现企业的目标利润(企业一定期间内利润)的预计额,也是企业的奋斗目标。西方企业的预算之所以称为全面预算或总预算,有其特定的含义。它是全企业性的,即包含整个企业一定时期的供应、生产、销售、人力资源和资金的安排。成本和利润、资本支出、现金的收支和结存以及资产、负债和股东权益等都要编制预算,实行预算控制。简言之,全面预算就是企业主要以货币量度表示的全部经济活动计划的综合说明。

这里进一步解释一下预算与计划的差异。

预算与计划的关系:计划是良好管理的关键,是对协调、利用企业内外部资源的安排,是预算的前提;预算则是对计划价值的数量化的表述和安排,它还为实际业绩的衡量提供了基准点。企业的计划包括以市场预测为依托的销售计划,以生产安排为主线的生产线安排计划、生产计划、原材料采购计划、库存计划、薪酬计划,以及资产计划、资金计划和用品采购计划等。全面预算就是在这些计划的基础上,制定出企业的收入预算、成本预算(包括生产成本预算、人力成本预算及固定成本预算)、各项费用预算等,最后形成预计利润表。

计划往往跨年度,比如三年、五年计划,而预算则是计划中的该年份(或者说当年)的情况。所以企业往往会在每年的第四季度召开年度预算会议,讨论商定第二年的预算编制情况,而这是非常重要的一个会议,这样的会议不是闭门造车,通常会要求行业的专家、企业内部的专门人士参加,相关预算草案也会在该会议中讨论和决定。当然年底决定了明年的预算方案也不会一成不变。事业单位会有"二上二下"的机制,企业也会采用滚动预算的编制方法做微调。

　　企业生产的最终目的是获取利润,每个企业都规定预期的利润水平。因此,企业编制全面预算的前提是已经确定了目标利润。为了达到和完成预定的目标利润,企业的销售、生产、供应、财务等职能部门必须相互配合、协调一致地开展工作。销售部门要完成相对应的销售目标,以保证目标利润的实现;生产部门必须根据销售部门的要求组织生产,产量不能过多(少),过多将造成库存积压,过少则可能造成市场脱销,失去销售的机会;采购部门需要备足合格的材料,以满足生产需要;财务部门通过灵活的资金调度,保证有足够的货币资金支付料款、工资和增加固定资产的支出,以及偿还债务、支付股息红利并有效控制资金成本等。为了使各部门预期的经济活动协调起来,达到企业的总体目标,就必须编制全面预算,这体现了全面预算的全流程。

　　根据目标利润分解的细化指标,如销售量、生产量、成本、资金筹集额等,以销售预算为起点,进而对生产、成本及现金收支等进行预算,并编制预计利润表、预计现金流量表和预计资产负债表,以反映企业在未来期间的财务状况和经营成果。进而预算指标管理效果就呈现出来了,当预算数与实际完成数成为绩效考核的参考依据了,预算数的编制和执行就不会很随意了。

### 3. 预算周期

　　预算周期(budget period)通常包括以下步骤:

　　(1) 将一个实体和它的分部门作为一个整体编制预算,所有经理同意完成预算中应由自己负责的那一部分;

　　(2) 预算被用于比较当前的绩效和期望中的绩效;

　　(3) 检查实际结果与预算编制数的差异,如果可能的话采取纠正措施;

　　(4) 收集反馈信息,重新检查预算,必要时修订预算。

### 4. 预算循环

　　预算周期各个步骤形成一个周而复始的预算循环(budget cycle),见图 9-1。

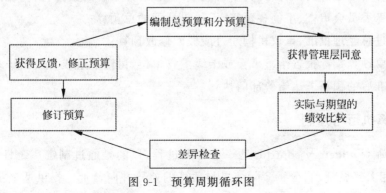

图 9-1　预算周期循环图

### 5. 预计报表

预计报表(proforma statements)是一种以历史信息为参考的预算财务报表,它会假设某些事件已经发生过以对历史信息作出调整。预计资产负债表、预计现金流量表以及预计利润表是对未来一段时间资源配置目标的预测。预计报表针对的是内部使用者,对于外部使用者,当公司会计政策变更时,追溯调整会将这项变更应用于以前期间,就好像这项变化在整个会计期间都起作用一样,在这种情况下,预计是一个补充的披露,目的是增加可比性。

## 9.1.2　预算管理活动

预算管理活动,是指企业以战略目标为导向,通过对未来一定期间内的经营活动和相应的财务结果进行全面预测和筹划,科学、合理配置企业各项财务和非财务资源,并对执行过程进行监督和分析,对执行结果进行评价和反馈,指导经营活动的改善和调整,进而推动实现企业战略目标的管理活动。

即,预算管理是指企业围绕预算而展开的一系列管理活动,包括预算编制、预算执行与控制、预算分析、预算考评等多个方面。

### 1. 预算编制

预算编制(budgeting)是为制定预算所实施的步骤。理想的预算清晰地传达了组织的目标。预算制定的编制流程为:确定目标、获取信息、预测未来、选择方案、实施决策、评价业绩与学习。

预算编制可以采用自上而下、自下而上或上下结合的方法。整个编制过程如下:

(1) 企业根据长期规划,利用本量利分析等盈亏分析工具,制定一定时期的总目标,并下达规划指标;

(2) 最基层成本控制人员自行草编预算,使预算能较为可靠并符合实际;

(3) 各部门汇总部门预算,并初步协调本部门预算,编制出销售、生产、财务等预算;

(4) 预算委员会审查、平衡各预算,汇总出公司的总预算;

(5) 经过总经理批准,审议机构通过或驳回修改预算;

(6) 主要预算指标报告给董事会或上级主管单位,讨论通过或者驳回修改;

(7) 批准后的预算下达给各部门执行。

### 2. 预算执行与控制

预算控制(budgetary control)是一个管理过程,目的是通过制定系统性的预算审批流程,协调相关经营活动,分析实际结果与预算的差异并向负责方提供适当的反馈,以确保预算目标的实现。如果没有正式的控制系统,预算只不过是预测。预算中所设定的目标必须是可实现的,使目标具有激励作用。

预算开始执行之后,必须以预算为标准进行严格的控制,支出性项目必须严格控制在预算之内,收入项目务必完成预算,现金流动必须满足企业日常和长期发展的需要。预算控制的标准就是预算编制产生的各级各类预算指标。预算的执行与控制是整个预算管理工作的核心环节,需要企业上下各部门和全体人员的通力合作。

### 3. 预算分析

预算分析(budget analysis)是在预算执行与控制过程中和预算完成后的一个尤为重要的环节,是指实际与预算的差异分析。差异分析一般按照以下几个步骤进行:

(1) 对比实际业绩和预算标准,找出差异;

(2) 分析出现差异的原因;

(3) 提出恰当的处理措施。

其中,预算执行过程中的差异分析可以根据周围环境和相关条件的变化调控预算,保证预算合理而顺利地执行;预算完成后的差异分析则可以总结预算完成情况,帮助评价预算期间工作的好坏,进而为企业评价激励制度的公平有效提供数据依据。因此,差异分析贯穿于预算管理的全过程,既为预算的执行与控制明确了工作重点,也为下期编制预测、预算提供了可借鉴的参考依据。

### 4. 预算考评

预算考评(the budget evaluation)是对企业内部各级责任单位和个人预算执行情况的考核与评价。对预算的执行情况进行考评,监督预算的执行、落实,可以加强和完善企业的内部控制。在企业全面预算管理体系中,预算考评起着检查、督促各级责任单位和个人积极落实预算任务的作用。同时,从整个企业生产经营循环来看,预算考评作为一次预算管理循环的结束总结,它为下一次科学、准确地评价企业全面预算积累了丰富资料和实践经验,是以后编制企业全面预算的基础。

预算提供了明确的一定期间要求达到的经营目标,是企业计划的数量化和货币化的表现,为业绩评价提供了考评标准,是业绩评价的重要依据,便于对各部门实施量化的业绩考评和奖惩制度,使企业激励相关部门和人员有了合理、可靠的依据。严格考评不仅是为了将预算指标值与预算的实际执行结果进行比较,肯定成绩,找出差距,分析原因,改进以后的工作,也是为了对员工实施公正的奖惩,以便奖功罚过,调动全员共同努力的积极性,最终实现企业战略目标。因此,预算考评与激励在整个企业全面预算体系中占有极其重要的地位。

### 9.1.3 全面预算的内容

全面预算是一种全过程、全方位、全员的预算,是针对企业的预算,它需要全员的参与,并且应包括企业全方位、涉及企业经营的全过程。从内容上看,全面预算也应注意全面性和系统性特征。所谓全面性即预算内容必须涵盖企业经营业务和财务的全部;所谓系统性即各项预算之间存在着密切的内在联系,它们环环相扣,按照一定的逻辑顺序编制而成。全面预算主要包括经营预算、财务预算和资本支出预算。

实务中有人会片面理解预算全员性的概念,以为全员参与管理,就是人人都去管别人,其实管理活动本身就有管理与被管理的对象在其中,上下级之间是人被人管,人还要管事、管材、管财,才能够形成管理活动;如果不是全员参与、涉及全流程,势必会有逃避指标监管的死角存在,一旦存在这样的口子,就会撕开,且会越来越大,这是人的惰性使然,因此预算管理要求必须是全方位。

预算编制很重要,导致许多企业在编制预算上下了很多功夫,许多管理会计的教材往往也是编制的篇幅要远远大于执行,当然,编制的内容多、执行的过程五花八门也是其中一个方面的原因。预算指标与企业所控制和掌握的资源配置密切相关,当出现资源有限的情况时,香饽饽的资源分配就会遭到哄抢,预算会议上常见的争论不休,无非就是都希望拥有高的资源配置,低的预算指标达成度,因此预算编制需要解决资源分配的合理性的问题。

#### 1. 全面预算的流程简图

全面预算涉及全方面,就一般的组织机构而言会关联到设计部、采购部、生产部、销售部(含售后)、财务部及市场部等多个部门,全面预算系统就是一个联动系统,任何一个环节卡死都会使得系统停摆。

图 9-2 为全面预算的流程图,图中的数字只是基本的顺序,不存在绝对排序,但通常还是有个依据:

(1) 设定盈利目标,然后折算成销售量(额)。

(2) 对应销售收入的金额,剔除税的影响,必须实现多少件(台)的销售目标。

(3) 根据预留的存货数量,核算出当期必需的生产量。生产量的编制考虑的会比较多:第一,原有的成熟产品要考虑产销关系,第二,新产品要考虑设计与生产的衔接,工艺水平要求导致的生产成本的上升的影响。

(4) 料、工、费的预算编制中考虑的因素。

(5) 与第四步同步,涉及支付和收入两个环节。材料费、人工费、制造费用、销管费用的现金支付和销售收入的现金回笼。

#### 2. 全面预算的经济内容划分

按照经济内容可以将全面预算分为三个方面,其一是营业预算,也称业务预算,包含

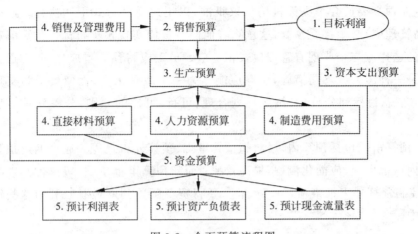

图 9-2   全面预算流程图

了销售预算、生产预算、销售与管理费和料工费预算；其二是财务预算，包含了现金预算、预计利润表、预计资产负债表、预计现金流量表，也有企业把预计现金流量表省略了，直接使用现金预算代替。其三是资本支出决策预算，主要反映的是长期投资决策的编制，及预算分期（当年）的执行内容，明确长计划短安排的战略要求和发展规划，长期是由各年的数据所构成，具体到当年，在该年份内应该有具体要求执行的定量数据的反映。

## 9.2   全面预算的编制

### 9.2.1   全面预算的编制要求

企业的正常运转和利润获取需要行之有效的日常经营管理系统，其中产品的生产和销售作为日常经营的一个重要环节，随时都在发生变化。所以，在一个企业的预算管理系统中，包括销售、生产、成本、费用等项目的经营预算，都有明确的时效性和操作性。预算管理在企业战略计划和具体生产经营之间起着承上启下的作用。

首先，企业应建立和完善预算编制的工作制度，明确预算编制依据、编制内容、编制程序和编制方法，确保预算编制依据合理、内容全面、程序规范、方法科学，确保形成各层级广泛接受的、符合业务假设的、可实现的预算控制目标。预算过程应保持独立，但应根据战略计划和预测来编制预算。企业决策层根据企业制定的远期规划和相关的预测与决策内容做决定。上级确定大方向，很关键的事项是要有协调各分部门在预算编制过程关于资源和指标引发的争执和矛盾的解决机制，由预算委员会完成该项职能。

其次，企业一般按照分级编制、逐级汇总的方式，采用自上而下、自下而上、上下结合或多维度相协调的流程编制预算，最后的结果一定是达到相对平衡的，并通知到全员，落实到责任部门。预算编制完成后，还须经过审批。按照相关法律法规及企业章程的规定,经过企业预算委员会等决策机构审议批准,以正式文件形式下达执行。这样管理层(包括最高管理层)必须接受预算,这意味着他们有责任实现预算目标。预算编制流程与编制方法的选择应与企业现有管理模式相适应。员工应将预算看成计划、沟通及协调的工具而不是一种压力或惩罚措施,预算应能作为一个激励工具,促使员工为实现组织目标努力工作;总目标和分目标,按照规划合理、可行、可控的原则,分解到具体预算执行单位。

另外,预算审批包括预算内审批、超预算审批、预算外审批等。通常上述预算编制都是指预算内审批事项,应简化流程,提高效率;而超预算审批事项,应执行额外的审批流程;严格控制预算外审批事项,防范风险。要将资源配置到能最有效利用这些资源的部门和项目中。

## 9.2.2　固定预算的编制内容

全面预算编制方法的种类,根据经济业务的发展有多种方式,对此将在下一节具体展开。这里按照经济内容分类下的固定预算法做先期介绍。

### 1. 经营预算的概念

经营预算,也称业务预算,是反映企业预算期间日常供应、生产、销售、管理等实质性活动的预算。它是指与企业日常业务直接相关的一系列预算。

经营预算是反映企业基本业务活动的预算,它因不同业务类型而异。它的编制和执行涉及一个企业内外部各方面的生产经营活动,也涉及上上下下各级工作人员。可以说,相对于资本预算和财务预算,经营预算的范围更广,使用更频繁。比如:制造业中的预算包括销售预算、生产预算、直接材料采购预算、人力资源预算、制造费用预算、销售及管理费用预算等;流通业的基本业务预算则包括销售预算、采购预算、经营费用预算、管理费用预算等,少了复杂的生产环节,有些流通业也会有简单的包装及改包装、贴标签等增值业务,也须纳入常规的预算项目中。经营预算是预算内容体系中的基础,合理编制经营预算有利于企业日常生产经营活动的顺利开展,调动全员的工作积极性,明确各级工作人员的权责关系,有利于企业内外部、上下级之间的沟通。没有经营预算,预算将是无源之水、无本之木,预算目标的实现也就无从谈起。

经营预算是针对企业生产经营活动中某一方面的特定职能而编制的,具有各自特定的领域,通常又可称之为"职能预算"或"分预算"。其中,销售预算是经营预算中的起点及基本部分。

### 2. 经营预算的内容

经营预算由以下 7 个部分组成:①销售预算;②生产预算;③直接材料预算;④人

力资源预算；⑤制造费用预算；⑥产品成本预算；⑦销售及管理费用预算。

### 3. 财务预算的内容

财务预算由以下 3 部分组成：①资金预算；②预计利润表；③预计资产负债表。

经营预算和财务预算的编制在下一节详细说明。

### 4. 资本支出预算的内容

主要指项目的长期投资决策的预算编制及执行与评价。其基本内容与长期投资决策章节相仿，本章不再介绍。

预算管理是企业对未来整体经营规划的总体安排，是一项重要的管理工具，能帮助管理者进行计划、协调、控制和业绩评价。推行全面预算管理是发达国家成功企业多年积累的经验之一，对企业建立现代企业制度，提高管理水平，增强竞争力有着十分重要的意义。

## 9.3　固定预算法编制例

### 9.3.1　经营预算

#### 1. 销售预算

销售预算的编制要能够回答以下这些问题：销售预算的编制是基于哪些信息？销售预算与战略预算有什么联系？怎样实现营销目标？销售预算和财务目标有什么关系？怎样计算销售额和实现产品销售目标？怎样计算销售量和价格？怎样判断新产品的市场前景？怎样分析市场供求？等等。

销售预算是关于预算期的销售量和销售收入的规划，进行销售预算的目的是确定在预算期内企业产品的销售量，由于企业需要根据产品在市场上的销售量来决定产品的生产量，材料采购、人工招聘及设备准备和经营资金的需要量，以及销售费用和管理费用支出等，所以，企业其他各项预算都将受到预算期产品销售量的制约。销售预算是其他各项预算的起点。而编制销售预算之前，必须对企业的竞争战略和所处的市场环境有一个清醒的认识。

预测销售收入是全面预算的基石，销售水平影响着全面预算中几乎所有的其他因素。销售预算的主要内容是销量、单价和销售收入。销量是根据市场预测或销货合同并结合企业生产能力确定的，单价是通过价格决策确定的，每种产品的预计销售额总计就是销售单价乘以预计销售数量。

销售预算以销售预测为基础，预测的主要依据是各种产品历史销售量的分析，结合市场预测中各种产品发展前景等资料,先按产品品种、销售的覆盖地区、顾客(主要的销售群体)及其他项目分别加以编制,然后加以归并汇总。根据销售预测确定未来期间预计的销售量和销售单价后,求出预计的收入:

$$预计销售收入 = 预计销售量 \times 预计销售单价$$

销售预算中包括预计现金收入计算,目的是为编制资金预算提供必要的资料。第一季度的现金收入包括两部分,即上年应收账款在本年第一季度收到的货款,以及本季度销售中可能收到的货款两部分。

【例 9-1】 假设华东公司目前每季度的销售收入中,本季度收到的现金是销售收入的 60%,余下 40% 的销售回款待下季度收到。有的企业还会延展到下下个季度才能够收到。

销售预算的编制主要根据企业的目标利润进行分解,销售及销售现金收回预算如表 9-1 所示。

表 9-1　华东公司销售量预算　　　　　　　单位:元

截至 2018 年 12 月 31 日的年度

| | 季度 | | | | 全年 |
|---|---|---|---|---|---|
| 预计销售量/件 | 90 | 120 | 150 | 180 | 540 |
| 预计单位售价/(元/件) | 250 | 250 | 250 | 250 | 250 |
| 销售收入/元 | 22 500 | 30 000 | 37 500 | 45 000 | <u>135 000</u> |
| | | | | | |
| 本季度收到的现金占销售收入的比例 | | 0.6 | | | |
| 下季度期间回收款占销售额比例 | | 0.4 | | | |
| | 0.6 | 0.4 | | | |
| 预计现金收入表 | | | | | |
| 应收账款期初余额①/元 | 6 200 | | | | |
| 第一季度销售现金收入②/元 | 13 500 | 9 000 | | | 22 500 |
| 第二季度销售现金收入③/元 | | 18 000 | 12 000 | | 30 000 |
| 第三季度销售现金收入④/元 | | | 22 500 | 15 000 | 37 500 |
| 第四季度销售现金收入⑤/元 | | | | 27 000 | 27 000 |
| 销售现金收回预算合计⑥/元 | 19 700 | 27 000 | 34 500 | 42 000 | <u>123 200</u> |

注:① 来自上一年第四季度销售的现金收入。

②　22 500×60%；22 500×40%；13 500+9 000=22 500；

③　30 000×60%；30 000×40%；

④　37 500×60%；37 500×40%；

⑤　45 000×60%；

⑥　第四季度末未收到的销售额,作为应收账款显示在公司年末资产负债表上。

销售预算等于预计销售数量与其销售价格的乘积。预算表下面包含了华东公司 2018 年每季度的销售预算。由上表可知,公司计划年度销售 540 件产品,销售量逐年增加。

在销售预算之后编制预计现金收入表,海事公司的预计现金收入表如表 9-1 所示。该表用于以后的现金预算。现金收入由前期发生的应收账款余额和当期发生的销售收入组成,即发生当期收回 60% 的现金,余下的 40% 在下一期收回。

## 2. 生产预算

生产预算(production budget)是在销售预算的基础上,根据销售预算中的预计销售量,按产品品种、数量需求分别编制的,为满足预算期的销售量以及考虑期初、期末产品存货的需要而编制的生产量预算。多环节生产的产品往往还要编制每一环节的半成品预算。计划期间除必须有足够的产品以供销售之外,还必须考虑到计划期期初和期末存货的预计水平,以避免存货太多形成积压,或存货太少影响下期销售。

零库存是个期望,也不是每个企业都能够实施运作,零库存本身的运作机制是当自己企业有需求时,下个订单,对方就马上送到。若这样的效果能够实现,其结果就是企业不需要存货了。换位思考一下,对方没有存货怎么给你送来? 这里有个强势企业与弱势企业的概念在其中,存货在哪里呢? 制造业自然而然作为存货的储存者的面貌出现了,制造业中的总装厂或车间可以运作零存货管理,而零件、部件、配件企业则较难做到零库存,这样的话许多企业还是不得不预留存货。

编制生产预算可以揭示出企业生产、销售、存货之间的协调关系。生产量预算需要企业的生产部门会同储运、财务部门共同编制,关系到期间的需要量、年末预期正常的存货数量。所以,预算期的生产量应该计算如下:

$$预计生产量 = 预计销售量 + 预计期末存货 - 预计期初存货$$

其中,"预计销售量 + 预计期末存货"就是企业当季度的总需求,扣除期初留存的量,就是当期应该生产的量。会计中的存货包含了完工产品、在产品、原材料等不同形态,所以也不能把不同形态的存货都笼统地归结到一个预算项目之中,后面还会细分。

因此生产预算编制好后,除了考虑计划销售量外,还要考虑现有存货和年末存货,通过对生产能力的平衡,根据分季度的预计销售量,排出分季度的生产进度日程表或生产计划大纲,在生产预算和生产进度日程表的基础上,可以编制直接材料采购预算、人力资源预算和间接制造费用预算。这三项预算构成对企业生产成本的统计。以生产预算为基础,可进而编制直接材料预算、人力资源预算、间接费用预算。产品成本预算和资金预算是有关预算的汇总。

实际编制生产预算是比较复杂的,产量还受到生产能力的限制(有多少固定资产,涉及长期投资活动的新投、原有在用、折旧计提结束仍在用和即将报废),产成品存货数量受到仓库容量的限制(涉及筹资能力,关于仓库原有容量、重新购置和租借仓库等),只能在现有市场能力限制的范围内安排产成品存货数量和各期生产量。此外,根据市场部的信息,还会涉及市场环境引发的有的季度会销量大增,导致赶工现象而产生增产,为此要多支出人员加班费。如果提前在淡季生产,会因增加产成品存货而多付资金利息。因此,要权衡两者得失,做出适宜决策,选择成本最低的方案。

【例 9-2】　华东公司运用"以销定产"原则,依据表 9-1 的基本预算数据,我们假设其公司的生产预算要求:

年初产成品存货＝第一季度预计销售量×10％

预计期末产成品存货＝下季度销售量×10％

预计期初产成品存货＝上季度期末产成品存货

预计销售量＝(预计销售量＋预计期末产成品存货)－预计期初产成品存货

华东公司的生产预算如表 9-2 所示。

表 9-2　华东公司生产预算　　　　　　　　　　单位:件

截至 2018 年 12 月 31 日的年度

| 季　　　度 | 季度 | | | | 全年 |
|---|---|---|---|---|---|
| | 一 | 二 | 三 | 四 | |
| 预计销售量(据表 9-1) | 90 | 120 | 150 | 180 | 540 |
| 加:预计期末存货量 | 12 | 15 | 18 | 21 | 21 |
| 合计(总需要量) | 102 | 135 | 168 | 201 | 606 |
| 减:预计期初存货量 | 10 | 12 | 15 | 18 | 55 |
| 预计生产量 | 92 | 123 | 153 | 183 | 551 |

如前所述,期末存货本意是指提供一些储备以防生产或者销售出现意外的增长。

但单纯的生产预算往往还不足以充分显示出具体的生产活动内容,还必须进一步确定相关直接材科、直接人工和制造费用等构成要素的预算。所以,企业的生产预算还需进一步进行直接材料预算、直接人工预算和制造费用预算,但是在编制这些预算之前,必须以产量预算为基础,然后根据产量预算编制相应的成本、费用预算。

而对于商业流通型企业而言,不需要编制生产预算,应重点编制商品的采购预算。

### 3．直接材料预算

直接材料预算是以生产预算为基础,根据生产预算的每季预计生产量,单位产品的材料消耗定额,计划期间的期初,期末存料量,材料的计划单价以及采购材料的付款条件等编制预算期的直接材料采购计划。

直接材料在产品的生产过程和最终的成本核算中占据重要地位,直接材料预算是以产量预算为基础,关于企业生产产品所需直接原材料的投入、使用和购买情况的预算。

1) 直接材料采购预算编制的依据

(1) 生产预算中的每季预计生产需求量计划。有的企业开展物料流量管理控制原材料的数量,并且可借助于 MRP 或采用 ERP 进行帮助管理材料和存货的工具,其目的也是保证企业备有数量恰当的原材料。原材料采购的内容,在供应链管理中也有不少介绍。

（2）单位产品的材料消耗定额（或计划）。每一种产品所耗材料的定额（标准）数都是有指标确定的，包括主要材料和辅助材料。

（3）计划期间的期初、期末存料量。对于材料的存货管理，通常会设置安全储备量，所谓安全储备量就是确定一个基本存货量以防不时之需，因为每天的销售量（或者生产量）都不同，如果某日销售量增加，而新的材料订货量尚未到达，势必会影响企业的正常生产经营。

而从订货开始到采购的材料到达企业并投入使用尚需一定的时间，这段时间称为"交货期"。交货期包括办理订购所需要的时间，发货所需要的时间，在途运输的时间，验收入库的时间，使用前整理准备的时间等。

若交货期需要 5 天，则必须提前 5 天订货。这还是刚刚好的预计时间，实务中经常发生因天气环境变化、发货企业的存货量及生产能力（速度）等的影响而延迟发货的情况。

安全储备量＝（预计每日最大耗用量－预计平均每日正常耗用量）×提前日数

因此在编制预算时，需要考虑生产负荷与确保产量的原材料的安全库存量的关系，生产负荷通常又是由销售量决定的。所以，必须考虑原材料的安全库存量与预算销售量之间的相互关系。

（4）材料的计划单价。采购的量确定后，还需要关注价格，即量价比的问题。实务中单价不会是一成不变，随着采购量的增加，采购价格会下降，而采购部门的绩效考核也会与之有关，在不降低质量的前提下，单价下降可以为企业带来利益。大量的采购会给企业带来显著的经济效益，使存货的安全量得到保障。

综合考虑时，还需要分析另一方面，即大量采购的风险。量多则需储存，而材料存货在保管过程中的资金占用（机会成本的影响），材料保管过程的贬值，毁损及不得不支出的保管人员及设施费用等影响都是需要事先考虑的。

（5）采购材料的付款条件等。企业之间的购销，虽然要求一次性全额付款的情况极少，但是当期还是要支付一部分的，这就不可避免地涉及现金的支付能力问题，因支付困难而发生延期支付所造成的多支付的成本也不能忽略。因此必须考虑现金的支付能力。

2）直接材料采购预算的程序

（1）计算某种直接材料的预计购料量：

预计材料采购量＝生产需要量＋计划期末预计存料量－计划期初存料量

（2）计算预算期某种直接材料的采购成本：

材料采购成本＝该材料单价×该材料预计采购量（其中：材料单价不含增值税）

（3）计算预算期所有材料采购的总成本。

（4）计算预算期发生的与材料采购总成本相关的增值税进项税额：

某预算期增值税进项税＝材料采购总成本×增值税税率

（5）计算预算期含税采购金额：

$$某预算期采购金额＝采购总成本＋进项税额$$

（6）计算预算期内的采购现金支出：

$$某预算期采购现金支出＝该期现购材料现金支出＋该期支付前期的应付账款$$

（7）计算预算期末应付账款余额：

$$预算期末应付账款余额＝预算期初应付账款余额＋$$

$$该期含税采购金额－该期采购现金支出$$

为便于编制资金预算，在直接材料预算中，预计材料单价采用该材料的平均价格，可从采购部门获得。通常还包括材料方面预期的现金支出的计算，上期采购的材料将于本期支付的现金和本期采购的材料中应由本期支付的现金。在实际工作中，直接材料采购预算往往还附有计划期间预计现金支出计算表，用以计算预算期内为采购直接材料而支付的现金数额，以便编制资金预算。

【例 9-3】 华东公司直接材料预算、采购直接材料的现金支出预算如表 9-3 所示。

表 9-3  华东公司材料采购预算                    单位：元

截至 2018 年 12 月 31 日的年度

| 季　　度 | 季度 | | | | 全年 |
|---|---|---|---|---|---|
| | 一 | 二 | 三 | 四 | |
| 预计生产量（由表 9-2） | 92 | 123 | 153 | 183 | 551 |
| 预计单位耗材/（千克/件） | 10 | 10 | 10 | 10 | 10 |
| 生产需用量/件 | 920 | 1 230 | 1 530 | 1 830 | 5 510 |
| 加：预计期末存量 | 246 | 306 | 366 | 420 | 420 |
| 合计 | 1 166 | 1 536 | 1 896 | 2 250 | 5 930 |
| 减：预计期初存量 | 300 | 246 | 306 | 366 | 300 |
| 预计材料采购量 | 866 | 1 290 | 1 590 | 1 884 | 5 630 |
| 单价 | 5 | 5 | 5 | 5 | 5 |
| 预算采购直接材料金额合计 | 4 330 | 6 450 | 7 950 | 9 420 | 28 150 |
| | | | | | |
| 采购当期支付货款的比例 | | | | | 0.5 |
| 采购下一期支付货款的比例 | | | | | 0.5 |

材料采购现金支出预算表

| 季　　度 | 一 | 二 | 三 | 四 | 全年合计 |
|---|---|---|---|---|---|
| 应付账款期初余额 | 2 350 | | | | |
| 第一季度购货支付款 | 2 165 | 2 165 | | | 4 330 |
| 第二季度购货支付款 | | 3 225 | 3 225 | | 6 450 |
| 第三季度购货支付款 | | | 3 975 | 3 975 | 7 950 |
| 第四季度购货支付款 | | | | 4 710 | 4 710 |
| 采购现金支出预算合计 | 4 515 | 5 390 | 7 200 | 8 685 | 25 790 |

表 9-3 所示为华东公司的直接材料预算。其主要内容有直接材料的单位产品用量、生产需用量、预计期初和期末的存量等。"预计生产量"的数据来自生产预算,"单位产品材料用量"的数据来自标准成本资料或消耗定额资料,"生产需用量"是上述两项的乘积。年初和年末的材料存货量,是根据当前情况和长期销售预测估计的。各季度"期末材料存货量"根据下季度生产量的一定百分比确定,本例假设按 20% 计算。各季度"期初材料存货量"是上季度的期末存货。

各季度预计采购量根据下面公式计算确定:

$$预计采购量＝(生产需用量＋期末存货量)－期初存货量$$

为了便于以后编制资金预算,通常要预计材料采购各季度的现金支出。每个季度的现金支出包括偿还上期应付账款和本期应支付的采购价款。本例假设材料采购的货款有 50% 在本季度内付清,另外 50% 在下季度付清。这个百分比是根据经验确定的。如果材料品种很多,则需要单独编制材料存货预算。

### 4．人力资源预算

人力资源预算通常指直接人工成本的预算,也是根据生产预算编制的,根据已知标准工资率、标准单位直接人工工时、其他直接费用计算标准及生产预算等资料,对一定预算期内人工工时的消耗和人工成本所做的经营预算。其主要内容有预计生产量、单位产品工时、人工总工时、每小时人工成本和人工总成本。"预计生产量"数据来自生产预算。单位产品人工工时和每小时人工成本数据来自标准成本资料。人工总工时和人工总成本是在人力资源预算中计算出来的。有一点必须明确,工资薪金的水平是参考了劳动力市场、当地的就业环境确定的,而不全是由企业老总决定的。如果企业支付的工薪低于劳动力市场的平均水平,就只能招聘到技能水平不高的人,企业的生产效率也不会高到哪里去。

须知人力资源预算反映了预算期内人工工时的消耗水平及人工成本。直接人工成本的历史数据通常从生产管理部门和工程技术部门获得,根据生产预算确定的每单位产出所需直接人工以及生产量,就可编制人力资源预算。严格来说这里的人力资源成本包含了两部分内容:一部分是基本固定的,参考了劳动力水平和国家划定的最低收入线;另一部分是根据企业的绩效而产生的。因此有人说工资是刚性的,奖金是弹性的;管理会计的解释是工资是固定成本,奖金是变动成本,合起来应该是混合成本(呈现半变动成本的特性)。

工薪的预算由人力资源部门完成,包含劳动和人事两部分。一线工人由工时考核,后勤辅助、机关办公室由岗位考核。

人力资源预算的基本编制程序如下。

(1) 预算某种产品消耗的直接人工工时:

$$某产品消耗的直接人工工时＝单位产品工时定额×该产品预计产量$$

工时资料一般由车间或班组的统计员记录并汇总上交给企业人力资源部门。

（2）预算某产品耗用的直接工资：

某产品耗用的直接工资＝单位工时工资×该产品消耗的直接人工工时

（3）预算某种产品计提的福利费等其他直接费用：

某种产品计提的其他直接费用＝某产品耗用的直接工资×计提标准

（4）预算预算期某产品的直接人工成本：

预算期某产品的直接人工成本＝该产品耗用的直接工资＋计提的其他直接费用

（5）预算预算期直接人工成本现金支出：

直接人工成本现金支出＝直接工资＋计提的其他直接费用×支付率

【例 9-4】 华东公司人力资源费用预算如表 9-4 所示。

**表 9-4 华东公司人力资源费用预算**

截至 2018 年 12 月 31 日的年度

| 项　　目 | 季度 | | | | 全年 |
|---|---|---|---|---|---|
| | 一 | 二 | 三 | 四 | |
| 预计产量/件 | 92 | 123 | 153 | 183 | 551 |
| 单位产品工时/(小时/件) | 10 | 10 | 10 | 10 | 10 |
| 人工总工时/小时 | 920 | 1 230 | 1 530 | 1 830 | 5 510 |
| 每小时人工成本/(元/小时) | 2 | 2 | 2 | 2 | 2 |
| 人工总成本/元 | 1 840 | 2 460 | 3 060 | 3 660 | 11 020 |

人力资源预算也是以生产预算为基础编制的。其主要内容有预计产量、单位产品工时、人工总工时、每小时人工成本和人工总成本。"预计产量"来自生产预算，单位产品工时和每小时人工成本数据来自标准成本资料，人工总工时和人工总成本是在人力资源预算中计算出来的。由于人工工资都需要使用现金支付，所以，不需另外预计现金支出，可直接参加资金预算的汇总。

### 5. 制造费用预算

制造费用预算是一种能反映除了直接材料采购预算和人力资源预算，为生产产品而发生的间接费用的预算计划。

制造费用中大部分不是直接用于产品生产的费用，而是间接用于产品生产的费用，比如生产车间的管理人员的工资、辅助车间人员的工资、车间厂房的折旧费用等。所以，制造费用预算就是除直接材料和直接人工以外的其他产品成本的计划，主要由生产部门编制。

由于制造费用不仅仅是为了某一种产品而产生的，所以，也不能像直接材料、直接人工成本那样在发生的时候就直接归集到相应获益产品上，只能在一定的期间内对制造费用加以汇总,然后按照一定的方法分配到相应的产品成本中。

为编制预算,制造费用通常可按其成本性态分为变动性制造费用、固定性制造费用和混合性制造费用三部分。固定性制造费用可在上年的基础上根据预期变动加以适当修正进行预计;变动性制造费用根据预计生产量乘以单位产品预定分配率进行预计。

变动性制造费用通常包括动力、维修费、直接材料、间接材料、间接制造人工等,计算变动性制造费用的关键在于确认哪些是属于变动成本性质的具体项目,并选择变动制造费用的成本分配标准。

固定性制造费用通常包括厂房和机器设备的折旧、租金、财产税及一些车间的管理费用,它们支撑企业总体的生产经营能力,一旦形成短期内不会改变。变动与固定两大类制造费用,采用不同的预算编制方法。

编制步骤通常都是先分析上一年度有关报表,制定总体成本目标(通常是营业收入的百分比),再根据下一年度的销售预测和成本目标制定各项运营成本,汇总具体市场举措所需的额外成本。

为了全面反映企业资金收支,在制造费用预算中,还要包括预计现金支出计算,以便为编制资金预算提供必要的资料。需注意,由于固定资产折旧费是非付现项目,在计算时应予剔除。制造费用预算分为两个步骤,首先计算预计制造费用,然后再计算预计需用现金支付的制造费用。计算方法为:

(1) 预计制造费用

＝预计变动性制造费用＋预计固定性制造费用

＝预计业务量×预计变动性制造费用分配率＋预计固定性制造费用

分解制造费用的方法主要有直接人工标准工时分配法、生产工人工资比例法、机器工时比例法、按年度计划分配率分配法等。这些方法虽然分配依据不同,但原理都是一样的。

预计制造费用＝预计直接人工小时×变动性费用分配率＋固定性制造费用

预计需用现金支付的制造费用＝预计制造费用－折旧

(2) 预计分配率

制造费用总数除以一定的标准总额,这个标准可以是生产总工时、工人工资总额等。

(3) 按照每种产品消耗的这种标准的数量,乘以标准分摊额,得出该产品负担的制造费用,以直接人工标准工时分配法为例,制造费用的分配应遵循公式:

$$制造费用分配率 = \frac{预算制造费用合计}{预算直接人工工作小时总数}$$

某产品应负担的制造费用数额＝该产品耗用的直接人工工作时间×制造费用分配率

【例 9-5】　华东公司制造费用预算如表 9-5 所示。

表 9-5　华东公司制造费用预算　　　　　单位：元

截至 2018 年 12 月 31 日的年度

| 项　　目 | 季度 | | | | 全年 |
|---|---|---|---|---|---|
| | 一 | 二 | 三 | 四 | |
| 变动制造费用： | | | | | |
| 预计生产量/件 | 92 | 123 | 153 | 183 | 551 |
| 间接人工/(1 元/小时) | 92 | 123 | 153 | 183 | 551 |
| 间接材料/(1 元/件) | 92 | 123 | 153 | 183 | 551 |
| 修理费/(2 元/件) | 184 | 246 | 306 | 366 | 1 102 |
| 水电费/(1 元/件) | 92 | 123 | 153 | 183 | 551 |
| 小计 | 460 | 615 | 765 | 915 | 2 755 |
| 固定制造费用： | | | | | |
| 修理费 | 985 | 985 | 985 | 985 | 3 940 |
| 折旧——制造 | 1 000 | 1 000 | 1 000 | 1 000 | 4 000 |
| 管理人员工资 | 200 | 200 | 200 | 200 | 800 |
| 保险费 | 115 | 115 | 115 | 115 | 460 |
| 财产税 | 100 | 100 | 100 | 100 | 400 |
| 小计 | 2 400 | 2 400 | 2 400 | 2 400 | 9 600 |
| 合计(变动＋固定) | 2 860 | 3 015 | 3 165 | 3 315 | 12 355 |
| 减：折旧——非付现成本 | 1 000 | 1 000 | 1 000 | 1 000 | 4 000 |
| 现金支付合计 | 1 860 | 2 015 | 2 165 | 2 315 | 8 355 |
| 预计直接人工小时 | | | | | 5 510 |

变动制造费用分配率＝变动制造费用预算合计÷标准总工时＝2 755÷5 510＝0.5(元/小时)

固定制造费用分配率＝固定制造费用预算合计÷标准总工时＝9 600÷5 510＝1.742 2(元/小时)

　　制造费用预算按照成本习性的概念通常分为变动制造费用和固定制造费用两部分。变动制造费用以生产预算为基础来编制。如果有完善的标准成本资料，将单位产品的标准成本与产量相乘，即可得到相应的预算金额。如果没有标准成本资料，就需要逐项预计计划产量需要的各项制造费用。固定制造费用与本期产量无关，需要逐项进行预计，按每季度实际需要的支付额预计，然后求出全年数。对于固定成本而言，是指为企业提供生产所从事的业务工作，如生产产品、采购、储存、售后等所需的生产能力所属期间的预计业务范围而确定的固定性制造费用，如果超出了企业现有生产能力则必须增加固定成本。而预算中规定的固定成本，代表了该企业真正的固定成本，必须执行。实务中有二次预算编制是为各种内外部情况发生变化时进行的预算执行中的预算调整。预算编制时，为了确定适当的固定成本水平，可采用作业成本制度，详见下一节。

　　为了便于以后编制产品成本预算，需要计算小时费用率，如表 9-5 的下方所示。

　　为了便于以后编制资金预算，需要预计现金支出。制造费用中，折旧费是非付现成本，必须扣除，其余的都须支付现金，所以，将每个季度制造费用数额扣除折旧费后，即可得出"现金支出的费用"。

## 6. 产品销售成本预算

产品销售成本预算是以产品成本预算及期末产品存货预算为基础,编制公司年末产品销售成本的预算。因此这张表中包含了产品成本预算、存货预算及销售成本预算三项内容。

生产预算编制完成之后,企业产品成本的各要素项目都清楚了,但还不能了解各种产品总体的成本情况和单位成本数额,无法从整个企业供、产、销的链条上把握企业的生产经营状况,所以成本预算的编制是非常重要的。成本预算由财务部门根据汇总来的采购部门、生产部门、管理部门等企业各相关部门各自的预算数据(即前几张表)整理而成。

存货的计划和控制可以使企业以尽可能少的库存量来保证生产和销售的顺利进行。期末产成品存货预算的编制,不仅提供了编制预计资产负债表的信息,同时也为编制预计利润表提供了产品销售成本的数据。

成本预算的主要依据是料、工、费的分项预算成本数据汇总,得出企业产品的总成本及各种产品品种的总成本和单位成本。然后将各产成品单位成本乘以预计期末产成品存货数量,即可得到预计期末产成品存货额。

年末预计产品销售成本可以通过以下公式来计算:

预计销售成本＝预计总生产成本＋期初存货成本－期末存货成本

其中,期初存货成本是上一年末的期末存货成本;预计总生产成本来自产品成本预算;期末存货成本是期末存货数量与产品单位成本的乘积,期末存货数量资料来自生产预算。

【例 9-6】 华东公司产品成本预算如表 9-6 所示。

表 9-6　华东公司成本预算　　　　　　　　　　　单位:元

截至 2018 年 12 月 31 日的年度

| 项　　目 | 单位成本 | | | 生产成本<br>(551 件) | 期末存货<br>(21 件) | 销货成本<br>(540 件) |
| --- | --- | --- | --- | --- | --- | --- |
| | 每千克或<br>每小时 | 投入量 | 成本 | | | |
| 直接材料 | 5.0 | 10.0 | 50.0 | 27 550.0 | 1 050.0 | 27 000.0 |
| 直接人工 | 2.0 | 10.0 | 20.0 | 11 020.0 | 420.0 | 10 800.0 |
| 变动制造费用 | 0.5 | 10.0 | 5.0 | 2 755.0 | 105.0 | 2 700.0 |
| 固定制造费用 | 1.74 | 10.0 | 17.4 | 9 600.0 | 365.9 | 9 408.3 |
| 合计 | | | 92.4 | 50 925.0 | 1 940.9 | 49 908.3 |

产品成本预算是销售预算、生产预算、人力资源预算、制造费用预算的汇总,其主要内容是产品的单位成本和总成本。单位产品成本的有关数据,来自前述的三个预算。生产量、期末存货量来自生产预算,销售量来自销售预算。生产成本、存货成本和销货成本等数据,根据单位成本和有关数据计算得出。

### 7. 销售及管理费用预算

销售及管理费用预算又称营业费用预算,是指为组织产品销售活动和一般行政管理活动以及有关的经营活动的费用支出而编制的一种业务预算。

编制销售及管理费用预算的主要依据是预算期全年和各季度的销售量及各种有关的标准耗用量和标准价格资料。为了便于编制资金预算,在编制销售及管理费用预算的同时,还要编制与销售及管理费用有关的现金支出计算表。

销售及管理费用预算,包括制造业务范围以外预计发生的各种费用明细项目,例如销售费用、广告费、运输费等。对于实行标准成本控制的企业,还需要编制单位生产成本预算。

(1) 销售费用预算,是指为了实现销售预算所需支付的费用预算。它以销售预算为基础,同时综合分析销售收入、销售费用和销售利润的相互关系,实现销售费用的最有效使用,获取更多的收益。在预计销售费用时,应以过去的销售费用实际支出(或上期预算)为基础,考察其支出的必要性和效果,结合预算期促销方式的变化以及其他未来情况发生的可能性,并且与销售预算相配合,按品种、地区和用途具体确定预算数额。

(2) 管理费用预算,是指企业日常生产经营中为搞好一般管理业务所必需的费用预算。在编制管理费用预算时,要分析企业的业务成绩和一般经济状况,务必做到合理化。管理费用项目比较复杂,且多属固定成本,因此,企业应在比较、分析过去的实际开支的基础上,充分考虑预算期各费用项目变动情况及影响因素,确定各费用项目预计数额。值得注意的是,必须充分考虑各种费用是否必要,以提高费用支出效率。另外,为了给资金预算提供现金支出资料,在管理费用预算的最后,还可预计预算期管理费用的现金支出数额。管理费用中的固定资产折旧费、低值易耗品摊销、计提坏账准备金、无形资产摊销和递延资产摊销均属不需要现金支出的项目,在预计管理费用现金支出时,应予以扣除。在通常情况下,管理费用各期支出比较均衡,因此,各季的管理费用现金支出数为预计全年管理费用现金支出数的 1/4。

【例 9-7】 华东公司销售及管理费用预算如表 9-7 所示。

表 9-7  华东公司销售及管理费用预算                           单位:元

| 项　　　目 | 各　　季 | 全　　年 |
|---|---|---|
| 截至 2018 年 12 月 31 日的年度 | | |
| 销售费用 | 2 000.0 | 8 000.0 |
| 销售人员工资 | 5 500.0 | 22 000.0 |
| 广告费 | 3 000.0 | 12 000.0 |
| 包装、运输费 | 2 700.0 | 10 800.0 |
| 小计 | 13 200.0 | 52 800.0 |
| 管理费用 | | |

续表

| 项　目 | 各　季 | 全　年 |
|---|---|---|
| 管理人员工资 | 4 000.0 | 16 000.0 |
| 福利费 | 800.0 | 3 200.0 |
| 办公费 | 1 400.0 | 5 600.0 |
| 保险费 | 600.0 | 2 400.0 |
| 小计 | 6 800.0 | 27 200.0 |
| 合计(销售＋管理) | 20 000.0 | 80 000.0 |
| 每季度支付现金 | 5 000.0 | 2 000.0 |

## 9.3.2　编制财务预算

预计财务报表是专门反映企业未来一定预算期内预计财务状况和经营成果的报表的总称。财务预算是企业的综合性预算,包括资金预算、利润预算和资产负债表预算。

预计财务报表是在企业的各项预算和预测基础上编制的,它为企业财务管理活动提供控制企业资金、成本和利润总量的重要手段,涉及企业的采购、生产、管理、销售、资本等各项活动,因此,它可以从总体上反映企业在一定期间内经营活动的全局情况。

### 1. 现金预算

现金预算(cash budget)也称现金收支预算或现金收支计划,用于预测组织还有多少库存现金,以及在不同时点上对现金支出的需要量。一旦出现产品库存或机器以及其他非现金资产的积压,那么,即便有了可观的利润也并不能给企业带来什么好处。现金预算还表明可用的超额现金量,并能为盈余制定营利性投资计划,为优化配置企业组织的现金资源提供帮助。

预计现金流量表是反映企业预算期内现金和现金等价物流入和流出状况的报表。它是在现金预算的基础上,结合企业预算期内相关现金收支资料编制的。其内容、格式与实际的现金流量表完全相同。在实际中,往往以"现金预算"代替现金流量表,所以此处不再说明现金流量表的编制过程。

现金预算是有关预算的汇总,由四部分组成:现金收入、现金支出、现金多余或不足、现金筹措和运用。

【例 9-8】　华东公司资金预算如表 9-8 所示。企业要求每季度至少保持 6 000 元以上现金。

表 9-8    华东公司资金预算表                    单位：元

截至 2018 年 12 月 31 日

| 项　　目 | 季度 | | | | 全年 |
|---|---|---|---|---|---|
| | 一 | 二 | 三 | 四 | |
| 期初现金余额 | 8 000 | 10 485 | 6 620 | 13 395 | 8 000 |
| 加：销货现金收入 | 19 700 | 27 000 | 34 500 | 42 000 | 123 200 |
| 可供使用现金 | 27 700 | 37 485 | 41 120 | 55 395 | 161 700 |
| 减：各项支出 | | | | | |
| 直接材料 | 4 515 | 5 390 | 7 200 | 8 685 | 25 790 |
| 直接人工 | 1 840 | 2 460 | 3 060 | 3 660 | 11 020 |
| 制造费用 | 1 860 | 2 015 | 2 165 | 2 315 | 8 355 |
| 销售与管理费用 | 5 000 | 5 000 | 5 000 | 5 000 | 20 000 |
| 所得税费用 | 4 000 | 4 000 | 4 000 | 4 000 | 16 000 |
| 购置设备 | | 10 000 | | | 10 000 |
| 股利分配 | | 8 000 | | 8 000 | 16 000 |
| 支出合计 | 17 215 | 36 865 | 21 425 | 31 660 | 107 165 |
| 现金结余或不足 | 10 485 | 620 | 19 695 | 23 735 | 54 535 |
| 银行借款 | | 6 000 | | | 6 000 |
| 银行还款 | | | 6 000 | | 6 000 |
| 短期借款利息 | | | 300 | 0 | 300 |
| 长期借款利息 | | | | 1 080 | 1 080 |
| 期末现金余额 | 10 485 | 6 620 | 13 395 | 22 655 | 22 655 |

现金预算的步骤如下。

（1）确定现金收入

"现金收入"部分包括期初现金余额和预算期现金收入，现金收入的主要来源是销货收入。期初的"现金余额"是在编制预算时预计的，"销货现金收入"的数据来自销售预算，"可供使用现金"是期初余额与本期现金收入之和。

预计的现金收入主要是销售收入，还有少部分的其他收入，所以预计现金收入的数额主要来自于销售预算。

（2）计划现金支出

"现金支出"部分包括预算期的各项现金支出。其中"直接材料""直接人工""制造费用""销售与管理费用"的数据分别来自前述有关预算。此外，还包括"所得税费用""购置设备""股利分配"等现金支出，有关的数据分别来自另行编制的专门预算。

预计的现金支出主要指营运资金支出和其他现金支出。具体包括采购原材料，支付工资，支付管理费、营业费、财务费等其他费用，以及支付的税金等。

（3）编制现金预算表

"现金结余或不足"部分列示现金收入合计与现金支出合计的差额。差额为正，说明收入大于支出，现金有结余，可用于偿还过去向银行取得的借款，或者用于短期投资。差额为负，说明支出大于收入，现金不足，需要向银行取得新的借款。该公司规定编制资金预算时，各季末都必须保证有库存余额 6 000 元，以备急需，还款后，仍需保持最低现金余额,否则只能部分归还借款。虽然编制了按季度的现金预算,但当企业采用滚动预算法时,还可进一步编制分月份的现金预算表。

现金预算的编制,以各项经营预算和资本预算为基础,它反映各项预算期的收入款项和支出款项,并对此做出说明。其目的在于在资金不足时筹借资金,资金多余时及时处理现金余额,并且提供现金收支的控制限额,发挥现金管理的作用。

### 2. 预计利润表

预计利润表(projected profit-and-loss statement)又称利润表预算,是在各项经营预算的基础上,根据权责发生制编制的利润表。它综合反映计划期内预计销售收入、销售成本和预计可实现的利润或可能发生的亏损,可以揭示企业预期的盈利情况,有助于管理人员及时调整经营策略。一般根据销售或经营预算、生产预算、产品成本预算或者营业成本预算、期间费用预算、其他专项预算等有关资料分析编制。

预计利润表是反映企业预算期财务成果的报表,其内容、格式与实际的收益表完全相同,只不过数字是面向预算期的,以上述各有关预算为基础来编制的。

通过编制预计利润表,可以了解企业在预算期的盈利水平。如果预算利润与企业的目标利润有较大差距,就要调整部门预算,设法达到目标利润,或者经企业领导同意后修改目标利润。

预计利润表是在汇总预算期内销售预算、产品成本预算、各项费用预算、商品销售成本与毛利预算,上年同期及本年平均营业外收支额(收支应分别预计),预计本期所得税缴纳因素、其他预计因素等资料的基础上编制的。其中所得税费用项目为估算数,并不是根据利润总额乘所得税税率计算的,因为利润总额存在一些纳税调整项目,为避免引起后面一系列连锁计算变动,暂用预估数。

预计利润表是以货币为单位,全面综合地表现预算期内经营成果的利润计划。该表既可以按季编制,也可以按年编制,是全面预算的综合体现。它是利用本期期初资产负债表,根据销售、生产、资本等预算的有关数据加以调整编制的。

预计利润表包括预计利润表汇总表、预计利润表分类表,最终汇总形成预计利润表。预计利润表将损益情况具体细化到预算年度各期间上,通常还会将往年数据列示进行情况对比。

【例 9-9】　华东公司的预计利润表如表 9-9 所示。

表 9-9　华东公司预计利润表　　　　　单位:元

2018 年 12 月 31 日

| 项　　目 | 金　　额 | 项　　目 | 金　　额 |
|---|---|---|---|
| 销售收入 | 135 000 | 利息费用 | 1 380 |
| 销售成本 | 49 908 | 利润总额 | 63 712 |
| 毛利 | 85 092 | 所得税费用(估计) | 16 000 |
| 销售及管理费用 | 20 000 | 税后净收益 | 47 712 |

　　预算的财务报表的作用与历史实际的财务报表不同。所有企业都要在年终编制历史实际的财务报表,这是有关法规的强制性规定,其主要目的是向外部报表使用人提供财务信息。当然,这并不表明常规财务报表对企业经理人员没有价值。财务报表预算主要为企业财务管理服务,是控制企业资金、成本和利润总量的重要手段。因其可以从总体上反映一定期间企业经营全局情况,通常称为企业的"总预算"。

　　表 9-9 所示为华东公司的利润表预算,它是根据前述各有关预算编制的。

　　其中,"销售收入"项目的数据,来自销售收入预算;"销售成本"项目的数据,来自产品成本预算;"毛利"项目的数据是前两项数据之差,来自资金预算。

　　另外,"所得税费用"项目是在利润规划时估计的,并已经列入资金预算。它通常不是根据"利润"和所得税税率计算出来的,因为有诸多纳税调整的事项存在。此外,从预算编制程序上看,如果根据"本年利润"和税率重新计算所得税,就需要修改"资金预算",引起信贷计划修订,进而改变"本年利润",从而陷入数据循环修改。

　　利润表预算与实际利润表的内容、格式相同,只不过数据是面向预算期的。它是在汇总销售收入、销售成本、销售及管理费用、营业外开支、资本支出等预算的基础上加以编制的。通过编制利润表预算,可以了解企业预算的盈利水平,如果预算利润与最初编制方针中的目标利润有较大的不一致,就需要调整部门预算,设法达到目标,或者经企业领导同意后修改目标利润。

　　预计利润表整合了所有经营预算的结果,可以帮助管理者了解来年的公司业绩。如果预计净利润不符合管理者的预期,那么编制者必须回头去找到增加销售收入(或)减少费用的办法。

### 3. 预计资产负债表

　　预计资产负债表(projected balance sheet)是依据当前的实际资产负债表和全面预算中的其他预算所提供的资料编制而成的,反映企业预算期末财务状况的总括性预算。

　　预计资产负债表的编制程序如下。

　　(1) 区分敏感项目与非敏感项目(针对资产负债表项目)。

　　所谓敏感项目是指直接随销售额变动的资产、负债项目,例如现金、存货、应付账款、应付费用等项目。所谓非敏感项目是指不随销售额变动的资产、负债项目,如固定资产、对外投资、短期借款、长期负债、实收资本、留存收益等项目。

　　(2) 计算敏感项目的销售百分比。

　　公式为:

$$敏感项目的销售百分比 = \frac{基期敏感项目}{基期销售收入} \times 100\%$$

（3）计算预计资产、负债、所有者权益项目。

预计资产：非敏感资产——不变

　　　　　敏感资产＝预计销售收入×敏感资产销售百分比

预计负债：非敏感负债——不变

　　　　　敏感负债＝预计销售收入×敏感负债销售百分比

预计所有者权益：实收资本——不变

　　　　　留存收益＝基期数＋增加留存收益

　　　　　预算需从外部追加资金＝预计资产－预计负债－预计所有者权益

预计资产负债表是反映企业预算期末财务状况的报表。它是以本年度的资产负债表、各项经营业务预算、资本支出预算以及财务预算为基础来编制的。其内容、格式与实际的资产负债表完全相同，只不过数据是面向预算期的。

预计资产负债表的编制方法主要有两种：一是预算汇总法，二是销售百分比法。

预算汇总法由实际资产负债表调整而来。首先按照下列会计方程式逐项调整出每一项目的金额，然后根据会计恒等式验证其左右方，使之达到平衡即可。这两步的公式是：

$$期末余额＝期初余额＋本期增加额－本期减少额$$

$$资产＝负债＋所有者权益$$

上式中的期初余额可自行取自预算年度前的实际资产负债表，本期增减数则取自各有关的预算表。可见，预期资产负债表的编制必须和其他各项预算同步进行。

销售百分比法是假定某些资产与负债项目与销售额保持一定的百分比率关系，随着预算年度销售额的增加，这些资产和负债项目也会增加。因此该方法对销售额的依赖性较大，运用此法，首先要用统计方法计算出预计销售额；其次，判断各项目与销售额是否存在固定的比率关系，这是此法成功运用的关键；最后，再对除了调整项目以外的其他项目，按照会计恒等式原理进行资产负债表的左右平衡。

**【例 9-10】** 华东公司预计资产负债表表 9-10 所示。

**表 9-10　华东公司预计资产负债表**

截至 2018 年 12 月 31 日年度　　　　　　　　　　单位：元

| 资　　产 | | | 权　　益 | | |
| --- | --- | --- | --- | --- | --- |
| 项　　目 | 年　初 | 年　　末 | 项　　目 | 年　　初 | 年　　末 |
| 现金 | 8 000 | 22 655 | 应付账款 | 2 350 | 4 710 |
| 应收账款 | 6 200 | 18 000 | 长期借款 | 9 000 | 9 000 |
| 直接材料 | 1 500 | 2 100 | | | |
| 产成品 | 924 | 1 941 | | | |
| 固定资产 | 35 000 | 45 000 | 普通股 | 20 000 | 20 000 |
| 累计折旧 | 4 000 | 8 000 | 未分配利润 | 16 274 | 47 986 |
| 资产总额 | 47 624 | 81 696 | 权益总额 | 47 624 | 81 696 |

资产负债表预算与实际的资产负债表内容、格式相同,只不过其中数据反映的是预算期末的财务状况。该表是利用本期期初资产负债表,根据销售、生产、资本等预算的有关数据加以调整编制的。

表 9-10 所示为华东公司的资产负债表预算,大部分项目的数据来源已注明在表中。普通股、长期借款两项指标本年度没有变化。

年末"未分配利润"计算如下:

$$期末未分配利润 = 期初未分配利润 + 本期利润 - 本期股利$$

"应收账款"是根据表 9-1 中第四季度销售额和本期收现率计算的:

$$期末应收账款 = 本期销售额 \times (1 - 本期收现率)$$

"应付账款"是根据表 9-3 中第四季度采购金额和付现率计算的:

$$期末应付账款 = 本期采购金额 \times (1 - 本期付现率)$$

编制资产负债表预算的目的,在于判断预算反映的财务状况的稳定性和流动性。如果通过资产负债表预算的分析发现某些财务比率不佳,必要时可修改有关预算,以改善财务状况。

预计资产负债表可以为企业管理当局提供会计期末企业预期财务状况的信息,它有助于管理当局预测未来期间的经营状况,并采取适当的改进措施。

### 9.3.3 资本预算

当投资一个项目时,现金支出会期待获得未来期间的现金流入,投资计划需要根据其收益来判断是否可行。一个特定投资是否满足投资额的需要? 可能实现的现金流入和支出的比例是否能够满足投资标准,这些标准又是什么? 企业的股价会如何变化? 一项投资的风险和收益呈什么样的关系? 这些都是资本支出预算应该考虑的核心问题。

资本预算(capital budget)又称建设性预算或投资预算,是指企业为了今后更好的发展,获取更大的报酬而作出的资本支出计划。它是综合反映建设资金来源与运用情况的预算,其支出主要用于对内投资,其收入主要是债务收入。

资本预算具有资金量大、周期长、风险大、时效性强等特点。通常来说,一个完备的资本预算过程应该经历以下几个步骤:

(1) 分析需求;

(2) 数据收集;

(3) 评估并做出投资决策;

(4) 对已决策项目进行再评估和调整。

在这 4 个步骤中,分析投资需求是最重要的一环。在数据收集的过程中,仅仅着眼于现有的工程数据资料或市场调查是不够的,决策者还需知道不同事件发生的可能性。对于产品需求上涨或下跌的可能性,通常可以借助统计分析的方法较为客观地加以测算,而其他的一些事件的概率则可能依赖于主观的估计。

在完成所有数据的收集和评估工作之后,投资者就需要做出最终的投资决策。一般,相对小额的支出可直接由相关部门决定,而重要支出项目则必须由最高管理层做出相关决策。资本预算的具体案例参考长期投资决策。

### 9.3.4 全面预算综合实务分析

通过华东公司预测出的数据及以上各表提供的信息,我们可以了解到进行全面预算如何编制经营预算和财务预算。

【例 9-11】 以下是关于华东公司的销售、成本和其他费用的相关信息。

华东公司基本预算数据汇总如表 9-11 所示。

表 9-11 华东公司的基本预算数据 单位:元

| 2018 年 12 月 31 日 | |
|---|---|
| 现金流入: | |
| 季度现金流入——现金销售 | 60% |
| 季度现金流入——赊账销售 | 40% |
| 现金流出: | |
| 季度现金流出——现金采购 | 50% |
| 季度现金流出——赊账采购 | 50% |
| 20×7.12.31 原材料/千克 | 300 |
| 20×7.12.31 完工产品/件 | 10 |
| | |
| 原材料期末存货量(下季度生产量百分比) | 20% |
| 完工产品期末存货量(下季度销售量百分比) | 10% |
| 预计 20×8 年第一季度销售量/件 | 100 |
| 预计 20×8 年第二季度销售量/件 | 150 |
| 预计 20×8 年第三季度销售量/件 | 200 |
| 预计 20×8 年第四季度销售量/件 | 180 |
| 预计 20×9 年第一季度销售量/件 | 200 |
| | |
| 20×8 年第二季度购买设备/元 | 10 000 |
| 20×8 年度股息宣派及支付额/元 | |
| 第二季度发放金额/元 | 8 000 |
| 第四季度发放金额/元 | 8 000 |
| 预计单位售价/(元/件) | 200 |
| 标准成本数据 | |
| 直接材料/(元/千克) | 5 |
| 单位耗材/(千克/件) | 10 |

续表

2018 年 12 月 31 日

| | |
|---|---|
| 直接人工/(元/小时) | 2 |
| 单位耗时/(小时/件) | 10 |
| 变动制造费用分配(分配率经后续计算得出) | 0.5 |
| 间接人工/(元/件) | 1 |
| 间接材料/(元/件) | 1 |
| 修理费/(元/件) | 2 |
| 水电费/(元/件) | 1 |
| 固定制造费用分配(分配率经后续计算得出) | 1.5 |
| 修理费/(元/年) | 3 940 |
| 折旧——制造/(元/年) | 4 000 |
| 管理人员工资/(元/年) | 800 |
| 保险费/(元/年) | 460 |
| 财产税/(元/年) | 400 |
| 固定销售及管理费用 | |
| 销售人员薪酬/(元/年) | 2 000 |
| 广告费/(元/年) | 5 500 |
| 包装、运输费/(元/年) | 3 000 |
| 保管费/(元/年) | 2 700 |
| 管理人员薪酬/(元/年) | 4 000 |
| 福利费/(元/年) | 800 |
| 保险费/(元/年) | 600 |
| 办公费/(元/年) | 1 400 |
| | |
| 要求的最低现金期末余额/(元/季) | 6 000 |
| 长期借款利率 | 12% |
| 短期借款利率 | 10% |
| 所得税费用/(元/季) | 4 000 |

(1) 假设你是华东公司的经营经理,华东公司的业务是生产硬盘,并假定该公司只生产特定型号的硬盘这单一产品,要求利用表 9-1 给出的信息编制全面预算。

(2) 假设每月生产的职工薪酬当月付清。

(3) 为了满足现金流量的需要,公司要求每季度末的现金余额不低于 6 000 元。公司可获得最高额度为 20 000 元、年利率为 10% ,最长期限为 1 年的短期借款。管理者借入款项的原则是只保持现金不少于 6 000 元,在现金不少于最低余额的前提下尽可能还贷,但是必须以 1 000 元的倍数借入和偿还贷款,假设预提所得税不变。

(4) 如表 9-12 所示,20×7 年 12 月 31 日是本年华东公司的资产负债表日,也是预算年度起始日。

表 9-12 华东公司资产负债表 单位：元

2017 年 12 月 31 日

| 资 产 项 目 | 年　　初 | 权 益 项 目 | 年　　初 |
|---|---|---|---|
| 现金 | 8 000 | 负债 | |
| 应收账款 | 6 200 | 应付账款 | 2 350 |
| 直接材料 | 1 500 | 长期借款 | 9 000 |
| 产成品 | 900 | 所有者权益 | |
| 固定资产 | 35 000 | 普通股 | 20 000 |
| 累计折旧 | 4 000 | 未分配利润 | 16 250 |
| | | | |
| 资产总额 | 47 600 | 权益总额 | 47 600 |

**注意**：我们需要编制的是下一年度的营业计划和财务计划，下一年度预算基于企业的基础数据而得。

## 9.3.5 固定预算法的分析

固定预算法的缺点可以归纳为以下几点：

（1）固定预算是部门导向的（各自为政），而不认同部门之间存在的相互依赖性；

（2）固定预算是静态的，而不是动态的；

（3）固定预算是结果导向的，而不是过程导向的。

这些缺点的影响是：通常各部门只编制自己的预算。将这些编制好的预算加起来，就得出整个企业的预算数值。对部门计划的专注导致了计划的进程是从资源到产出。也就是说，一个部门可能首先开始考虑它目前持有的资源有哪些（比如人工、设备利用、辅助材料等），然后调整潜在的产出水平。另一种方法是，部门先考虑预计的产出水平是多少，再回头去看需要多少资源支撑这一水平。这二者的顺序改变得到的效果是一样的吗？其实根据行为科学的理论，回答是否定的。因为先专注于去年的成本再定产出，部门就会拘泥于过去的行事方法。

因此，固定预算会使得管理者感觉到必须严阵以待。大家的共识是"每个部门都是各自为政"。管理者被鼓励去充分利用每一个预算资源，而不管这些资源是否为己所需。如果不充分利用的话，部门来年的业绩可能不会提升，甚至不能维持原有的水平。

当然不是说传统的固定预算法有多么不堪，存在许多缺点，会被取代，事实上它却一直沿用至今，这说明其仍然具有很强的生命力，并没有先天性的缺陷。显然，全面预算对企业有着非常大的帮助。只是外部世界在发生着巨大的变化，在这变化的环境里，过去比较适用的方法正在遭遇挑战，考虑到固定预算法的静态特征，如果每年的销售状况大同小异、生产流程没有变化、企业产品组合十分简单并且相对稳定，那么一个根据去年的数字编制的静态预算就可能还有作用。但是，在如今的商业环境中，若这些假设条件不再被满足时,则弹性预算法可能就能够体现出固定成本和变动成本带来的影响,并且作业成本预算还能更进一步,分析出变动成本的多种成本动因,而且还能从产出出发,倒回去解决资源的问题。

## 9.4　弹性预算法

按照编制预算方法的业务量基础不同,预算编制方法可分为固定预算和弹性预算两种。这主要源自实际结果会发生偏离原有计划(预算)的情况出现,比如企业原来按照盈亏平衡分析或预计的销售收入的安排,已经偏离原有轨道,须知当初编制固定预算的时候是花了大量的功夫,绝不是编完锁进保险柜的。而要发挥预算的作用,就要进行实际与预算的差异分析,并将其作为绩效评估的一部分。但这并不意味着当初的预算是刚性、不得修改的,因为实际业务量很难与预期业务量一致,如果按照当初预算的业务量对实际业务量进行考核,发现有大的偏差而进行处罚的话,显然有失公平。

### 1. 弹性预算法的含义

弹性预算法(flexible budget)又称变动预算法、滑动预算法,是指在成本性态分析的基础上,依据业务量、成本和利润之间的联动关系,按照预算期可预见的一系列业务量(产量、销售量、直接人工工时、机器工时、材料消耗量和直接人工工资等)水平编制能够适应多种情况预算的方法。正是由于这种预算可以随着业务量的变化而反映各该业务量水平下的支出控制数,具有一定的伸缩性,因而称为"弹性预算"。

弹性预算是相对于固定预算而言的,用弹性预算的方法来编制成本预算时,关键在于把所有的成本按其性态划分为变动成本与固定成本两大部分。变动成本主要根据单位业务量来控制,固定成本则按总额控制,其弹性业务量的中核是固定预算的数值。

成本的弹性预算方式如下:

成本的弹性预算 = 固定成本预算数 + $\sum$(单位变动成本预算数 × 预计业务量)

### 2. 弹性预算法的编制程序

编制弹性预算的步骤如下。

(1) 选择和确定各种经营活动的业务计量单位。编制弹性预算,要选用一个最能代表生产经营活动水平的业务计量单位。例如,手工操作为主的车间,应选用人工工时;自动化操作为主的车间,可选用机器工时或生产量;制造单一产品或零部件的部门,可选用实物数量;修理部门可选用直接修理工时。

(2) 预测和确定可能达到的各种经营活动业务量。编制弹性预算采用的业务量范围,视企业或部门业务量计量变动的具体情况由各业务部门共同协调而定。一般来说,可按正常生产能力的 70%～110% 范围确定,或以历史资料最高业务量或最低业务量为其上下限,然后再在其中划分若干等级,这样编出的弹性预算较为实用。

(3) 根据成本性态和业务量之间的依存关系,将企业生产成本划分为变动和固定两个类别,并逐项确定各项费用与业务量之间的关系。

(4) 计算各种业务量水平下的预测数据,并用一定的方式表示,形成某一项的弹性预算。

【例 9-12】　海事有限公司生产丙产品,预计单位变动成本 500 元,其中直接材料成本 310 元,直接人工成本 60 元,单位变动制造费用 40 元,单位变动销管费用 90 元,预计固定制造费用总额 116 000 元。根据上述资料,按弹性预算法编制不同业务量水平下的成本预算。已知销售单价为 800 元/件。

此例的业务量适用范围为 800 台至 1 200 台之间,生产量在这一业务量范围内时,固定成本相对不变,而变动成本与业务量成比例变动。表中 1 000 台生产量水平为正常活动能力水平(通常是固定预算法的基础数据)。根据业务量百分数编制各级水平的预算,以此形成弹性成本预算表,如表 9-13 所示。基本按照 10% 的增减幅度编制。

表 9-13　海事有限公司弹性成本预算表

截至 2018 年 12 月 31 日的年度

| 项　　目 | 减少 100 台 | 减少 100 台 | 基础数据 | 增加 100 台 | 增加 100 台 |
| --- | --- | --- | --- | --- | --- |
| 业务量/台 | 800.0 | 900.0 | 1 000.0 | 1 100.0 | 1 200.0 |
| 单价/元 | 800.0 | 800.0 | 800.0 | 800.0 | 800.0 |
| 销售收入/元 | 640 000.0 | 720 000.0 | 800 000.0 | 880 000.0 | 960 000.0 |
| 单位变动成本/元 | 400.0 | 450.0 | 500.0 | 550.0 | 600.0 |
| 直接材料/元 | 248.0 | 279.0 | 310.0 | 341.0 | 372.0 |
| 直接人工/元 | 48.0 | 54.0 | 60.0 | 66.0 | 72.0 |
| 单位制造变动费用/元 | 32.0 | 36.0 | 40.0 | 44.0 | 48.0 |
| 单位变动销管费用/元 | 90.0 | 90.0 | 90.0 | 90.0 | 90.0 |
| 固定制造费用总额/元 | 116 000.0 | 116 000.0 | 116 000.0 | 116 000.0 | 116 000.0 |
| 销售利润/元 | 132 000.0 | 172 000.0 | 212 000.0 | 252 000.0 | 292 000.0 |

表 9-13 对产品的制造部分的成本进行了弹性预算下的损益计算,亦可单独对管理费用等进行编制。

### 3. 弹性预算法的特点

弹性成本预算法的主要特点是:能提供一系列生产经营业务量的预算数据,它是针对一系列业务量水平而编制的,因此,当某一预算项目的实际业务量达到任何水平时(必须在选择的业务量范围之内,确保固定成本总额不发生变化),都有其适用的一套控制标准。另外,由于预算是按各项成本的性态分别列示的,因而可以方便地计算出在任何实际业务量水平下的预测成本,从而为管理人员在事前据以严格控制费用开支提供方便,也有利于在事后细致分析各项费用节约或超支的原因,并及时解决问题。

### 4. 弹性预算法的优点

综上所述,弹性预算克服了固定预算的缺点,它具有如下两个显著的优点:

(1)预算范围较宽。由于弹性预算不再是只适应一个业务量水平的个别预算,而是能够随业务量水平的变动作机动调整的一组预算,因此,它能够反映预算期内与一定相关范围内的可预见的多种业务量水平相对应的不同预算额,从而扩大了预算的适用范围,更好地发挥预算的控制作用,便于预算指标的调整,避免了在实际情况发生变化时对预算作频繁的修改。

(2)可比性较强。在预算期实际业务量与计划业务量不一致的情况下,可以将实际指标与实际业务量相应的预算额进行对比,从而能够使预算执行情况的评价与考核建立在更加客观和可比的基础上,便于更好地发挥预算的控制作用。

### 5. 弹性预算法的适用范围

弹性预算法适用于各项随业务量变化而变化的项目支出。由于未来业务量的变动会影响到成本费用、利润等各个方面,因此,从理论上讲弹性预算适用于编制全面预算中所有与业务量有关的各种预算,但在实际工作中,从经济角度出发,主要用于编制弹性成本费用预算和弹性利润预算等。在实务中,由于收入、利润可按概率的方法进行风险分析预算,直接材料、直接人工可按标准成本制度进行标准预算,因此制造费用、营业费用、管理费用等间接费用应用弹性预算的频率较高。

# 9.5 增量预算及零基预算

## 9.5.1 增量预算法的概念

固定预算法是针对某一特定作业的作业水平的预算方法。如前所述,全面预算的基础是销售预算,一旦销售量确定了,那么产量、销售费用、管理费用等预算也就可以落实了,一个具有预算静态本质的方法就是基于去年的预算来编制今年的预算。通常,当前的预算是通过对去年预算进行调整并考虑通胀因素得来的。这种预算的编制方法叫增量预算法,又称调整预算法。增量预算以过去的经验为基础,实际上是承认过去所发生的一切都是合理的,主张不需在预算内容上作较大改进,而是沿袭以前的预算项目。在增量预算方法下,预算单位的主管经常会尽力用完全年的所有资源,以便到年末没有结余存在(这在行政部门尤为普遍)。这样做是为了保持现有的预算水平,使得各预算中心的主管可以要求更多的资源。

实施增量预算的单位组织基本上都热衷于将当年的经费使用完毕,从而导致浪费和无效行为经常被延续下去,还经常得到鼓励。

## 9.5.2　增量预算法的步骤及分析

首先,资金被分配给各部门或单位,这些部门或单位再将资金分配给适当的活动或任务。

其次,增量预算基本上都是从前一期的预算推演出来的,每一个预算期间开始时,都采用上一期的预算作为参考点,而且只有那些要求增加预算的申请才会得到审查。

因此我们发现增量预算往往缺乏针对性,当资金分配给企业内部的各部门以后,在一个部门内部区分活动的优先次序变得困难起来。因为增量预算也没有考虑企业各个部门通常具有多重目标和多项活动,预算并没有把资金分配与活动或任务相结合,并且目标之间达成的难易程度往往存在差异,而增量预算未加以区分。

另外,增量预算难以控制成本或提高效率。因为在编制新年度的预算时,会首先参看上一期的资金是怎样分配的,然后部门管理者再加上对新活动的预算要求和通货膨胀率,而最高管理层往往会重点审查那些增加的部分,对于原有的各项拨款考虑较少,不利于控制成本或提高效率。

年初抢指标、年末突击花钱的预算方法往往来自增量预算法,当初设计时的预算是头"牛",项目结束结算时发现已经是头"大象"。尤其是上一年的基数被技术性做大后的下一期的预算数会被"胀大",数据大了年末更要突击花钱。

## 9.5.3　零基预算法

### 1. 零基预算法的定义

零基预算法又称零底预算法,与固定预算法不同的是,对任何一个预算期,任何一种费用项目,预算支出均以零为基础,即根本不考虑基期的费用开支水平,而是一切以零为起点,从零开始考虑预算期内现有的各项费用的内容及开支标准,分析其是否合理,确定预算收支,是在综合平衡的基础上编制费用预算的一种方法。

### 2. 零基预算法的编制程序

运用零基预算法编制预算的具体步骤如下:

(1) 根据决策层作出的预算期利润目标、销售目标和生产指标等,分析预算期各项费用项目,并预测费用水平;

(2) 拟定预算期各项费用的预算方案,权衡轻重缓急,按照成本效益原则,划分费用支出的等级并排列先后顺序；

（3）根据企业预算期预算费用控制总额目标，按照费用支出等级及顺序，分配企业预算资源，分解落实相应的费用控制目标，编制相应的费用预算。

### 3. 零基预算法与增量预算法的区别

零基预算法与传统的增量预算法截然不同，有以下区别。

（1）预算的基础和着眼点不同

增量预算法的编制基础是前期结果，本期的预算额是根据前期的实际业绩调整确定的。零基预算的基础是零，预算额根据本期业务的需要及重要性和可供分配的资金量确定。

（2）预算编制分析的对象不同

增量预算法重点对新增加的业务活动进行成本效益分析，而对性质相同的业务活动不作分析研究；零基预算法则不同，它要对预算期内所有的经济活动进行成本-效益分析。

### 4. 零基预算法的优点

和传统预算编制方法相比，零基预算具有以下优点。

（1）不受原有费用项目限制。这种方法可促使企业合理有效地进行资源分配，将有限的资金用在刀刃上。

（2）有利于调动各方面降低费用的积极性。这种方法有利于充分发挥各级管理人员的积极性、主动性和创造性，促进各预算部门精打细算，量力而行，合理使用资金，提高资金的利用效果。每项业务经过成本-效益分析，能使有限的资金流向富有成效的项目，所分配的资金能更加合理。

（3）有助于考虑企业未来的发展。由于这种方法以零基点为出发点，对一切费用一视同仁，因此有利于企业面向未来发展考虑预算问题。

（4）有利于提高员工的"投入-产出"意识。零基预算是以"零"为起点观察和分析所有业务活动，并不考虑过去的支出水平，因此，需要动员企业的全体员工参与预算编制，这样使得不合理的因素不能继续保留下去，从投入开始减少浪费，通过成本-效益分析，提高产出水平，从而能使投入产出意识得以增强。

（5）有利于发挥基层单位参与预算编制的创造性和提升管理水平。在零基预算的编制过程中，企业内部情况易于沟通和协调，企业整体目标更趋明确，多业务项目的轻重缓急容易得到共识，有助于调动基层单位参与预算编制的主动性、积极性和创造性。零基预算极大地增加了预算的透明度，预算会更加切合实际，会更好地起到控制作用，整个预算的编制和执行也能逐步规范，预算管理水平会得以提高。

### 5．零基预算法的缺点

尽管零基预算法和传统的预算方法相比有许多的创新，但在实际运用中仍有"瓶颈"：

（1）由于一切工作从"零"做起，零基预算法编制工作量大、费用相对较高。如历史资料分析、市场状况分析、现有资金使用分析和投入产出分析等，这势必带来很大的工作量，也需要较长的编制时间。

（2）分层、排序和资金分配时，可能有主观影响，容易引起部门之间的矛盾。

（3）任何单位工作项目的"轻重缓急"都是相对的，过分强调当前的项目，可能使有关人员只注重短期利益，忽视本单位作为一个整体的长远利益。

【例 9-13】　某公司编制下年度推销及管理费用预算。经销售及管理部门多次讨论、协商，首先，写出必需的开支费用清单如下：

广告费 80 000 元

培训费 45 000 元

房屋租金 14 000 元

差旅费 80 000 元

办公费 11 000 元

其次，根据酌量性固定成本的广告费和培训费的历史资料，进行成本-效益分析，如表 9-14 所示。

表 9-14　成本-效益分析　　　　　　　　　　　　单位：元

| 费 用 项 目 | 成　　本 | 效　　益 |
| --- | --- | --- |
| 广告费 | 1 | 20 |
| 培训费 | 1 | 30 |

其三，分层：按照轻重缓急排出开支层次。

第一层：房屋租金、差旅费、办公费——因为这些属于约束性固定成本，在计划期是必不可少的，所以列在第一层。

第二层：培训费——是酌量性固定成本。

第三层：广告费——收益小于培训费，列在其次。

当资源受到限制，例如企业只有 165 000 元的可分配数额时，应该首先安排第一层：105 000 元（14 000＋80 000＋11 000）。

剩余：165 000－105 000＝60 000（元）

培训费：60 000×30/（20＋30）＝36 000（元）

广告费：60 000×20/（20＋30）＝24 000（元）

由上述可知，零基预算是从零起点开始分析企业的一切生产经营活动，没有现成的费用预算开支项目,因此编制的工作量是非常大的。在企业中该预算主要用于研究费、广告费、交际费等费用或者行政性费用,在美国被称为 police cost。目前国内各高校及事业单位已普遍使用零基预算法编制预算。

# 9.6　预算的其他分类

按照编制预算方法的预算期不同,预算编制方法可分为定期预算和滚动预算两种。以上介绍的预算编制方法均以一个固定的时期为基准,均可称为定期预算。而跨越一个时期的,则可以作为滚动预算按照流程作业进行预算的编制。

## 9.6.1　滚动预算法

### 1. 滚动预算法的定义

滚动预算法又称连续预算法(continuous/rolling budgeting law)或永续预算法,是指按照"近细远粗"的原则,在编制预算时,根据上一期的预算指标完成情况,调整和具体编制下一期预算,并将编制预算的时期逐期连续滚动向前推移,将预算期始终保持一个固定期间,连续进行预算编制的方法。该方法可以克服定期预算法(指编制预算时以固定不变的会计期间(如日历年度)作为预算期的一种编制预算的方法)的缺点,考虑本期及下一期的衔接。定期预算法的后期的预算通常只能进行笼统的估算,数据笼统含糊,缺乏远期指导性,会造成预算滞后、过时,给预算的执行带来很多困难。

滚动预算一般由中期滚动预算和短期滚动预算组成。中期滚动预算的预算编制周期通常为 3 年或 5 年,以年度作为预算滚动频率。短期滚动预算通常以 1 年为预算编制周期,以月度、季度作为预算滚动频率。

### 2. 滚动预算法的理论依据

滚动预算的理论依据是生产经营活动是永续不断地进行的,作为其控制依据的预算也应该与此相符,保持其连续不断性;而且,生产经营活动是复杂多变的,而人们对它的认识又是有限的,往往需经历由粗到细、由模糊到具体的过程,若能做到长计划、短安排,就能最大限度地克服预算的盲目性。

### 3. 滚动预算法的编制方法

滚动预算法是按既定的预算编制周期和滚动频率,对原有的预算方案进行调整和补充,逐期滚动,持续推进的预算编制方法。预算编制周期,是指每次预算编制所涵盖的时间跨度。滚动频率,是指调整和补充预算的时间间隔,一般以月度、季度、年度等为滚动频率。可采用长计划、短安排的方式进行,可先按年度分季,并将其中第一季度按月划分,编制各月的详细预算。其他三个季度的预算可以粗一些,只列各季总数,到第一季度结束前,再将第二季度的预算按月细分,第三、四季度及下年度第一季度只列各季总数,以此类推,使预算不断地滚动下去。

采用滚动预算法编制预算,按滚动的时间段不同分为逐月滚动、逐季滚动和混合滚动。

逐月滚动是指在预算编制过程中,以月份为预算的编制和滚动单位,每个月调整一次预算的方法。如在 20×0 年 1 月至 12 月的预算执行过程中,需要在 1 月份末根据当月预算的执行情况,修订 2 月至 12 月的预算,同时补充 20×1 年 1 月份的预算;到 2 月份末根据当月预算的执行情况,修订 3 月至 20×1 年 1 月的预算,同时补充 20×1 年 2 月份的预算;以此类推。

按照逐月滚动方式编制的预算比较精确,但工作量较大。此外还可以以季度为预算的编制和滚动单位,每个季度调整一次预算,以此类推,逐季滚动。

混合滚动即同时使用月份和季度作为预算的编制和滚动单位的方法,如图 9-3 所示为其示意图。它是滚动预算的一种变通方式。这种方式的理论根据是:人们对未来的了解程度具有对近期的预计把握较大、对远期的预计把握较小的特征。为了做到长计划短安排、远略近详,在预算编制的过程中,可以对近期预算提出较高的精度要求,使预算的内容相对详细;对远期预算提出较低的精度要求,使预算的内容相对简单。这样可以减少预算工作量。

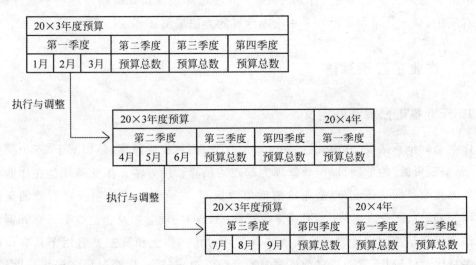

图 9-3　混合滚动预算法

### 4. 滚动预算法的编制优点

与传统的定期预算相比,按滚动预算方法编制的预算具有以下优点。

（1）透明度较高。由于编制预算不再是预算年度开始之前几个月的事情，而是实现了与日常管理的紧密衔接，因此可以使管理人员始终能够从动态的角度把握住企业近期的规划目标和远期的战略布局，使预算具有较高的透明度。

（2）及时性较强。由于滚动预算能随时间的推进，根据前期预算的执行情况，结合各种因素的变动影响，及时调整和修订近期预算，从而使预算与实际情况更相适应，因此能动态反映市场，有利于充分发挥预算的指导和控制作用。

（3）预算年度完整。由于滚动预算遵循了生产经营活动的变动规律，在时间上不再受日历年度的限制，能够连续不断地规划未来的经营活动，因此不会造成预算的人为间断，同时可以使企业管理人员了解未来 12 个月内企业的总体规划与近期预算目标，能够确保企业管理工作的完整性与继续性，从动态预算中把握企业的未来。

（4）稳定性较高。滚动预算可以使各级管理人员对未来一定时期的生产经营活动作周详的考虑和全盘规划，保证企业的各项工作有条不紊地进行；有利于管理人员对预算资料作经常性的分析研究，并根据当前的执行情况及时加以修订，保证企业的经营管理工作稳定而有秩序地进行。

（5）有效指导企业营运。长计划、短安排的具体做法，使预算能适时反映实际经营状况，从而更增强了预算的指导作用。

当然，滚动预算也有缺点：一是预算滚动的频率越高，对预算沟通的要求越高，预算编制的工作量越大；二是过高的滚动频率容易增加管理层的不稳定感，导致预算执行者无所适从。但是它所体现的长计划、短安排的理念应该在预算编制过程中得以反映，而且在现实中，现金流量预算最好采用滚动预算的方法编制。

## 9.6.2 作业基础预算法

### 1. 作业基础预算法的定义

作业基础预算法（activity-based budget，ABB）简称作业预算，是指基于"产出消耗作业、作业消耗资源"的原理，以作业管理为基础的预算管理方法。作业预算是在作业分析和业务流程改进的基础上，以企业价值增值为目的，结合经实践证明行之有效的全面质量管理（TQM）、作业成本法（ABC）、作业管理（ABM）的理念以及企业战略目标和据此预测的作业量为基础而设计的一种新的预算管理方法。作业预算主要适用于具有作业类型较多且作业链较长、管理层对预算编制的准确性要求较高、生产过程多样化程度较高，以及间接或辅助资源费用所占比重较大等特点的企业。

### 2. 作业基础预算法的优点

与传统预算不同，作业基础预算在战略与预算之间增加了作业和流程分析及可能的改进措施,并在改进的基础之上预测作业的工作量以及相应的资源需求,通过预算来满足。作业预算程序是一个动态过程,其目的是追求持续的改进。

### 3.作业基础预算法的编制程序

作业基础预算法的基础是作业成本法(ABC),而作业基础预算的编制路径正好与作业成本计算的路径相逆。企业应遵循《管理会计应用指引第 200 号——预算管理》中的应用程序实施作业预算管理。编制作业预算一般按照确定作业需求量、确定资源费用需求量、平衡资源费用需求量与供给量、审核最终预算等程序进行。

企业应根据预测期销售量和销售收入预测各作业中心的产出量(或服务量),进而按照作业与产出量(或服务量)之间的关系,如前所述,分别按单位水平作业、批量水平作业、产品水平作业、维持水平作业,还有如客户级作业等计算各类作业的需求量。作业类别的划分亦可参见《管理会计应用指引第 304 号——作业成本法》。企业一般应先计算主要作业的需求量,再计算次要作业的需求量。

(1) 单位水平作业,有关计算公式如下:

$$单位水平作业需求量 = \sum 各产品(或服务)预测的产出量(或服务量) \times$$
$$该产品(或服务)作业消耗率$$

(2) 批量水平作业,有关计算公式如下:

$$批量水平作业需求量 = \sum 各产品(或服务)预测的批次 \times 该批次作业消耗率$$

(3) 产品水平作业,有关计算公式如下:

$$产品水平的品种级作业需求量 = \sum 各产品(或服务)预测的品种类别 \times$$
$$该品种类别作业消耗率$$

(4) 维持水平作业。该类作业的数量在一定产出量(服务量)规模范围内一般与每类设施投入的数量成正比例变动,有关计算公式如下:

$$维持水平作业需求量 = \sum 预测的每类设施能力投入量 \times 该类设施作业消耗率$$

作业消耗率,是指单位产品(或服务)、批次、品种类别、客户、设施等消耗的作业数量。

(5) 客户级作业。该类作业的数量一般与特定类别客户的数量成正比例变动,有关计算公式如下:

$$客户级作业需求量 = \sum 预测的每类特定客户 \times 该类客户作业消耗率$$

企业应依据作业消耗资源的因果关系确定作业对资源费用的需求量。有关计算公式如下:

$$资源费用需求量 = \sum 各类作业需求量 \times 资源消耗率$$

资源消耗率,是指单位作业消耗的资源费用数量。

企业应检查资源费用需求量与供给量是否平衡,如果没有达到基本平衡,需要通过增加或减少资源费用供给量或降低资源消耗率等方式,使两者的差额处于可接受的区间内。

资源费用供给量,是指企业目前经营期间所拥有并能投入作业的资源费用数量。

企业一般以作业中心、作业类别为对象编制资源费用预算。有关计算公式如下:

$$资源费用预算 = \sum 各类资源需求量 \times 该资源费用预算价格$$

资源费用的预算价格一般来源于企业建立的资源费用价格库。企业应收集、积累多个历史期间的资源费用成本价、行业标杆价、预期市场价等,建立企业的资源费用价格库。

作业预算初步编制完成后,企业应组织相关人员进行预算评审。预算评审小组一般应由企业预算管理部门、运营与生产管理部门、作业及流程管理部门、技术定额管理部门等组成。评审小组应从业绩要求、作业效率要求、资源效益要求等多个方面对作业预算进行评审,评审通过后上报企业预算管理决策机构进行审批。

企业应按照作业中心和作业进度进行作业预算控制,通过把预算执行的过程控制精细化到作业管理层次,把控制重点放在作业活动驱动的资源流动上,以实现生产经营全过程的预算控制。

企业作业预算分析主要包括资源动因分析和作业动因分析。资源动因分析主要揭示作业消耗资源的必要性和合理性,发现减少资源浪费、降低资源消耗成本的机会,从而提高资源利用效率;作业动因分析主要揭示作业的有效性和增值性,减少无效作业和不增值作业,不断地进行作业改进和流程优化,从而提高作业产出效果。

### 4. 作业基础预算法的作用

(1) 加强了预算与战略规划(计划)的联系。企业的战略目标往往存在着内在一致性,它既包括诸如营业利润这样的财务指标,也包括衡量企业经营业绩的非财务指标,如市场占有率、增长率、产品质量及与客户的关系等。作业基础预算的作业安排是在考虑了企业长远发展战略的基础上,而非仅仅是为了完成预算期的财务业绩指标,有利于提高企业的综合素质,增强企业市场竞争和持续发展能力。

(2) 以作业、流程、价值链为预算组织基础,强调整体业绩,增强了预算系统处理跨部门事项的能力。作业基础预算首先确定各职能部门、业务部门提供的作业量和服务对象,在这个作业确定过程中,各部门要充分沟通协调,以求得最佳作业安排,这样就有利于打破各部门之间的壁垒,将预算视作一个系统整体,而不仅仅是每个部门的目标。

(3) 优化企业资源配置。作业基础预算的前提是作业分析后的作业管理,即已经识别了增值与非增值作业,作业预算在考虑完成预算目标时,首先对上期经营进行作业分析,找出各项作业和企业价值增值之间的联系,以便在以后的预算中能清除、替换或减少非增值作业和低效率的增值作业。根据作业本身的增值能力确定资源分配的优先顺序。作业基础预算的编制过程有利于降低成本,消除无效的作业,实现作业和流程的持续改进。

（4）可增强基层管理者和员工的参与度。由于作业基础预算提供了关于作业量的预算数据,这使得基层员工对于预算年度内每个月份分别需要完成的作业量有很清楚的认识,从而使得预算更易于被基层员工所接受和理解,有利于充分提高基层员工参与预算制定的积极性和改进工作的热情;可以克服传统预算中员工的抵制情绪,使预算得以更有利的执行,并使基于预算的业绩考评更加合理;同时,也使企业的战略可以在日常的运营活动中得以理解和体现。

综上所述,作业基础预算在企业推行战略管理、提高竞争优势、克服传统预算的缺陷等方面,均具有不可忽视的作用。目前在我国实行作业基础预算,可能条件还不很成熟。作业基础预算是以企业实行作业成本法和作业管理为基础的,这些方法在我国企业中应用不多。随着我国企业管理水平的不断提高,战略管理思想、作业成本管理的普及,作业基础预算将会得到广泛的应用。

# 9.7 全面预算实务案例

## 9.7.1 企业现状分析

### 1. 企业概况

海天味业食品集团公司以酱油、蚝油、醋的生产销售为主业,上市以来产品销售从广东出发逐渐扩至东南沿海大半个国内市场,酱油的市场份额已经占据市场第一,毛利率常年保持在 45% 以上。近几年海天通过持续推动产品升级,持续加强技改和装备的更新,稳步提升产品质量。随着品质的不断提升,也从市场端获得正面回报,并加速了营销的步伐,大力加强主流卫视节目的广告投放,长期以来,紧抓资金、成本两个管理中心环节,追求综合效益的最优化。对内构建预算控制组织体系,为了确保预算的权威性以及集团整体目标与局部目标的协调统一,根据全面预算管理的特点,结合生产经营管理的要求,建立了集团层面的预算委员会,由集团主要领导及各专业主管部门领导组成,下设办公室;各二级单位根据集团的有关规定设立相应的组织机构,由集团赋予相应的权限和职责。预算委员会办公室独立于财务部,是预算委员会的日常办事机构。为此,预算办公室下设预算成本科,该科担负着两大管理职能,即负责公司预算和经济责任制的编制、分解、分析和考核。

### 2. 企业预算编制依据

1) 酱油主业预算

根据 20×9 年预算产量,按酱油、蚝油、调味酱等主业生产计划及实际生产能力分析确定。产品售价以酱油主业 20×8 年 12 月出厂价为依据,并适当考虑预算年度降价因素。大豆等原材料采购价格考虑了大豆、淀粉、小麦、食盐以及电煤等的涨价因素,要求其他品种采购价比 20×8 年实际水平下降 2%。各项消耗指标原则上以 20×8 年最后三个月指标的平均值为依据,并结合内部技改等因素确定。可控费用在 20×8 年实际水平上下降 1.5%~3%。现金流量主要以上述分项预算指标为依据,并按照"收支两条线、收付实现制"的原则计算确定。

2) 其他酱类产业预算

其他酱类产业销售收入和利润指标以 20×8 年实绩为依据,并考虑市场及各单位预算年度实际情况平衡确定。

### 3. 预算编制步骤

集团每年的预算编制一般安排在上一年的第四季度进行,具体编制程序如表 9-15 所示。

表 9-15　预算编制程序表

| 时　间 | 管 理 要 点 | 具 体 内 容 |
|---|---|---|
| 每年 10 月上旬 | 召开预算委员会专题会议 | (1) 分析当前市场及生产经营情况;<br>(2) 剖析预算管理中存在的问题;<br>(3) 预算委员会提出预算编制的重点和要求 |
| 每年 10 月中旬 | 销售及生产预算的编制与平衡,技术经济指标预算的编制 | (1) 公司营销部门编制销售数量及收入预算;<br>(2) 生产主管部门编制生产预算;<br>(3) 技术、质量部门编制技术及质量指标预算;<br>(4) 预算委员会或总经理专题会议协调平衡;<br>(5) 修订未达标预算 |
| 每年 10 月下旬 | 销售收入、成本及利润目标的预测 | (1) 财务部编制预计损益表,提出经营目标报预算委员会审核;<br>(2) 预算委员会确定经营目标;<br>(3) 财务部修订未达标预算;<br>(4) 布置编制分项预算工作 |
| 每年 11 月上中旬 | 汇总分项预算,编制总预算 | (1) 11 月上旬各预算责任单位编制分项预算并报预算成本;<br>(2) 11 月中旬财务部审核、汇总编制总预算;<br>(3) 预算责任单位修订未达标分项预算;<br>(4) 财务部进一步平衡后,将总预算报预算委员会审核 |
| 每年 11 月下旬 | 预算委员会审核总预算 | (1) 审核后返回财务部进一步修订未达标预算,再报预算委员会审核;<br>(2) 预算委员会审核同意后报公司董事会审批 |
| 每年 12 月上旬 | 公司董事会审核批准 | 公司董事会召开预算管理专题会议讨论预算方案,作出批准或返回修改决定 |
| 每年 12 月中旬 | 预算指标分解落实 | 财务部将经公司董事会批准的预算方案,按指标分解程序分解落实到各预算责任中心 |

### 4．预算控制

在预算实施过程中,管理的重心转入预算控制。按企业组织结构和经营管理特点划分责任中心,并制定不同的控制手段。海天集团内部各部门及子公司的控制重点及管理措施如表 9-16 所示。

表 9-16　关键控制点

| 部门 | 指标形式 | 核算体制 | 重点控制指标 | 管理要求及措施 |
|---|---|---|---|---|
| 酱油主业 | 生产厂 | 非独立核算 | 目标成本、责任成本 | 对标挖潜、降低成本 |
| | 营销部门 | 非独立核算 | 经营现金收入、营业费用、产销率 | 货款回收及产销率达 97% |
| | 职能部门 | 非独立核算 | 预算费用 | 以现金流量控制费用支出 |
| | 投资部门 | 非独立核算 | 投资成本、回报率 | 以现金流量控制工程成本 |
| | 供应分公司 | 独立核算 | 现金流量、采购成本、存货定额 | 原材料采购方式、存货管理模式,现金流量与降低采购成本控制挂钩 |
| | 经营性子公司西、北部区 | 独立核算 | 利润总额、现金流量 | 事业部制模式,加强目标管理,提高效益、拓宽渠道 |
| | 经营性子公司东、南部区 | 独立核算 | 利润总额、现金流量、资产保值增值率 | 事业部制模式及加强内部管理,拓展市场,提高效益 |

### 5．预算外调整事项

预算在执行过程中因国家政策、外部市场、重大生产事故及其他经营思路调整等重大事项,经集团预算委员会同意才可以进行调整。对必须进行的预算调整,由预算单位提出预算调整意见,详细说明理由,提交集团财务部审查,并上报集团预算委员会批准后方可调整预算指标。对预算总目标作较大调整的,必须经集团董事会批准。

酱油主业技改、大修的投资调整纳入预算范围。对超计划的项目,实施单位必须详细说明原因并报集团基建技改部(设备处),由主管部门提出意见,经集团规定程序审批后予以追加投资计划。无追加投资计划的,财务部门一律不予放款。

### 6．预算分析、监督

各单位应按月、季、年对预算执行情况进行预测和分析,预算分析要反映上年度的实际对比情况,实际发生数与预算实施的差异,着重分析发生偏差的原因,并提出整改意见,落实具体措施。

季度、半年度分析资料应于期末的次月 7 日前上报集团财务部,年度分析资料的上报时间另行通知。预算分析应做到数据准确、内容完整、报送及时。

集团财务部负责全面预算的日常管理,其有权就预算执行情况组织调查,有关单位应如实反映情况,提供必要的资料。

各单位未经批准,擅自变更预算,将追究该单位主要领导和直接责任者的责任。

## 9.7.2 全面预算措施评述

### 1. 分析海天集团的全面预算如何体现预算管理的事前、事中和事后控制相结合方针的?

1)事前控制

集团的预算控制组织体系主要分三层,第一层是预算委员会,第二层是各二级单位相应的组织结构,第三层设置独立的管理会计预算管理办公室,与财务部相对独立,将原来的财务处下的预算成本科从财务处分离出来,纳入管理会计预算管理办公室,负责公司预算和经济责任制的编制、分解、分析和考核,既克服了经济责任制管理方式下部门间难以达到良好沟通的缺陷,又便于财务处履行第一层次的预算委员会赋予的监督管理职能,可以按照公司预算控制的程序协调好各职能部门之间的业务关系,为全面预算的顺利推进奠定良好基础。

2)事中控制

在根据分项预算汇总编制集团总预算的过程中,将总部编制的预算与分项预算进行对比分析,检查两者不一致的原因,然后依照集团预算编制的要求及拟采取的措施,针对存在的问题提出具体的修改意见,或将未达标的分项预算返回重编;或通过沟通的办法,达到集团总目标与分项目标的协调一致。此外,因外部市场变化、公司生产经营思路调整、重大生产设备事故及其他重大事项对预算做出的及时调整,也体现出事中控制的思想。

3)事后控制

海天集团按月、季、年对预算执行情况进行分析,找到实际与预算的差异,并进行整改,且集团预算部门负责全面预算的日常管理,有权就预算执行情况组织调查,保证了预算落实到实际生产运营过程的及时性和准确性。

在预算编制过程中综合实施事前、事中和事后控制,有利于更加科学地确定公司的经营目标,使目标更切实可行。

### 2. 分析海天集团的全面预算如何保证资金的有序控制?

海天集团内部各部门和各二级单位均设置了重点控制指标,根据不同的业务特性掌握重点环节预算,通过落实具体措施保证资金的有序控制。如营销部门注重货款回收率,要求回收及产销率达到97%以上,职能部门和投资部门要求以现金流量控制成本费用,而经营性子公司也需要通过加强内部管理、目标管理等方式控制资金,提高效益和效率。

在预算调整环节,海天集团明确重大事项的调整必须经集团预算委员会同意,任何人不得调整预算指标,且对超计划的项目,实施单位必须详细说明原因并报海天集团基建技改部(设备处),由主管部门提出意见,经集团规定程序审批后予以追加投资计划。无追加投资计划的,财务部门一律不予放款。通过以上内部控制措施控制大额资金的用途和流向,从而保证了资金的有序控制。

### 3. 海天集团的预算控制能否有效实现?

首先,海天集团采取对标挖潜的方式降低成本是一种创新,将成本管理的目标拟定为处于行业领头羊地位,深入挖掘削减成本的潜力,用财务指标进行控制,落实企业内部控制,有利于实现未来可持续发展;其次,海天集团创新了采购方式,使现金流量与采购成本及定额资金控制挂钩,有利于保证实际采购与预算差异的动态调整。

 **本章小结**

本章内容包括全面预算的基本含义、编制方法,重点介绍了全面预算中的固定预算法,以及弹性预算、零基预算、滚动预算等在实务中的编制流程,全面预算的实施过程,较为详细地介绍了销售预算、生产预算、直接材料预算、直接人工预算、制造费用预算、销管费用预算、现金预算的编制内容。

 **复习思考题**

1. 掌握预算编制的流程及方法。
2. 全面预算在成本管理中的作用是什么?
3. 预算编制后的实施环节应如何控制?

 **自测题**

# 第 10 章

# 物流成本管理

## 🎯 学习目标

1. 掌握物流成本的分类,存货成本的分类。
2. 掌握存货成本的计量方法。
3. 了解储存和运输两大活动,了解仓储、运输、搬运、包装及资金成本的概念。了解物流成本的来源与财务会计中的成本差异。

# 10.1 物流成本

## 10.1.1 物流成本的概念

2006 年发布实施的国家标准《企业物流成本构成与计算》(GB/T 20523—2006),于 2007 年 5 月 1 日起正式实施,该标准将物流成本(logistics)定义为"企业物流活动中所消耗的物化劳动和活劳动的货币表现,包括货物在运输、储存、包装、装卸搬运、流通加工、物流信息、物流管理等过程中所耗费的人力、物力和财力的总和以及与存货有关的流动资金占用成本、存货风险成本和存货保险成本"。其中,与存货有关的流动资金占用成本包括负债融资所发生的利息支出(即显性成本)和占用自有资金所产生的机会成本(即隐性成本)两部分。

### 1. 物流成本的构成

1) 我国社会物流成本的构成

根据国家发展改革委员会、国家统计局关于组织实施《社会物流统计制度及核算表式(试行)》的通知以及中国物流与采购联合会关于组织实施《社会物流统计制度及核算表式(试行)》的补充通知,我国的社会物流总费用是指一定时期内,国民经济各方面用于社会物流活动的各项费用支出。其内容包括:支付给运输、储存、装卸搬运、包装、流通加工、配送、信息处理等各个物流环节的费用;应承担的物品在流通期间发生的损耗;社会物流活动中因资金占用而应承担的利息支出；社会物流活动中发生的管理费用等。具体包括运输费用、保管费用和管理费用三部分内容。

2）企业物流成本构成

按所处领域不同企业物流成本主要包括生产制造企业、流通企业和物流企业物流成本。其中生产制造企业和流通企业物流成本又称为货主企业物流成本。

企业物流成本构成包括企业物流成本项目构成、企业物流成本范围构成和企业物流成本支付形态构成三种类型。

（1）企业物流成本按项目构成包括物流功能成本和存货相关成本。物流功能成本又分为运输成本、仓储成本、包装成本、装卸搬运成本、流通加工成本、物流信息成本和物流管理成本；存货相关成本又分为流动资金占用成本、存货风险成本和存货保险成本。

（2）企业物流成本按范围构成包括供应物流成本、企业内物流成本、销售物流成本、回收物流成本和废弃物物流成本。

（3）企业物流成本按支付形态构成包括自营物流成本和委托物流成本。其中，自营物流成本包括材料费、人工费、维护费、一般经费和特别经费。

## 2. 物流成本的分类

1）按物流活动的环节不同分类

按物流活动的环节不同分类，有利于成本的计划、控制和考核，对费用实行分部门管理和进行监督。物流成本具体分为以下几类：运输成本、流通加工成本、仓储成本、包装成本、装卸搬运成本、配送成本以及物流信息管理成本等。

（1）运输成本。运输成本主要包括：①人工费用（如工资福利补贴等）；②营运费用，如营运车辆的燃料费、轮胎费、折旧费、维修租赁费、车辆牌照检查清理费、路桥费、保险费、公路运输管理费等；③其他费用，如差旅费、事故损失、相关税金等。

（2）流通加工成本。流通加工是指在商品从生产者向消费者转移的流通环节，为了促进销售、增值，实现物流的高效率，从而使商品发生形状和性质的变化。流通加工作业活动主要包括包装、分割、计量、分拣、贴标签、组装等简单的作业活动，由此产生的相关作业成本，包括流通加工设备费用、材料费用、劳务费用及其他费用。

（3）仓储成本。仓储成本是物流成本的重要组成部分，仓储成本的高低常常会影响物流成本的大小，而且库存持有水平对于物流客户服务水平有重要的影响。仓储成本主要包括仓储持有成本、订货或生产准备成本、缺货成本和在途库存持有成本等。

（4）包装成本。包装是指为了在流通过程中保护产品、方便储运而按一定技术方法采用的容器、材料及辅助物等的总称。包装成本主要包括包装材料费用、包装机械费用、包装技术费用、包装辅助费用、包装的人工费用等。

（5）装卸搬运成本。装卸搬运是指在指定的地点以人力或机械设备装入或卸下物品。装卸搬运成本主要包括人工费用、营运费用、装卸搬运合理损耗费用、其他费用。

（6）配送成本。配送成本是指配送中心进行验收、入库、分拣、配货、送货过程中所发生的各项费用，主要包括配送运输费用、分拣费用和配装费用。

（7）物流信息管理成本。物流信息管理成本主要指物流信息处理费、信息设备费、通信费、人工费等费用。

2）按物流成本发生的业务流程分类

按此标准可以具体分为采购物流费、生产物流费、销售物流费、退货物流费和废弃物流费。

3）按经济内容分类

按此标准可分为三大类：劳动对象方面的成本、劳动手段方面的成本和活劳动方面的成本。

4）按物流成本的习性分类

按物流成本的习性分类，也同前述一致，可以具体分为固定物流成本和变动物流成本。

5）按物流成本管理性质分类

按此标准可以具体分为正常物流成本和非正常物流成本。

（1）正常物流成本，指完成物流服务的正常费用。

（2）非正常物流成本，指由于物流管理不善所引起的管理不善成本。例如：储存、装卸或运输不当引起货物质量受损；服务质量问题引起顾客索赔所发生的质量成本；时间控制不当、不合理配送、发错、漏货或过剩仓库空间而引起的增加费用所产生的效率成本；计划不周而产生的缺货成本；过量库存引起的资金占用成本等。

## 10.1.2　物流成本管理

### 1. 物流成本管理的概念

物流成本管理就是对物流成本进行计划、分析、核算、控制与优化，以达到降低物流成本的目的。

物流成本管理包括物流成本降低和物流成本控制两方面。物流成本降低是指为不断降低物流成本而做出的努力。物流成本管理是利用各种管理工具对物流成本的预测、计划、控制等管理过程，它不是一项简单的计算任务，而是通过成本去管理物流，是以成本为手段的有效管理物流的新方法，包括两个方面：一是从会计的角度考虑，通过建立物流管理会计系统，发挥会计职能来对物流成本进行计划、控制等；二是利用物流管理方法，通过对物流各种职能的优化，达到降低物流费用的目的。显然，这两个方面是相辅相成的，企业在物流成本管理过程中需要从这两个方面同时进行。

物流成本管理的概念可从两个角度理解，从会计的角度理解，它是通过建立物流管理会计系统,发挥会计职能,对物流成本进行计划、控制和管理;从物流管理方法的角度理解,它是通过对物流各职能的优化,达到降低物流费用的目的。

### 2. 物流成本管理的目的

企业在进行物流成本管理时,首先要明确管理目的。物流成本管理的目的主要包括:

(1) 发现问题;

(2) 评价业绩;

(3) 核算成本,确立战略;

(4) 实施成本控制。

利用物流要素之间的效益背反关系,科学、合理地组织物流活动,加强对物流活动过程中费用支出的有效控制,降低物流活动中的物化劳动和活劳动的消耗,从而达到降低物流总成本,提高企业和社会经济效益的目的。

### 3. 物流成本管理的内容

物流成本管理的具体内容可以分为物流成本的核算、预测、决策、计划、控制和分析等。

1) 确定成本管理对象

(1) 以物流过程作为对象,可以计算供应物流成本、生产物流成本、回收物流成本及废品物流成本。

(2) 以物品实体作为对象,可以计算每一种物品在流通过程中(包括运输、验收、保管、维护、修理等)所发生的成本。

(3) 以物流功能作为对象,计算运输、保管、包装、流通加工等诸种物流功能所发生的成本。

(4) 以物流成本项目作为对象,计算各物流项目的成本,如运输费、保管费、折旧费、修理费、材料费及管理费等。

2) 制定成本标准

标准的制定有以下几种方式。

(1) 按成本项目制定成本标准

企业内部每一物流成本项目,均可分为固定成本和变动成本。对于固定成本项目(如折旧费、办公费等),可以参考本企业历年成本水平或其他企业(能力及规模与本企业相当)的成本水平,再结合本企业现在的状况和条件,确定合理的成本标准。而对于变动成本项目,则着重于考虑近期及长远条件和环境的变化(如运输能力、仓储能力、运输条件及国家的政策法令等),制定出成本标准。

(2) 按物流功能制定成本标准

不论是运输、保管还是包装、装卸成本,其功能水平的高低取决于物流技术条件和基础设施水平。在制定物流成本标准时应结合企业的生产任务、流转流通量及其他相关因素综合考虑。

（3）按物流过程制定成本标准

按物流过程制定成本标准是一种综合性的技术，要求全面考虑物流的每个过程。既要以历史成本水平为依据，也要充分考虑企业内外部因素的变化。

3）实行预算管理

成本标准确定后，企业应充分考虑其财力状况，制定出每一种成本的资金预算，以确保物流活动的正常进行。同时，按照成本标准，进行定期与不定期检查、评价与对比，以求控制物流活动和成本水平。

4）实行责任成本管理制度

物流成本遍布社会再生产的每一环节和过程，同样，企业的每一环节和过程也都会发生物流成本。管好物流成本，除了制定成本标准外，还需在物流部门、生产部门和销售、管理部门实行责任制，实行全过程、全员成本管理，明确各自的权力和责任。具体方法及步骤如下。

（1）分解落实物流成本指标。

不同的物流部门负担着不同的物流成本。按成本发生的地点将成本分解到一定部门，落实降低物流成本的责任，并按成本的可控性检查该部门物流成本降低情况，以作为评价其成绩的依据。

（2）编制记录、计算和积累有关成本执行情况的报告。

每一物流部门都应将其负担的物流成本进行记录、计算和积累，定期编制出业绩报告，以形成企业内部完整的物流成本信息系统。

（3）建立成本反馈与评价系统。

一定期间结束后，将每一部门发生的物流成本实际支付结果与预算（标准）进行对比，评价该部门在成本控制方面的成绩与不足，确定奖惩。

5）合理进行技术改造

合理进行技术改造是指在进行技术及设备引进时要考虑其经济性，尽管先进的运输、包装、装卸技术必然能降低物流成本，但先进技术方法的运用也必然会花费较高的成本。因此，将经济性和技术性相结合来选择运输工具、包装材料及装卸工具，也是降低物流成本总水平的一个重要方面。

6）推进物流管理的现代化

推进物流管理的现代化包括系统化和机械化。物流合理化所要解决的主要问题是物资实体的位移及成本的降低。实现物流活动的系统化和机械化，从而使其流向合理化、包装运输科学化，这可以大大降低物流成本。

## 10.1.3　物流成本管理的理论学说

### 1. "黑大陆"学说

管理学家彼得·德鲁克 1962 年在《财富》杂志上发表了题为《经济的黑色大陆》一文,将物流比作"一块未开垦的处女地",强调应高度重视流通及流通过程中的物流管理。提出"流通是经济领域的黑暗大陆"。德鲁克泛指的是流通,在流通领域中物流活动的模糊性特别突出,物流是流通领域中人们认识不清的领域,所以"黑大陆"学说主要针对物流而言。在传统的财务会计中,企业把发生的费用划分为生产成本、管理费用、销售费用、财务费用,对于销售费用又进行了明细分类。这样在利润表中我们所能看到的物流成本在整个物流成本中只占很小的比重,所以物流的重要性通常被忽视,这就是物流被称为"黑大陆"的一个原因。

"黑大陆"学说主要是指尚未认识、尚未了解。这也是对物流本身的正确评价,当时这个领域未知的东西还很多,理论与实践都不成熟。

### 2. 物流成本冰山理论

物流成本冰山理论是由日本早稻田大学西泽修教授在 1970 年提出的。他在研究物流成本时发现,现行的财务会计制度和会计核算方法都不可能掌握物流费用发生的真实情况,因而人们对物流费用的了解是一片空白,甚至有很大的虚伪性。他将之称为"物流冰山"。西泽修教授指出,企业在计算盈亏时,"销售费用和管理费用"项目所列支的"运输费用"和"保管费"的现金金额一般只包括企业支付给其他企业的运输费用和仓储保管费,而这些支付给企业外的部门的费用不过是整个物流成本的冰山一角。

"物流冰山"学说之所以成立,除了会计核算制度本身没有考虑到物流成本这个因素外,主要有以下三个方面的原因。

(1) 物流活动范围大,物流成本计算范围也大。

物流活动包括供应物流、企业内物流、销售物流、回收物流和废弃物物流,从而使物流成本的计算贯穿于企业经营活动始终。

(2) 物流运作环节多。

物流运作环节包括运输、仓储、包装、装卸搬运、流通加工、物流加工服务等,涉及哪几个环节作为物流成本的计算对象问题,运作环节的多少对物流成本的影响很大。

(3) 物流成本支付形态杂。

除了对外支付的费用,内部支付形态包括材料费、人工费、设施设备的折旧费、维护修理费、燃料费、水电费、办公费等,几乎涵盖了会计核算中的所有支付形态。

正是由于上述三方面的原因,物流成本难以计算,计算时难免挂一漏万。因此,我们所掌握的物流成本确实犹如冰山一角。

### 3."第三利润源"理论

"第三利润源"学说源于日本早稻田大学教授西泽修在其所著《流通费》(1970年)的副标题"不为人知的第三利润源"。"第三利润源"是对物流潜力及效益的描述。人们把物质资源的节约和劳动消耗的降低分别称为"第一利润源"和"第二利润源"。由于受到科技和管理水平的限制,第一、二利润源已近枯竭,有待于科技的重大突破。"第三利润源"理论认为,物流作为"经济领域的黑暗大陆"虽然没有被完全照亮,但经过几十年的实践探索,物流领域绝不会是一个不毛之地,肯定是一片富饶之源。这三个利润源着重开发生产力的三个不同要素:第一利润源针对的对象是生产力中的劳动对象;第二利润源针对的对象是生产力中的劳动者及消耗材料;第三利润源针对的对象是生产力中劳动工具的潜力,同时注重劳动对象与劳动者的潜力,因此更具有全面性。该理论认为,物流作为第三利润源要合理组织产、供、销环节,将货物按必要的数量以必要的方式,在要求的时间内送到必要的地点,就是让每一个要素、每一个环节都做到最好。物流可以为企业提供大量直接和间接的利润,是形成企业经营利润的主要活动。

从"第三利润源"学说中,可以认识到:

(1)物流活动和其他独立的经济活动一样,不仅是总成本的构成因素,也可以是单独的盈利因素,可以成为"利润中心";

(2)从物流服务角度看,通过有效的物流服务,可以给接受物流服务的生产企业创造更好的盈利机会,这成为生产企业的"第三利润源";

(3)通过有效的物流服务,可以优化社会经济系统和整个国民经济的运行,降低整个社会的运行成本,提高国民经济总效益。

### 4. 效益背反理论

"效益背反"是物流领域中很普遍的现象,是物流领域中内部矛盾的反映。"效益背反"是指物流的若干功能要素之间、物流成本与服务水平之间存在着相互损益的矛盾,即某一方面受益,则他方受损,亦即追求一方必须舍弃另一方;反之亦然。物流系统的效益背反包括物流成本与服务水平的效益背反和物流各功能活动的效益背反。

(1)物流成本与服务水平的效益背反。

高水平的物流服务是由高水平的物流成本作保证的。如果没有较大的技术进步,企业物流将很难做到既提高了物流服务水平,同时还能降低物流成本。一般来讲,提高物流服务,物流成本即上升,两者之间存在着效益背反,而且,物流服务水平与物流成本之间并非呈现线性关系,即投入相关的物流成本并非可以得到相同的物流服务增长。通常当物流服务处于低水平阶段时,追加物流成本的效果较佳。

与处于竞争状态的其他企业相比,在服务水平相当高的情况下,要想超过竞争对手、维持更高的服务水平,就需要有更多的投入。

（2）物流各功能活动的效益背反。

现代物流是一个大的系统,主要由运输、储存、装卸搬运、包装、流通加工、配送、信息处理等物流活动组成。构成物流系统的各个环节处于一个相互矛盾的系统中,当要较多地达到某一个方面的目的时,必然会使另一方面的目的受到一定的损失,即一方成本降低而另一方成本增大,这便是物流各功能活动的效益背反。例如：减少物流网络中仓库的数目并减少库存,必然会使库存补充变得频繁而增加运输的次数;简化包装,虽可降低包装成本,但却由于包装强度的降低,运输和装卸的破损率会增加,且在仓库中摆放时亦不可堆放过高,降低了保管效率;将铁路运输改为航空运输,虽然增加了运费,却提高了运输速度,不但可以减少库存,还降低了库存费用。我国流通领域每年因包装不善会出现上百亿元的商品损失,而包装过度则又增加了消费者的负担（成本）。

理解企业物流成本的效益背反关系,将有助于我们对企业物流进行成本管理。在物流成本管理中,作为管理对象的是物流活动本身,一方面,成本能真实地反映物流活动实态;另一方面,物流成本可成为评价所有活动的共同尺度,作为一种管理手段而存在。

### 5. 其他物流成本学说

（1）成本中心说。其含义是物流在整个企业的战略中,只对企业营销活动的成本发生影响,物流是企业成本的重要的发生环节。因而,解决物流的问题并不主要是为搞合理化、现代化,也不是主要在于支持保障其他活动,而主要是通过物流管理和物流的一系列活动降低成本。所以,成本中心说既是指主要成本的产生点,又是指降低成本的关注点,物流是“降低成本的宝库”等说法正是对这种认识的形象描述。

（2）利润中心说。利润中心说是指物流可以为企业提供大量直接和间接的利润,是形成企业经营利润的主要活动。同时,对国民经济而言,物流也是国民经济创利的主要活动。

（3）服务中心说。服务中心说代表了美国和欧洲一些学者对物流的认识。他们认为物流活动的最大作用并不在于为企业节约了成本或增加了利润,而是在于提高了企业对用户的服务水平,进而提高了企业的竞争力。服务中心说特别强调了物流的服务保障功能,借助于物流的服务保障作用,企业可以通过整体能力的加强来压缩成本,增加利润。服务中心说强调物流的服务保障功能,认为服务重于成本,通过服务质量的不断提高可以实现总成本的下降。企业借助于物流的服务保障作用,可以通过整体能力的加强来降低成本,增加利润。

## 10.1.4　企业物流成本的剥离

企业物流成本计算方法是企业物流成本计算的核心内容。计算企业物流成本其核心在于明确两方面的内容：一是怎样取得物流成本信息；二是如何计算，即混合在财务会计记录中的物流成本应该如何剥离出来计算的问题。下面从物流成本计算思路、物流成本计算科目及账户设置、物流成本计算步骤三个方面进行阐述。

### 1. 企业物流成本计算思路

物流成本计算，通常出现在会计或统计的需求方面。

1）会计方式

会计方式计算物流成本就是通过凭证、账户、报表对物流耗费予以连续、系统、全面地记录、计算和报告，具体包括两种形式：一是把物流成本计算与正常的会计核算截然分开，单独建立物流成本计算的凭证、账户和报表体系，物流成本计算与正常的会计核算两套体系同步展开，物流成本的内容在物流成本计算体系和正常的会计核算体系中得到双重反映；二是把物流成本计算与正常的会计核算相结合，增设"物流成本"科目，对于发生的各项成本费用，若与物流成本无关，直接计入会计核算中相关的成本费用科目，若与物流成本相关，则先计入"物流成本"科目，会计期末，再将各个物流成本账户归集的物流成本余额按一定的标准分摊到相关的成本费用账户上，以保证成本费用账户的完整性和真实性。

2）统计方式

统计方式计算物流成本，不需要设置完整的凭证、账户和报表体系，主要是通过对企业现行成本核算资料的解剖和分析，分离出物流成本的本分，按不同的物流成本计算对象进行重新归类、分配和汇总，加工成所需的物流成本信息。

通常多数企业需要进行物流成本分析时是通过会计和统计结合的方式。通过会计和统计相结合的方式计算物流成本，其要点是将物流耗费的一部分内容通过会计方式予以计算，另一部分内容通过统计方式予以计算。这是由于企业物流成本包括显性和隐性两部分内容，显性成本主要取自会计核算数据，隐性成本主要通过统计方式进行计算。从实践操作来看，计算企业物流成本通常要采用会计和统计相结合的方式。

### 2. 物流成本计算科目及账户设置

1）显性物流成本分析方法

显性物流成本主要指现行会计核算中已经反映，可以从会计信息中分离和计算的物流成本。对于这部分物流成本的计算，企业可根据本企业的实际情况，选择在期中或期末收集相关信息进行。

期末时，收集物流成本信息，按照财务会计制度的要求进行会计核算，在期末（月、季、年）通过对有关物流业务的原始凭证和单据进行再次的归类整理，对现行成本核算资料进行解剖分析，从中分离出物流成本的部分，编制所需的物流成本的信息。

期中时，企业在原有的制度要求进行凭证账簿登记及正常产品成本核算的同时，登记相关的物流成本辅助账户,在不影响现行成本费用核算的基础上,通过账外核算得到物流成本资料。

这些物流信息都可以从财务会计账户中针对相关数据进行剥离。

2) 隐性物流成本分析方法

隐性物流成本指现行会计核算中没有反映,需要企业在会计核算体系之外单独计算的那部分物流成本。特指存货占用自有流动资金所引发的机会成本,这部分物流成本的计算并不需要入账,但是在物流成本决策时,需要计量。

### 3. 物流成本计算步骤

下面以运输成本为例,分析运输成本的计算。

1) 显性运输成本分析

对于显性成本即现行成本核算体系已经反映但分散于各会计科目中的物流成本,按以下步骤计算。

首先,参照以上方法设置物流成本辅助账户,按物流成本项目设置运输成本、仓储成本、包装成本、装卸搬运成本、流通加工成本、物流信息成本、物流管理成本、物流资金占用成本、存货风险成本、存货保险成本等二级账户,按物流范围设置供应物流、企业内物流、销售物流、回收物流和废弃物物流等三级账户,按支付形态设置自营和委托物流成本等四级账户。

其次,对企业会计核算的有关成本费用科目包括管理费用、销售费用、财务费用、生产成本、制造费用、其他业务成本、营业外支出以及材料采购等科目及明细项目逐一进行分析,确认物流成本内容。

再次,对于应计入物流成本的内容,企业可根据本企业实际情况,选择在期中与会计核算同步登记物流成本辅助账户及相应的二级、三级、四级账户和费用专栏,或在期末(月末、季末、年末)集中归集物流成本,分别反映出按物流成本项目、物流范围和物流成本支付形态作为归集动因的物流成本数额。

最后,期末(月末、季末、年末)汇总计算物流成本辅助账户及相应的二级、三级、四级账户和费用专栏成本数额。

2) 影响运输成本的因素

影响运输成本的因素主要有运输距离、载货量、货物的疏密度、装载能力、装卸搬运、承担责任以及运输供需因素等。

输送距离是影响输运成本的主要因素,因为这是直接对劳动、燃料和维修保养等变动成本发生作用。第二因素是装货量,它之所以会影响运输成本,是因为与其他许多物流活动一样,大多数运输活动中存在着规模经济。第三个因素是货物的疏密度,它把重量和空间方面的因素结合起来考虑。装载能力是指对装载空间的利用程度。装卸搬运是指需要特别的装卸设备的搬运。责任与货物的特征有关,主要涉及货物的损坏风险和可能的索赔。运输供需要考虑诸如运输通道流量和通道流量均衡等因素,也会影响到运输成本。

运输成本控制的要点是在设计规划运输系统时必须使得运输成本最小。主要包括运输车辆选择、仓库设计及运输服务制度设定等。合理选择运输工具是指根据运输工具对于不同货物的形状、价格、运输批量、交货日期、到达地点等货物特性,都有与之相对应的合适便利的运输工具。如速度快的交通工具成本也高一样,运输工具的经济性、迅速性、安全性、便利性之间有相互制约的关系,所以在控制运输成本时,必须对运输工具所具有的特性进行综合评价,以便作出合理选择运输工具的策略。

要根据发货量多少安排好车辆,车辆拥有台数过少,发货量多,难免出现车辆不足,或者要到别处去租车;反之,拥有车辆过度,发货量少,也会出现车辆闲置,造成浪费。所以对企业而言,应该拥有多少车辆是非常重要的。

从运输成本控制的角度来看,优化仓库布局及优化仓库网络可以实现运输成本最小化。建立一个仓库合理化的基本经济原则是集运。一个制造商通常在广泛的地理市场区域中销售商品,如果客户的订货是少量的,那么集运的潜力可以使建立一个仓库在经济上趋于合理化。

运输成本控制的数理方法有线性规划法、表上作业法、网络分析法,这里不再讨论。

# 10.2 存货成本管理

## 10.2.1 存货成本的相关概念

企业在进行生产经营活动过程中离不开存货。为确保企业供、产、销活动能顺利进行,多数企业在企业运营的各个阶段都会要求有合理的存货保证。上述的物流成本学说已经说明,企业的资产负债表中的存货数字绝不可轻易忽视,企业花费于存货上的成本,对企业的财务状况与经营成果都有很大的影响。

企业为了避免缺货而延误生产时机或担心失去顾客,不得不备有足够的存货,如此不仅积压资金,增加仓储成本,而且可能由于储存时间长而发生腐蚀、变质等现象,从而增加企业的经营风险。为避免这种情况的出现,就必须对存货的数量加以适当的规划与控制。

存货决策的主要任务就是如何权衡这两个方面,使库存既不因太多而积压资金,也不因过少而导致缺货脱销或停工待料。应在保证生产、销售顺利进行的前提下,选择成本最低、效率最高的最优方案。

### 1. 采购成本

采购成本(purchasing cost)是存货成本的主要组成部分,它是指构成存货本身价值的进价成本全额,包括买价、运杂费等。采购成本与采购数量成正比变化,是采购数量与每次采购成本的乘积。采购成本受存货的外部市场价格影响较大。理论上常假设在存货的市价稳定的情况下,一定时期的存货总需求量是固定的,并且也不存在商业折扣的情况下,采购单价也不会随采购批量的大小而变化,因此采购成本会被认定为属于无关成本,不会影响企业的最佳订货批量的决策。存货的总采购成本也是固定的,与采购批数及每批的采购量无关。

### 2. 订货成本

订货成本(ordering cost)是指企业为组织每次订购业务而发生的各种费用支出,如为订货而发生的会展费、差旅费、通信费、专设的机构经费等。

订货成本分为变动性订货成本和固定性订货成本。变动性订货成本与订货次数成正比,而与每次订货数量关系不大,订货次数越多,变动性订货成本越高,如采购人员的工资、差旅费、通信费、文件处理费用、付款结算的手续费用等;固定性订货成本与订货次数无关,包括维持采购部门正常业务活动所必须发生的支出,属于无关成本,不影响企业最佳订货批量的决策等。

订货的相关成本以 $TC_0$ 表示:

$$全年订货次数(n) = \frac{全年需要量}{每次订货量} = \frac{A}{Q}$$

$$订货成本(TC_0) = Pn = P\frac{A}{Q}$$

式中, $Q$ ——每次进货量;

$P$ ——每次订货的变动成本。

有时将采购成本与订货成本之和称为存货的取得成本。

### 3. 储存成本

储存成本(storage cost)是指企业为储存存货而发生的各种费用支出,如仓储费、保管费、搬运费、保险费、存货占用资金支付的利息费、存货残损和变质损失等。存货的储存成本也可进一步细分为变动性和固定性储存成本。

变动性储存成本与储存存货的数量成正比,储存的存货数量越多,变动性储存成本就越高,如存货占用资金的利息费、存货的保险费、存货残损和变质损失等。

固定性储存成本与存货的储存数量无关,如仓库折旧费、仓库保管人员固定的月工资等。

储存成本用公式表示如下:

$$平均库存量 = \frac{每次订货量}{2} = \frac{Q}{2}$$

$$全年平均储存总成本 = \frac{单位存货的全年}{平均储存成本} \times 平均库存量 = C\frac{Q}{2}$$

### 4. 缺货成本

缺货成本(stockout cost)是指出于存货储备不足而给企业造成的经济损失,如出于原材料储备不足造成的停工损失,或由于商品储备不足造成销售中断的损失等。存货的短缺成本与存货的储备数量呈反向变化,储存存货的数量越多,发生缺货的可能性就越小,短缺成本当然就越小。

### 5. 存货的相关成本

存货的总成本表现为订货成本、采购成本、储存成本与缺货成本之和。而我们常说的存货的相关总成本,是指订货成本与采购成本的变动部分。企业存货管理的最直接的目标就是努力使存货的相关总成本之和趋于最小。

## 10.2.2  存货成本的决策方法

### 1. 经济订货批量模型

经济订货批量是指在一定条件下,能使存货相关总成本之和趋于最低时的订货量,用经济批量控制是最基本的存货定量控制方法,其目的在于决定进货时间和进货批量,以使存货的总成本最低。在这一决策过程中,经济订货量模型及其扩展模型有着广泛的应用。而经济批量模型的应用则需满足下列前提条件:

(1) 存货的年需要量和日消耗量都固定不变,采购单位成本也固定不变;

(2) 订货提前期不变,即从开始订货到入库的时间不变;

(3) 订货次数与订货成本呈线性变化,储存成本与平均储存水平呈线性变化;

(4) 每批的订货 $Q$ 都能够一次全部达到;

(5) 订货资金充足,仓库储量没有限制,供货、运输单位没有任何附加条件;

(6) 不允许存在缺货(即不需要安全储量)。

由于订货次数、每次订货数量的变动,存货总成本中订货成本、储存成本、缺货成本的增减变动方向是不一致的,并互为消长,关键在于必须确定一个存货总成本最低的订货数量,即经济订货量及订货批次(即最优订购次数)。

$$订货(相关)总成本 = 储存 + 订货 + 缺货 + 采购$$
$$= 变动储存成本 + 变动订货成本$$

按照前述相关成本概念,只有变动成本是相关成本,固定成本及满足上述条件之一的,均为无关成本,决策时不予考虑,则:

订货(相关)总成本

＝平均存货量×单位存货年变动储存成本＋每次变动订货成本×次数

＝$Q/2 \cdot C + P \cdot A/Q$

式中，$A$ 为年需要量。

此式为根据决策成本的概念推演获得；同样运用数学求导计算也可以获得此式。

### 2. 批量模型的确定方法

1) 逐次测试法

【例 10-1】　海云公司对某种材料的全年需要量为 4 000 千克，每次的变动性订货成本 $P$ 为 20 元，每次订货批量为 $Q$，单位存货的变动性储存成本 $C$ 为 4 元，按存货的相关成本计算公式，不同配比的采购批量的相关总成本如表 10-1 所示。

表 10-1　逐次测试计算表

| 项　目 | 不同的订货批量 | | | | | | | |
|---|---|---|---|---|---|---|---|---|
| 每次订货批量($Q$)/千克 | 40 | 80 | 200 | 400 | 500 | 1 000 | 2 000 | 4 000 |
| 订货次数($A/Q$)/次 | 100 | 50 | 20 | 10 | 8 | 4 | 2 | 1 |
| 平均库存量($Q/2$)/千克 | 20 | 50 | 100 | 200 | 250 | 500 | 1 000 | 2 000 |
| 全年相关订货成本($P×A/Q$)/元 | 2 000 | 1 000 | 400 | 200 | 160 | 80 | 40 | 20 |
| 全年相关储存总成本($C×Q/2$)/元 | 80 | 200 | 400 | 800 | 1 000 | 2 000 | 4 000 | 8 000 |
| 全年相关总成本($TC$)/元 | 2 080 | 1 200 | 800 (最低) | 1 000 | 1 160 | 2 080 | 4 040 | 8 020 |

根据资料，分别采用不同的订货量代入上述各有关公式逐次计算，得知每次订货 200 千克时的成本最低，为 800 元。

2) 公式法

建立数学模型：根据上述相关成本概念分析，已知相关总成本＝订货成本＋储存成本，即

$$TC = P \cdot A/Q + C \cdot Q/2$$

以 $Q$ 为自变量，求 T 的一阶导数 $TC'$；

根据上述公式，可进一步推导出经济批量下的最小成本值 $T$，公式如下：

$$T = \frac{C\sqrt{\frac{2AP}{C}}}{2} + \frac{AP}{\sqrt{\frac{2AP}{C}}} = \sqrt{2APC}$$

如，由上面例题中的数据可知：

经济订购批量 $EOQ = \sqrt{\frac{2AP}{C}} = \sqrt{\frac{2 \times 4\,000 \times 20}{4}} = 200$（千克）

同时，EOQ 下的最低成本为 $\sqrt{2APC} = \sqrt{2 \times 4\,000 \times 20 \times 4} = 800$（元）

经济订货批量的最优订购批数 $N = A/Q^* = 4\,000/200 = 20$（次）

### 3．ABC 管理法

实务中企业的存货（包括原材料、在产品、产成品）品种数量繁多，为此往往首先采用 ABC 分类法进行分类管理，对不同类型的物资采用不同的管理对策，以实现经济、最有效的管理。

1）ABC 库存分类管理法的原理

所谓 ABC 库存分类管理法又称为重点管理法。它将全部的库存物资，按物资占库存物资总数量的百分比和该种物资金额占库存物资总金额的百分比的大小为标准，划分为 A、B、C 三类，把品种数量少，而占用资金多的项目划为 A 类；把品种数量较多，单位价值比较高的项目划为 B 类；把一些零碎的、种类很多，但单位价值不高的项目划为 C 类。然后，对金额高的 A 类物资，应作为重点加强管理与控制；B 类物资，可按通常办法进行管理与控制；C 类物资品种数量繁多，但价值不大，可采用最简便的方法加以管理与控制，这样既能保证重点，又能照顾一般。

2）ABC 库存分类管理法的步骤

第一步，把全部的库存物资全年平均耗用总量分别乘以各自单价，计算出各种物资耗用总金额。

第二步，按金额顺序将各品种物资耗费量进行排列，并分别计算各物资所占领用总金额的比重（百分比）。

最后一步，分段，将耗费金额适当分段，计算各段中各项物资领用数占总领用数的百分比，分段累计耗费金额占总金额的百分比，并根据一定标准将它们划分为 A、B、C 三类。分类的标准通常如表 10-2 所示。

表 10-2　ABC 存货分类管理法

| 物 资 类 别 | 占物资品种数的百分比/% | 占物资中金额的百分比/% |
| --- | --- | --- |
| A | 5～10 | 70～80 |
| B | 20～30 | 15～20 |
| C | 50～70 | 1～10 |

【例 10-2】　某企业生产某种乙产品，共使用多种零件存货项目，假设所有零件均系外购，其单价及全年平均领用量等有关资料如表 10-3 所示。

表 10-3　某企业存货品种及占用资金表

| 存 货 编 号 | 存货品种/种 | 占用资金/万元 |
| --- | --- | --- |
| 1001 | 530 | 5 550 |
| 1002 | 600 | 1 000 |
| 1003 | 540 | 620 |

续表

| 存 货 编 号 | 存货品种/种 | 占用资金/万元 |
|---|---|---|
| 1004 | 1 400 | 108 |
| 1005 | 1 200 | 720 |
| 1006 | 1 220 | 230 |
| 1007 | 310 | 31 |
| 1008 | 2 700 | 220 |
| 1009 | 630 | 300 |
| 2001 | 2 840 | 79 |
| 合计 | 11 970 | 8 858 |

　　要求用 ABC 法对各品种及资金情况进行分类,根据表 10-3 所列资料,可将各类存货按其占用资金的多少,从大到小进行排列,并计算各存货的资金占用额占存货资金的比重和每个类别占总品种的比重。据此可将存货分为 A、B、C 三类,编制如表 10-4 所示。

表 10-4　ABC 分类分析表

| 类别 | 存货编号 | 占用资金/万元 | 品种比重/% | 资金比重/% | 累计品种比重/% | 累计资金比重/% |
|---|---|---|---|---|---|---|
| A | 1001 | 5 550 | 4.428 | 62.655 | 9.440 | 73.944 |
| | 1002 | 1 000 | 5.013 | 11.289 | | |
| B | 1005 | 720 | 10.025 | 8.128 | 14.536 | 15.128 |
| | 1003 | 620 | 4.511 | 6.999 | | |
| C | 1009 | 300 | 5.263 | 3.387 | 76.023 | 10.928 |
| | 1006 | 230 | 10.192 | 2.597 | | |
| | 1008 | 220 | 22.556 | 2.484 | | |
| | 1004 | 108 | 11.696 | 1.219 | | |
| | 2001 | 79 | 23.726 | 0.892 | | |
| | 1007 | 31 | 2.590 | 0.350 | | |
| 合计 | | 8 858 | 100 | 100 | 100 | 100 |

　　3）ABC 分类的控制

　　由于上述 A、B、C 三类存货的重要程度不同,因此可采用下列控制方法。

　　对 A 类物资应进行重点控制,要计算每个项目的经济订货量和订货点,尽可能适当增加订购次数,减少库存量。同时,还可为 A 类存货分别设置永续盘存卡片,以加强日常的控制。

　　对 B 类存货,根据比例也要事先为每个项目计算经济订货量和订货点。同时也要分项设置永续盘存卡片来反映库存动态,但不需要像 A 类要求那样严格,只要定期进行概括性的检查便可以了。

　　对 C 类存货,由于其为数众多,而且单价又很低,存货成本也很低,因此,可适当增加每次订货数量,减少全年的订货次数。对 C 类物资一般采用一些较为简化的方法进行管理,常用的为"双箱法"。

### 4.双箱管理法

所谓双箱法,就是将某项库存物资分装两个货箱,第一箱的库存量是达到订货点的耗用量,当第一箱用完时(也可以按照使用量多少来确定),意味着必须提出订货申请,以便补充生产中已领用和即将领用的部分。

双箱法的特点是对于某项库存物资确定一定存货量(或为一箱使用完毕,或为半箱)为再订货点,决定是否再次订货的是存货库存量是否达到或低于再订货点,而不是库存物资是否被领过。因而一般适用于订货批量大、领用次数较少,而且单价不高的货品,双箱法是基于定量的原理的。

### 5.零存货管理

经济订货量是一个取得成本与持有成本平衡的模型,无论是否实现平衡,都是以存货必须存在为前提的,因此被称为保险储备系统。在这样的系统中拥有存货是合理的。随着市场竞争的激烈化,产品的生命周期越来越短,多样化要求越来越多,一味地增加存货以求保险显得不合时宜,企业追求更高质量、更有竞争力及更多个性化的产品的同时,开始选择 JIT(just-in-time,适时制)模式管理存货。JIT 是实现精益生产的一种手段。JIT 存货管理其实就是零存货管理。

JIT 存货管理的产生源自于适时制系统,适时制系统强调的是消除不必要的操作作业,达到消除非生产时间,使生产周期等于对产品必要加工的增值时间。传统的生产系统的产品生产总时间可用如下公式表示:

产品生产总时间=加工时间+材料整理时间+运送时间+等待时间+检验时间

大多数企业的产品生产加工时间不足总时间的 10%,其余时间均为运送、检验和等待的时间,产生了库存投资、储存、保管、运送、损毁等浪费作业。适时生产系统倡导者为改变传统的生产系统,将前述公式改写为:

产品生产总时间=增值时间+非增值时间

增值时间等于生产过程对产品的操作时间,非增值时间为储存、等待、运送和检验等的时间。由于非增值时间并不增加价值,故被认为纯属浪费。

JIT 是持续按照当前需求供应商品,而不是基于预期需求而保持固定规模的商品存量的一种生产方法。每一道生产工序仅生产满足下一个工序所需的量,处理组件只在生产活动开始时才运到,以满足需求。

与此同步产生的就是即时的订货存货管理,其特点如下。

1) 管理目标与条件

最佳的存货管理状态就是以最低的成本保证生产和市场的需求,这就要求存货管理系统必须保证:产成品不能缺货、存货能够及时供应且不能积压。

为了保证存货管理目标的实现,克服传统经济订货量模型的不足,JIT 存货管理模式所要达到的目标是:货物在到达企业时就马上投入生产,即在存货购置并到达企业的时间点与存货投入生产的时间点之间没有时间间隔。因此 JIT 存货管理又称零存货管理。

2) 成本分析

存货成本取决于它停留在物流中的时间。与其相关的成本有以下两种。

(1) 机会成本,主要指资金利息损失成本。由于存货的存在占用了一定的资金,使得这部分资金丧失了在其他场合所能获得的收益。

(2) 存货的保管费用以及损耗。存货在物流线中停留的时间越短,它的储存成本就越小。以此为出发点,减少存货停留时间的最有潜力的环节应该是仓储存货阶段,所以,企业购进原材料应立即投入生产,产成品下了生产线应立即发给客户,这就可以保证存货以最短的时间完成从原材料到满足用户需求的过程。

3) 决策内容

JIT 存货管理模式要求管理者必须在某一时刻做出决策,决定任何一个时间点上的进货情况。这包括在这个时点上是否购进原材料,如果购进,还需确定购进原材料的种类、数量。所有这些要达到的最终目标是:按照正常情况产出的产品能够即时(而不是及时)发给用户。

在这个决策过程中,对未来需求量的预计包括两个方面的内容:一是根据现有客户订单和销售合同等现时的销售信息,确定未来一段时期内的产品需求;二是根据过去的统计分析结果,估算同时期内将要发生的突发性需求的数量和种类。所谓突发性需求,从时间上来讲就是指企业的生产周期小于客户所要求的供货周期的那部分产品需求,企业只有保持充足的存货保险储备量,才能避免这部分缺货损失。

JIT 存货管理模式同时也是为了实现即时交货的实际效果。在企业销售交易比较频繁的情况下,必然会出现由于进货过于频繁,导致存货成本迅速增加的情况,在某一个时限上,会使存货总成本增加。为了克服这一矛盾,可设定订货区间,把在同一区间的原材料购进行为放在一次完成,这样既可以掌握进货规律性,降低进货成本,又能保证生产及交货的及时性。

实际上 JIT 方法可以作为存货的替代信息,JIT 本身强调的是适时适量,适时能力是衡量一个企业需求能力的指标,传统的做法是通过储备原材料及产品存货以确保能够按时交货,JIT 不是通过建立存货而是通过大幅削减交付周期来解决适时能力问题。更短的交付周期增加了公司按期交付以及迅速回应市场需求的能力,因此企业的竞争力得到同步提升。

企业大多数的停工是出于以下三个问题中的一个:机器故障、残次的材料或组件以及材料或组件的供应不足。持有存货就是解决这三个问题的方法。但是 JIT 存货理论认为存货并不能解决这些问题,而只是掩盖了这些问题。利用湖中的石头来作比喻,石头代表三个问题,水代表存货,如果水很深,也就意味着存货量很高,那么石头将不会被暴露,并且管理者可以假设它不存在。JIT 除了能和供应商建立正确关系之外,还能通过强调全面预防性维护和全面质量管理来解决这三个问题。全面预防性维护就是希望实现零机器故障的目标,全面质量管理就是解决残次零件。为了实现零件或材料在需要时就可立即获得,许多企业采用看板模式。看板模式是一个使用卡片标记来控制生产的信息系统,看板系统负责确保所需的产品在所需的时间以所需的数量生产,这是 JIT 存货管理的核心。

# 10.3　存货管理的实践流程分析

看板系统使用塑料、黑板或者使用 10cm×20cm 的铁板作为卡片或者标记。看板通常放在塑料袋里并且与零件或者一个装零件的容器系在一起。

一个基础的看板系统需要用到三种卡片:领取看板、生产看板和供应看板。前两个看板控制生产流程中工作的进展,而第三个看板控制流程和外部供应商间的零件流动。领取看板(withdrawal kanban)详细说明接下来的工序需从上一个工序中获取的零件数量。生产看板(production kanban)详细说明上一个工序应该生产的零件数量。供应商看板(cendors kanban)用于通知供应商运送更多的零件,它也能说明何时需要零件。

表 10-5~表 10-7 为三种看板的示例。

表 10-5　领取看板表

| 物 品 编 号 | 123456 | 前 道 工 序 |
| --- | --- | --- |
| 物品名称 | 电路板 | 电路板组件 |
| 长图记录仪型号 | CT6543 YB | |
| 机箱容量 | 6 | 后道工序 |
| 机箱型号 | Z | 最终组装 |

表 10-6　生产看板表

| 物 品 编 号 | 123456 | 前 道 工 序 |
| --- | --- | --- |
| 物品名称 | 电路板 | 电路板组件 |
| 长图记录仪型号 | CT6543 YB | |
| 机箱容量 | 6 | |
| 机箱型号 | Z | |

表 10-7　供应看板表

| 物 品 编 号 | 123456 | 收货公司名称 |
| --- | --- | --- |
| 物品名称 | 电路板 | 长型记录仪 |
| 机箱容量 | 6 | 收货大门 |
| 机箱型号 | F | 80 号 |
| 送货时间 | 上午 8:30、下午 14:00 | |
| 供应商名称 | 武仪集团 | |

可以用一个简单的例子来说明看板卡片如何用于控制工作流程。假设生产一个产品需要两道工序：第一道工序(CB 装配车间)建立并测试电路板(使用 U 型生产单元)；第二道工序(最终工序)将 6 个电路板放入从外部供应商购入的待组装零件。最终产品是长型记录仪。

图 10-1 示出了长型记录仪的生产流程。图中使用看板的步骤已经标示出来了。

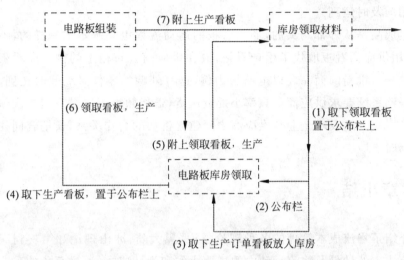

图 10-1　看板流程图

现在说明半成品在两道工序之间的流动情况。假设 6 个电路板放在一个容器中,该容器放在电路板库房中。该容器附上一个生产看板(P 看板)。还有一个装有 6 个电路板的容器放在最终装配线附近(领取库房),容器上附有一个领取看板(W 看板)。现在假设生产计划需要即刻组装一台电脑。

看板系统可以描述如下：

(1) 最终组装线的一位工人来到领取库房,拿走 6 块电路板,并且将它们投入生产。该工人同时拿走了领取看板,并且将其置于公布栏上。

(2) 公布栏上的领取看板表明,最终装配部门还需要 6 块线路板。

(3) 一名最终装配线的工人或物料管理人员,从领取公布栏上取走领取看板,将它放到电路板库房。

(4) 在电路板库房,物料管理人员从盛有 6 块钱路的容器上取下生产看板,将其放在生产订单公布栏上。

(5) 接下来,这位物料管理人员将领取看板附在盛装有 6 块电路板的容器上,并将这个容器送到最终装配线。从此开始下一台仪表的组装。

(6) 放在生产订单公布栏上的生产看板提示,电路板组装工序的工人应该开始生产下一批电路板。当一组新的电路板开始生产后,生产看板将从生产订单公布栏上取下,与正在制造的电路板放在一起。

（7）这批 6 块电路板全部完工后，被放到容器中，并将附上生产看板，然后这个容器将被运送到电路板仓库。一轮新生产循环接着就开始了。

看板的使用可以确保后一道工序（最终组装）能够在恰当的时间从前一道工序电路板组装中获得所需数量的电路板，看板系统还控制着前一道工序生产的数量，使之恰好等于后一道工序所需领取的数量。这样存货数量就可以保持在最低水平，而且零配件也能在被使用前及时运到。

如果半成品是从外部购买的，那么看板的运动流程也是基本上一样的，唯一的不同之处在于，用供应商看板取代了生产看板，放在供应商公布栏上的供应商看板向供应商表明需要送来一批新的商品。以电路板为例，这些外购的零件必须及时送到，以投入生产。适时采购系统要求供应商高频率小批量送货，送货频率可以是每周一次、每天一次，甚至每天若干次。这要求企业与供应商之间建立密切的合作关系，长期合同往往可以确保材料的及时供应。

## 本章小结

本章介绍了物流成本管理的各种理论学说（黑大陆、冰山理论和第三利润源泉等），介绍了物流成本的计量及物流活动中的显性成本和隐性成本，通过存货的采购管理与计量，熟悉存货管理的发展现状，零存货管理的应用和实务中实现的难点，以及 JIT 理论的应用。把握物流活动的储存和运输两大活动，细分仓储、运输、搬运、包装等活动。

## 复习思考题

1. 经济订货批量的使用必须在哪些前提下？
2. 分析零存货的益处及难点。
3. 分析看板模式的应用场景。

## 自测题

# 第 11 章

# 绩效评价管理

## 🎯 学习目标

1. 掌握责任中心的概念,以及成本中心、利润中心和投资中心这三个责任中心的关系。

2. 掌握各责任中心的考核评价方法。

3. 掌握经济附加值及平衡计分卡的使用方法。

4. 了解责任会计的起源和发展,了解合理制定内部转移价格的方法。

## 11.1 分权管理与责任会计

### 11.1.1 分权管理

现代企业竞争激烈,规模庞大,机构复杂,管理层次多,分支机构广。由于传统的集权管理模式决策集中、应变速度慢,无法满足迅速变化的市场需求,因此分权管理模式成为现代企业组织管理发展的基本趋势。

所谓分权管理,是指企业将决策制定权在不同层次的管理人员之间进行适当划分,并将决策权随同相应的经济责任下放给不同层次的基层管理人员,使其对日常的生产经营活动进行及时决策,以适应市场变化需求的一种企业组织管理模式。其表现形式是部门化,即在企业中建立一种具有半自主权的组织结构,通过由企业管理中心向下或向外的层层授权,使每一部门都拥有一定的积极性、权利和责任。

公司选择分权的原因有如下七个方面。

#### 1. 更好地了解当地的情况

所取得资料的质量决定了决策的质量。处于经营一线(比如当地竞争的强弱、当地劳动力的情况等)的基层管理人员可以更好地了解当地的一些实际资料,因此当地的经理通常可以更好地进行决策。分权的优势尤其体现在那些跨国企业中,他们在许多国家设有分支机构,会受到不同的法律体系和风俗的影响。

### 2．认识方面的局限性

即使高层管理者能够掌握大量的当地资料,但还会面临另一个问题。对于一个在不同地区销售几百种甚至几千种不同产品的大公司而言,没有任何人拥有处理和使用这些资料所需的全部专门技术和实践经验。认识方面的局限性,意味着公司仍然需要拥有具有专门知识和技术的人才,与其让各个专门领域的专业人才留在总部,不如让这些人对某个领域负有直接的责任。通过这种方式,公司可以避免因为要为总部收集和传递当地资料而发生的一系列成本和所带来的诸多麻烦。

### 3．更及时地反映

在集权管理模式下,需要时间来将当地的资料传送到公司总部,并将公司的决策下达到各地的基层单位,但这两个传达会延误时间,增加传达错误信息的潜在可能性,并降低了反应速度。在分权的公司中,公司管理层既作决策,又执行决策,这种问题就不会发生了,当地经理可以对顾客的折扣需求、当地政府的需求以及政治气候的变化做出快速反应。

### 4．高层管理者可以聚焦重大问题

越是高层管理者,被赋予的责任和权利就越多。通过分散经营决策权,高层管理者就可以将时间和精力集中在战略性的计划和决策上,从而摆脱企业日常的经营管理。

### 5．训练和评价分部经理

由于公司的较高层次的管理者可能会退休或调职,因此公司总需要有一批经过良好训练的管理备选人员。通过分权,较低层次的管理者可以获得制定决策,并实际执行的机会,现在就赋予未来一代高层管理者制定重要决策的机会,以训练他们的能力,还有什么方法比这更好呢? 由此还可以让高层管理者对当地经理的能力进行评价,这样那些做出了最好的决策的经理就有可能被提拔为高层管理人员。

### 6．对分部经理进行激励

通过给予当地的经理制定决策的能力,可以满足他们的一些较高层次的需求,比如自我尊重和自我价值的实现,赋予更多的责任和权利,不仅可以产生更大的工作满足感,还可以激励当地的经理人更加努力地工作,激发出来他们的主动性和创造性。激励作用的发挥在很大程度上取决于如何对管理者的业绩进行评价和奖励。

### 7．提高竞争力

在一个高度集权的公司,大额的总体利润可能会掩盖一些下属公司效率低下的情况。分权管理可以使公司能够确定每一个分部对公司利润所做的贡献,并使每个分部直接面对市场。

但分权管理具有致命的缺陷。一是缺乏目标一致性。各个分权单位由于自身业绩考评的需要过分注重自身利益、局部利益和短期利益,导致牺牲企业整体利益或长期利益,从而削弱了各分权单位之间的整体协作观念,也与整体企业目标产生了偏差。使各分权单位与企业整体目标难以实现一致性。二是分权管理增加了信息成本和代理成本。分权管理过程中,信息的反复传递会增加信息不对称所产生的信息成本,也会增加因委托代理关系而存在的代理成本,这些因素会干扰企业高层管理者作出正确的战略决策。

为了弥补分权管理的缺陷,可以实施责任对等的"经济责任制",根据赋予各级单位的权力、责任及对其业绩的评价方式,将企业划分为各种不同形式的责任中心,建立起以各责任中心为主体,以责、权、利相统一为特征,以责任预算、责任控制、责任考核为内容,通过信息的积累、加工和反馈而形成的责任会计制度。

## 11.1.2　责任会计

责任会计是分权管理模式的产物,也是分权的基础,它是根据授予各级单位的权力、责任以及对其业绩的评价方式,将企业内部各单位划分成若干个不同种类、不同层次的责任中心,并对其分工负责的经济活动进行规划和控制,以实现会计管理的一种内部控制制度。

### 1. 责任会计的内容

责任会计通过在企业内部建立若干个责任中心并利用会计信息对其分工负责的责任部门业绩进行计量、控制与考评,其主要内容包括以下几个方面。

1）划分责任中心,确定权责范围

建立责任会计,首先应根据企业内部管理的要求,结合企业生产组织、工艺过程的特点,将企业所属的各部门、各单位划分为若干个责任中心,如对分厂、车间、班组甚至个人明确规定其权责范围,使其能在权责范围内独立自主地履行职责。实行责任会计,重要的不在于企业内部有哪些责任中心和如何划分这些责任中心,而在于如何确定责任中心的责任范围,以及使用哪些价值指标将其责任予以量化反映。

2）编制责任预算,制定考核标准

责任预算,是利用货币形式对责任中心的生产经营活动作出的计划安排。通过编制责任预算,将企业的总体目标层层分解,逐级落实到每一个责任中心,并以此作为开展经营活动、评价工作业绩的主要依据。

3）建立核算系统,编制责任报告

责任中心的业绩考评是责任会计的核心。为了反映责任中心的业绩,检查责任预算和考核指标的完成情况,必须建立相应的核算系统,对反映责任中心业绩的会计信息进行归集、加工和整理,最后以责任报告的形式提交企业主管。对预算的执行情况建立一套跟踪考核系统,并以编制"责任报告"的形式,将实际数和预算数进行比较,得出差异,分析其有利或不利差异的原因,并通过信息反馈,控制和调节经营活动。

4) 评价经营业绩,建立奖惩制度

通过编制责任报告,对各责任中心的业绩进行考评,按实际工作的好坏进行相应的奖惩,以此调动各责任中心的积极性。

责任会计是用于企业内部管理的会计,因而企业可以根据各自不同的特点来确定责任会计的具体形式。但是,无论建立或实施何种特定形式的责任会计,都应当考虑和遵循责任会计主体思想和责、权、利相结合的原则,掌握决策可控性和部门与总部目标一致原则,及激励和反馈性原则。

## 2. 责任会计系统

责任会计是管理控制的一个基本工具,具有四个基本要素和步骤:

(1) 分配责任;

(2) 建立业绩评价指标;

(3) 业绩评价;

(4) 分配报酬。

随着时间的推移,责任会计系统也在不断发展变化着,传统的责任会计强调以财务为基础,逐渐发展至以作业为基础及以战略为基础的高级阶段,三种责任会计系统在目前的各种企业中都得到应用。企业会根据自身特点与所处的经营环境选择适合自身的责任会计系统。

稳定环境下的责任会计系统称为以财务为基础的责任会计。以财务为基础的责任会计将责任分配到组织单位中,并以财务项目表述业绩指标。以作业为基础的责任会计是为那些在持续改进环境下经营的企业而发展的责任会计系统。以作业为基础的责任会计将责任分配到流程,并使用财务和非财务业绩指标。它既强调财务角度,又强调流程角度。

1) 分配责任

以财务为基础的责任会计较关注职能性、组织性的单位和个人。责任会计的责任中心是典型的组织性单位,如工厂、部门或生产线等。无论责任性的单位是什么性质,"责权利"原则要求对等地分配到各部门及各责任个人。强调在局部层面上(如组织性单位层面)达到最优财务结果。在一个以作业或流程为基础的责任系统中关注的焦点,从单位和个人转移到流程和团队,强调全系统的优化。同时强调财务责任,因为在持续改进的环境下,财务层面的关注意味着强调持续的增加收入、降低成本和提高利用率的要求。为了适应这种持续的增长和改进需求,要求企业持续地改进。流程之所以被选作关注焦点,是因为它们是顾客和股东价值的源泉,是实现组织财务目标的关键。顾客既包含了组织外部流程中的供、产、销等环节,同样可以指组织内部分处上下游的各部门。

流程是进行工作的方式,那么改变工作方式就意味着改变流程。改变工作方式的方法有三种:流程改进、流程革新和流程创造。

流程改进(process improvement)是指不断地、经常性地提高现有流程的效率。比如仪器仪表厂商对电器、电子和机械的组装,通过将装配工艺指导书发放给操作工人的方式,指导工人按照工艺要求完成装配及检验,以此完成装配的工艺流程。事实上,这就是作业管理对于流程的改进。流程是由一系列与目标相关的作业组成的,列出并分析这些作业,将其分成增值和非增值作业,就能够发现现有流程的优劣,提出改善的方法,从而达到削减非增值作业的目的。流程革新(process innovation)是指以一种全新的方式应用一个流程,目的在于在反应时间、质量和效率等方面获得巨大的改善。

流程创造(process creation)是指建立新的流程以达到顾客要求和财务目标。应该注意,流程创造并不强调该流程对该组织来说是独创的,而是指它对组织来说是新颖的。

2) 建立评价指标

分配、确定了责任,就必须确定业绩指标的标准,通常预算与标准成本是以财务为基础的系统指标,这意味着业绩指标是客观,并且是财务性的,此外,它们倾向于支持保持现状,并且随着时间的推移保持相对稳定的状态。而以作业为基础的指标反映处于持续改进状态下的公司具有明显不同的性质。首先,业绩指标是流程导向的,因此,必须考虑流程时间、质量和效率等流程属性;其次,业绩计量标准应当支持变革,要求标准能够适应动态调整,能够随时反映创新的变化,因此标准成本的设置也不是一劳永逸的,通常设置成反映某些流程改进的理想水平,一旦达到理想水平,会修正标准,达到激励员工的效果。设置标准的最终理想值,作为未来发展的潜力空间。同时,标准应该反映出对个别流程能够创造或增加附加价值。确定每项作业的增值标准其意义要比传统的财务责任制更远大,它将控制权延伸到整个组织中。

3) 业绩评价

以财务效果为基础的框架中,业绩评价是通过比较实际与预算的结果来分析和计量的,每个人及部门只能对其中可控的项目负责。财务业绩对衡量达到或超过财务指标中的某一个静态指标会强烈关注。而在一个以作业为基础的框架中,业绩不仅涉及财务视角,还扩展到时间、质量和效率等指标,比如把物流中的配送时间视为一个重要的目标时,诸如生产周期和交货准时性等非财务指标会变得非常重要。业绩的评价可关注这些指标是否随时间的推移而改善,通过改善流程可以达到更好的财务绩效指标。因此,成本降低指标、成本变化趋势和单位产出成本都是表明流程是否得到改进的有用指标。

4) 分配报酬

责任部门与个人根据有关政策和上层领导的判断得到绩效奖惩,如是否加薪、股权激励等。不同的应用系统有不同的奖励方法。在以财务为基础的系统中,报酬系统常被设计为鼓励个人达到或优于预算标准;而对以作业为基础的责任系统来说,对员工个人进行奖惩比在以产量为基础的环境中要复杂一些,员工个人同时对团队和个人业绩负有责任,与流程相关的改进大多数是通过团队努力获得的,因此采用以集体为基础的奖惩比针对员工个人的奖惩更为合适。如在一个制造型企业中,将单位成本、准时交货、质量、存货周转次数、废料和周期等都设定了最优标准。而这些指标在维持生产过程中得到改善时,即可对团队进行奖励。

# 11.2 责任中心

## 11.2.1 责任中心的划分

实行责任会计制度的企业,首先必须将其内部各生产经营单位划分为若干个不同种类、不同层次的责任中心。责任中心(responsibility center)是指具有一定的管理权限并承担相应经济责任的企业内部单位。责任中心可大可小,它可以是一个组织部门(如销售部门)、一个车间、一个班组或一个流程(如专门的生产线),或一座仓库、一台机床,甚至一个责任人,也可以是分公司、事业部,甚至整个企业。

责任中心是权、责、利的结合,通常具有以下 5 个基本特征。

### 1. 拥有经营决策权

责任中心拥有与企业总体管理相协调、与其管理职能相适应的经营决策权(分权),使其能在最恰当的时刻对企业遇到的问题做出最恰当的决策。分权管理的主要目的是提高管理的效率。将一些日常的经营决策权直接授予负责该经营活动的部门,可以使其能随时应对市场变化。

### 2. 承担经济责任

当某责任部门被授权时,就必须对其决策的“恰当性”承担责任,这也是对使用权力的有效制约。所以,每一个责任中心必须根据被授予的经营决策权的范围承担相应的经济责任。

### 3. 建立利益机制

为了保证企业各部门责任管理人员都能有效地行使其权利,并承担起相应的责任,必须建立与其责任相配套的利益机制,使每个责任人的个人利益与其管理业绩相联系起来,从而调动全体管理人员和所有职工的工作热情,培养其责任心。

### 4.责任中心单独核算

责任中心不仅要划清责任,而且要单独核算。划清责任是前提,单独核算是保证。只有既划清责任又能进行单独核算的企业内部组织,才能作为责任中心。

### 5.各责任中心利益相一致

各责任中心的局部利益必须与企业整体利益相一致,不能为了各责任中心的局部利益而影响企业的整体利益。

企业内部怎样设置责任中心,设置多少责任中心,完全取决于企业内部控制、考核的需要。划分责任中心的依据并不是成本、收入、利润或投资发生额的大小,而是依据发生与否及能否分清责任。不同的内部单位,因生产经营特点和相应的控制范围不同,可以成为不同的责任中心。对较大的责任中心,又可按照责任区域和控制对象大小进一步划分成若干不同层次的较小的责任中心,如车间是一个责任中心,它又可以进一步按生产工段建立责任中心,而生产工段也可以按生产班组再进一步建立责任中心。成立责任中心,必须满足以下 4 条标准:

(1) 提供让下级责任中心能够知道它应该做、怎么做的手段;

(2) 提供让责任中心能够知道它正在做什么的手段;

(3) 提供让责任中心能够调节它正在做的事的手段;

(4) 提供让责任中心能够知道它自身行为后果的手段。

在通常情况下,如果上述四条标准已全部实现,则从管理者角度来说,责任中心已处于自控状态,如果管理部门不能帮助责任中心达到上述标准中的任何一条,那么相应产生的缺陷就是管理上的可控缺陷,则由管理部门承担相应的责任。根据企业内部责任单位的权限范围以及生产经营活动的特点,责任中心通常分为成本中心、利润中心和投资中心。

## 11.2.2　成本中心

### 1.成本中心的含义

成本中心(cost center)是指那些只发生成本而无收入来源的责任中心。这类责任中心不对外销售产品,无销售收入产生;只有成本和费用发生,只能对成本和费用实施控制;只需对成本负责,不需对收入、收益或投资负责。

成本中心的目标就是保质、保量地完成生产任务及协助管理工作,控制和降低成本。成本中心是责任中心中层次划分最具体的一种责任中心,是实行责任会计应设置的最基层的责任单位。任何对成本负有责任的部门都是成本中心,一个企业的车间、工段、班组、个人等都可以成为一个成本中心。在一个成本中心里,可以再细分几层成本中心。例如,一个分厂可以作为成本中心,它所属的车间是次一级的成本中心,分厂被称为复合成本中心。车间下属的工段、班组甚至是个人还可以细分成为成本中心。

### 2. 费用中心

费用中心(expense center)也称酌量性成本中心,是指那些工作成果不能用财务指标来计量,或者投入与产出之间没有密切关系的成本中心。酌量性成本是否发生以及发生数额的多少是由管理人员的决策所决定的,主要包括各种管理费用和某些间接成本。例如一般行政管理部门(会计、法律、人事、劳资、计划等部门),研究开发部门(设备改造、新产品研制等),某些销售部门(广告、宣传、仓储等)。行政管理部门的产出难以量化,而研发部门和销售部门的投入量与产出量之间也没有密切联系,难以根据投入与产出的数量来判断这些费用中心的经营效率的高低,也就不容易对其无效开支进行控制。

### 3. 成本中心的特点

责任会计是围绕责任中心来组织,以各个责任中心为对象进行有关资料的收集、整理和分析对比的会计制度,所以,成本中心的成本具有自己的特点,与一般所说的完全成本计算法下的产品成本有所不同。

成本中心所发生的各项成本,对成本中心来说,有些是可以控制的,即可控成本;有些是无法控制的,即不可控成本。

可控成本应同时具备如下三个条件:

(1) 成本中心能够通过一定的方式预知将要发生什么性质的成本;

(2) 成本中心能够对其进行计量;

(3) 成本中心能够控制和调节成本发生的数额。

凡不符合上述三个条件的,即为不可控成本,则不在成本中心的责任范围之内。

实践表明,区分成本是否可控并不容易,成本的可控性是相对的,它与责任中心所处管理层次的高低和控制范围的大小是直接相关的。成本划分为可控成本与不可控成本必须以特定的责任中心、特定的期间和特定的权限为前提。具体表现在以下方面。

(1) 某项成本对某一个责任中心是不可控的,而对于另一个责任中心则是可控的。例如,由于材料质量不合要求,而造成的超过消耗定额使用的材料成本,对生产部门来说是不可控成本,而对供应部门来说一般则是可控成本。又如,新产品的试制费用,对于生产部门来说往往是不可控成本,而对于开发设计部门来说则是可控成本。

(2) 某些费用从较短期间看属于不可控成本,如直线法下的固定资产折旧、长期租赁费等;从较长的期间看,又称为可控成本。

(3) 成本的可控性也因不同级别决定问题的权力大小而不同。例如,生产车间发生的折旧费用对于生产车间这一层次的成本中心而言属于可控成本,但对于其下属的班组这一层次的成本中心来说,则属于不可控成本。又如,广告费、研究开发费、职工培训费等通常由最高决策层根据需要与可能来决策,对于有关高层管理部门来说,属于可控成本;而各基层单位只能在规定的限额内具体掌握使用,这些费用不能由具体使用单位自行增减,所以对基层单位来说属于不可控成本。

责任成本是以某一特定的责任中心为对象,所归集的属于该责任中心的所有可控成本,对一个成本中心进行业绩考核时,其内容并非是所有成本,而是以可控成本为依据的责任成本。

### 4. 业绩考评指标及责任报告

成本中心是企业基础和底层的责任中心,在业绩考评中,只对该成本中心的可控成本负责。即,这种考评应是上级考评其直接控制的下级,下级再考评其可以直接控制的更下一级,如此递进。对上级而言,其控制范围广,包括下级的控制范围,其计算和考评的成本责任指标涉及该责任中心的所有可控成本;对下级而言,其控制范围仅为上级的一部分,其计算和考评只能涉及部分的成本项目,甚至是几个子项目。

成本中心业绩考评的主要内容是将实际成本与责任预算成本进行比较,确定两者差异的性质、数额以及形成的原因,并根据差异分析的结果,对各责任中心进行奖罚,促使各责任中心调整行为误差,保证责任的完成。

## 11.2.3 利润中心

### 1. 利润中心的含义

利润中心(profit center)是应对利润负责的责任中心。由于利润等于收入减去成本和费用,所以,利润中心实际上既要对收入负责,又要对成本费用负责。它主要指企业内部同时具有生产和销售职能,有独立的、经常性的收入来源的较高层次的组织机构,例如分公司、分厂等。显然,利润中心是比成本中心处于更高层次上的责任中心,每个利润中心都包含若干个下属的成本中心。利润中心所要负责控制的成本按下属各成本中心进行分解,即形成各成本中心所要负责控制的对象,而利润中心则要对其权责范围内取得的全部收入和发生的全部成本,以及作为两者综合反映的利润指标负责。

### 2. 利润中心的类型

利润中心分为两种类型:自然利润中心和人为利润中心。

自然利润中心是指可以对外销售产品并取得收入的利润中心。这类中心虽然是企业内部的一个责任单位,但它本身直接面向市场,具有产品销售权、价格制定权、材料采购权和生产决策权,其功能与独立企业相近。最典型的形式就是公司内部的事业部制,每个事业部均有销售、生产、采购的功能,能够独立地控制成本、取得收入。

人为利润中心是指只对内部责任单位提供产品或劳务而取得内部销售收入的利润中心。主要在企业内部按照内部转移价格出售产品,从而获取"内部销售收入"。这类责任中心一般也应具有相对独立的经营管理权,即能够自主决定该利润中心的产品品种、产品产量、作业方法、人员调配和资金使用等。但这些部门提供的产品或劳务主要在企业内部转移,很少对外销售。大型钢铁公司的采矿、炼铁、轧钢等生产部门的产品除了少量对外销售外,主要在公司内部转移,这些部门可以视为人为利润中心。

### 11.2.4　投资中心

#### 1. 投资中心的含义

投资中心(investment center)是对投资收益负责的责任中心。因为投资收益是将投资资本与该项投资所产生的利润联系起来加以综合考核的指标,所以投资中心要对投资收益负责,包括对利润负责,从而也就要对形成利润的收入与成本负责。它适用于能直接控制固定设备、应收账款、存货等资产的某一事业部、分厂或分公司等。显然,投资中心是最高层次的责任中心,它拥有最大的决策权,也承担最大的责任。每个投资中心都包含若干个下属的利润中心。投资中心必然是利润中心,但利润中心并不都是投资中心。

#### 2. 投资中心与利润中心的区别

投资中心与利润中心的主要区别是:利润中心没有投资决策权,需要在企业确定投资方向后组织具体的经营;而投资中心则具有投资决策权,能够相对独立地运用其所掌握的资金,有权购置和处理固定资产,扩大或削减生产能力。

成本中心、利润中心、投资中心这三类责任中心在分权管理的企业组织结构中分别处于不同层次,处在最高层次的是投资中心,其次是利润中心,成本中心处于最基础层。

## 11.3　责任中心的业绩评价及评价报告

### 11.3.1　成本中心的评价指标及报告

#### 1. 成本中心的考核指标

责任中心的考核指标主要是责任成本,具体包括成本(费用)降低额和降低率。其计算公式如下:

$$成本（费用）降低额＝预算成本（费用）－实际成本（费用）$$
$$成本（费用）降低率＝成本（费用）降低额÷目标（预算）成本×100\%$$

在对成本中心进行考核时，应注意，如果预算产量与实际产量不一致，应按弹性预算的方法首先调整预算指标，然后再计算上述指标。

### 2. 成本中心的业绩报告

每个责任中心应定期编制业绩报告，对责任预算的执行情况进行系统的记录和计量，以作为评价和考核各个责任中心工作成果的依据。业绩报告也称为责任报告，是反映责任预算与实际结果差异的内部管理会计报告，是针对责任中心管理者的绩效评价，反映管理者的工作结果。

报表形式的责任报告一般有预算数、实际数、差异数、原因摘要。不利差异或有利差异是评价责任中心好坏的重要标志。责任报告中的预算数根据责任预算填列，实际数从产品成本的计算资料取得，或从责任中心设立的账户记录、归集的可控成本中取得。

成本中心主要考核责任中心的可控成本，即责任成本。不可控成本一般不予反映或分别列示以供参考。

某企业车间一级成本中心责任报告如表 11-1 所示：

**表 11-1  车间成本中心责任报告**

2018 年 10 月 31 日

| 摘　　要 | 预算数 | 实际数 | 差异 | 原因摘要 |
|---|---|---|---|---|
| 下属单位转来的责任成本 | | | | |
| 甲工段 | 1 500 | 1 580 | 80 | |
| 乙工段 | 1 300 | 1 290 | －10 | |
| 本车间可控成本 | | | | |
| 直接人工 | 190 | 192 | 2 | |
| 管理人员工资 | 210 | 220 | 10 | |
| 设备维修费 | 160 | 177 | 17 | |
| 物料费 | 91 | 100 | 9 | |
| 小计 | 651 | 689 | 38 | |
| 本车间责任成本 | 3 451 | 3 559 | 108 | |

## 11.3.2  利润中心的评价指标

### 1. 利润中心的考核指标

对利润中心业绩的评价与考核，主要方法是将一定期间实际实现的利润与预算所确定的预计利润数进行比较，进而对差异形成的原因和责任进行具体剖析。

由于利润中心既对其发生的成本负责，又对其发生的收入和实现的利润负责，所以，利润中心业绩评价的重点是边际贡献和利润。在评价利润中心业绩时,可以选择以下几种考核指标:边际贡献、可控边际贡献、部门边际贡献和税前部门利润。公式如下:

$$边际贡献 = 销售收入 - 变动成本$$

$$可控边际贡献 = 边际贡献 - 可控固定成本$$

$$部门边际贡献 = 可控边际贡献 - 不可控固定成本$$

$$税前部门利润 = 部门边际贡献 - 分配来的共同固定成本$$

【例 11-1】 甲公司某一部门的数据如下:

| | |
|---|---|
| 部门销售收入 | 10 000 元 |
| 部门销售产品的变动成本和变动销售费用 | 6 000 元 |
| 部门可控固定成本 | 400 元 |
| 部门不可控固定成本 | 500 元 |
| 分配的公司管理费用 | 300 元 |

要求:计算该部门的各级利润考核指标。

解:

(1) 边际贡献 = 10 000 - 6 000 = 4 000(元)

(2) 可控边际贡献 = 4 000 - 400 = 3 600(元)

(3) 部门边际贡献 = 3 600 - 500 = 3 100(元)

(4) 税前部门利润 = 3 100 - 300 = 2 800(元)

### 2. 利润中心的业绩报告

利润中心的业绩报告通常应分别列出有关项目的实际数、预算数和差异数。表 11-2 所示为某自然利润中心业绩报告。

表 11-2  某自然利润中心业绩报告                               单位:元

| 项　　目 | 实际数 | 预算数 | 差异数 | 原因摘要 |
|---|---|---|---|---|
| 销售收入 | 40 000 | 39 250 | 750 | |
| 变动成本: | | | | |
| 变动生产成本 | 27 850 | 28 000 | -150 | |
| 变动销售及管理成本 | 9 250 | 9 100 | 150 | |
| 变动成本合计 | 37 100 | 37 100 | 0 | |
| 边际贡献总额 | 2 900 | 2 150 | 750 | |
| 减:中心负责人可控固定成本 | 450 | 450 | 0 | |
| 中心负责人可控利润 | 2 450 | 1 700 | 750 | |
| 减:中心负责人不可控固定成本 | 450 | 300 | 150 | |
| 利润中心可控利润 | 2 000 | 1 400 | 600 | |
| 减:上级分来的共同成本 | 150 | 150 | 0 | |
| 税前利润 | 1 850 | 1 250 | 600 | |

### 11.3.3　投资中心的业绩评价

对投资中心业绩的考核不仅仅要衡量利润,而且还要将利润和它所占用的资产联系起来。反映投资效果的指标主要是投资报酬率、剩余收益和经济附加值。

#### 1. 投资报酬率(ROI)

投资报酬率由投资中心所获得的部门边际贡献除以该部门所拥有的资产额表示,是最常见的考核投资中心业绩的指标。

$$投资回报率(ROI)=年利润或部门边际贡献÷投资总额×100\%$$

或

$$投资报酬率=营业利润÷营业资产$$

【例 11-2】　某投资中心的资产额为 6 000 000 元,所计算的部门边际贡献为 900 000 元,则该投资中心的投资报酬率为:

$$投资报酬率=900 000÷6 000 000×100\%=15\%$$

投资报酬率指标的优点:

(1) 它是一个相对数指标,考虑了投资规模,剔除了因投资额不同而导致的利润差异的不可比因素,具有很强的横向可比性,有利于不同规模的部门之间和不同行业之间的比较;

(2) 它是用现有的会计资料计算的,认可度高;

(3) 投资利润率有利于调整资本流量和存量,资产运用的任何不当行为都会降低投资报酬率,所以,采用这个指标作为评价指标,有利于正确引导投资中心的管理活动。

投资报酬率指标的缺点:首先,投资报酬率重视短期的业绩评价,容易导致投资中心的短期行为。部门经理人员会放弃高于资金成本而低于本部门目前的投资报酬率的机会,或者减少现有的投资报酬率较低但高于资金成本的某些资产,使部门业绩获得较好评价,但却伤害了企业整体的利益。其次,通货膨胀的影响会使资产的账面价值失实,从而使得各部门每年少计折旧,虚增利润,使投资报酬率偏高。再次,上级所设定的投资报酬率如果过高,下级无法达到,将打击他们的工作积极性。

【例 11-3】　接例 11-2,企业的资金成本率为 10%,该投资中心有一投资报酬率为 12% 的投资机会,投资额为 600 000 元,每年该项投资创造的部门边际贡献为 72 000 元。虽然对整个企业来说,由于投资报酬率高于资金成本率,应当利用该投资机会,但它却使这个部门的预期投资报酬率由以前的 15% 下降到 14.72%,即:

$$预期投资报酬率=(900 000+72 000)/(6 000 000+600 000)×100\%=14.72\%$$

同理,当情况与此相反,假设该部门现有一项资产价值 600 000 元,每年获利 84 000 元,投资报酬率为 14%,超过了资金成本率,部门经理却愿意放弃该项资产,以提高部门的投资报酬率,此时投资报酬率为:

放弃该项资产后的投资报酬率＝(900 000−84 000)/(6000 000−600 000)×100％
　　　　　　　　　　　　　＝15.11％

当使用投资报酬率作为业绩评价标准时,部门经理可以通过加大公式中的分子或减少公式中的分母来提高这个比率。表面上看,这样提高了企业个别部门的投资报酬率,实际上却会失去不是最有利但可以扩大企业总收益的项目。

因此,为了使投资中心的局部目标与企业的总体目标保持一致,弥补投资报酬率这一指标的不足,还可以采用剩余收益指标来评价、考核投资中心的业绩。

### 2. 剩余收益

剩余收益是反映投资中心获得的利润与投资之间关系的绝对数指标。其计算公式为:

$$剩余收益 = 部门边际贡献 - 部门资产应计报酬$$
$$= 部门边际贡献 - 部门资产 \times 资本成本$$

或

$$剩余利润 = 净利润 - 经营资产 \times 规定的最低投资报酬率$$

根据例 11-3 可得:

当前部门剩余收益＝900 000−6 000 000×10％＝300 000(元)

采用增资方案后剩余收益＝(900 000＋72 000)−(6 000 000＋600 000)×10％
　　　　　　　　　　　　＝312 000(元)

采用减资方案后剩余收益＝(900 000−84 000)−(6 000 000−600 000)×10％
　　　　　　　　　　　　＝276 000(元)

部门经理会采纳增资方案而放弃减资方案,这正是与企业目标相一致的。

剩余收益指标的主要优点:①考虑了权益资本成本的补偿,可以防止投资中心的短期行为,可以使业绩评价与企业的目标协调一致,引导部门经理采用高于企业资金成本的决策。②在使用剩余收益指标时,可以对不同部门或者不同资产规定不同的资金成本百分数,使剩余收益这个指标更加灵活。因为,不同的投资有不同的风险,按风险程度调整其资金成本,更具科学性。③较全面地体现了权益资本成本的补偿要求,弥补了会计收益指标的不足。

剩余收益指标的主要缺点:①剩余收益是绝对数指标,不便于不同部门之间的比较;②剩余收益计算公式中含有净利润,因此它同样具有会计收益指标的固有缺陷;③对权益资金成本率的计算和确定有一定的难度,具有多种选择性,若选择不慎,则不能达到预期效果;④该指标只利于投资中心的内部决策,不利于与其他投资中心的业绩进行比较。

### 3. 投资中心的业绩报告

由于投资中心是企业最高层次的责任中心,所以其业绩报告较为概括。投资中心业绩报告的基本格式见表 11-3。

表 11-3　某公司投资中心业绩报告　　　　　　　　　　单位：元

| 项　目 | 实际数 | 预算数 | 差异数 | 原因摘要 |
|---|---|---|---|---|
| 销售收入(1) | 60 000 | 56 000 | ＋4 000 | |
| 销售成本(2) | 57 000 | 54 000 | ＋3 000 | |
| 销售利润(3)＝(1)−(2) | 3 000 | 2 000 | ＋1 000 | |
| 平均资产原价(4) | 15 000 | 12 500 | ＋2 500 | |
| 投资报酬率(5)＝(3)÷(4) | 20% | 16% | ＋4% | |
| 最低投资报酬(6)＝(4)×10% | 1 500 | 1 250 | ＋250 | |
| 剩余收益(7)＝(3)−(6) | 1 500 | 750 | ＋750 | |

【例 11-4】　利用表 11-3 所示某公司投资中心业绩报告，对上述投资中心业绩进行评价。

**解析**：该投资中心的投资报酬率实际数比预算数高了 4%，剩余收益实际数比预算数多了 750 元，即该投资中心的投资报酬率和剩余收益指标均完成预算，表明该投资中心的经营业绩比较突出。

### 4. 经济附加值

1）经济附加值的概念

经济附加值(economic value added，EVA)是一种特殊剩余收益表示形式，是由美国斯滕斯特(Stern Stewart)公司在 1991 年引入价值评估领域的。它基于这样的一种理论：按公认会计准则编制的会计报表中没有包含资本成本这一关键信息。经济附加值衡量的是企业资本收益和为企业带来经营利润的所有资本的成本之间的差额。其计算公式如下：

经济附加值(EVA)＝税后利润−加权平均资本成本×资金总额

如果 EVA 是正数，表示该公司是盈利的；如果 EVA 是负数，则表示该公司的资金正在减少。从长期看，只有不断地创造资本或财富的公司才能生存。用 EVA 指标评价投资中心的经营业绩，能够激励管理者使用现有的和新增的资金去获得更大的利润。EVA 指标的重要特征就在于它强调税后利润和资金的实际成本。

经济附加值是针对传统的绩效评价未考虑资本成本的缺陷而提出的。经济附加值强调企业资本成本，纠正会计学将权益资本视为"免费午餐"的观念，通过把会计利润转化为经济利润，把会计账面价值转化为经济价值，在一定程度上弥补了财务报表的内在缺陷，消除了资本结构不同对利润的影响，使得不同资本结构的企业经营绩效具有可比性。

利润可能易于理解，但却可能产生误导。经济附加值揭开会计利润的面纱，矫正会计利润。透过经济附加值，人们可以判断企业是在创造价值还是在毁灭价值，企业经理人是价值创造者还是价值毁灭者。

使用经济附加值指标的关键是如何计算资金成本。一般来说,计算资金成本需要两个步骤:一是确定资金的加权平均成本,二是确定资金总额。其中,资金的加权平均成本的计算公式如下:

资金的加权平均成本 $= \sum$ (某种融资在总融资中所占的比例 × 该项融资的资金成本)

一般来说,资金总额不仅包括购买厂房建筑物、机器设备和土地使用权等投资的资金数额,而且还应该包括一些预期可能会有一个长期回报的其他支出,如研究开发费用、雇员的培训费等(实际上它们本身也是投资)。EVA 能够流行的一个原因在于它可以把会计信息转化为非财务人员容易理解的经济现实。

经济附加值具有剩余收益的所有优点,同时它克服了剩余收益的缺点,尽量剔除了会计信息失真的影响。剩余收益是按照公认会计准则计算得出的,在一定程度上存在信息失真的情况,而经济附加值计算公式中的税后净营业利润是针对公认会计原则中存在的缺陷进行调整后得出的,从而可以部分减少对企业真实的经济业绩的曲解。

同样,经济附加值依然存在较大的缺陷,主要表现在:

(1) EVA 是总量指标,依然有会计的主观估计,还是会受到会计政策、会计信息的影响;

(2) EVA 是个静态指标,强调短期业绩,容易导致做大短期经营业绩的冲动行为;

(3) 资本成本的估算有待正确评估,其确定方法不统一;

(4) EVA 没有顾及非财务资本(员工、创新、产品等)。

2) 经济附加值的账项调整

说 EVA 是企业经济利润中最正确、最准确的度量指标,有些言过其实了,真实的 EVA 需要对会计数据作出所有必要的调整,确保每一个经营单位都使用准确的资金成本概念。但如果过分追求准确,则会浪费时间去做一些不必要的会计项目的调整,可能会不符合成本效益原则,也不具有可行性。通常一个公司只需要进行 5～7 项重要的调整就足够达到相当的准确程度。

一项调整项目是否重要可以按照下列原则进行判断:①重要性原则,即拟调整的项目涉及金额应该较大,如果不调整会严重扭曲公司的真实情况;②可操作性原则,即经理层能够操作被调整项目;③可获得性原则,即进行调整所需的有关数据可以获得;④易理解性原则,即非财务人员能够理解;⑤现金收支原则,即尽量反映公司现金收支的实际情况,避免管理人员通过会计方法的选取操纵利润。

会计调整的具体事项举例如下:

(1) 计提的各种减值准备;

(2) 递延所得税的处理与调整;

(3) 长期费用支出的处理与调整;

(4) 销售费用、财务费用的处理与调整;

（5）营业外收支的处理与调整；

（6）政府补助的处理与调整。

进一步需要增加的调整项目还可以包括关于重组损失的调整、关于战略性投资的调整、关于经营租赁的调整等。

## 11.3.4　管理会计报告

### 1. 管理会计报告的概念

财务会计报告的概念，以及财务会计报告分析的手段已经深入人心。管理会计报告是将会计、统计和数学方法结合起来，再加上财务会计资料和其他有关的资料，对企业未来可能发生的经营管理活动进行预测，以帮助经营者做出可以让企业实现利益最大化的决策的报告。企业会计报告分为外部财务报告（财务报告）和内部管理报告（管理会计报告）。从形式上来讲，管理会计报告是相对比较灵活的，财务会计报告和管理会计报告之间的关系很密切，不仅有多方面的区别，还存在一定程度上的联系，其中联系主要表现在两方面，一个是相关性，另一个是可靠性。财务会计报告的相关性和可靠性是由管理会计报告的相关性和可靠性保证的，如果要建立管理会计报告系统，那么财务会计报告系统就是它的主导。

（1）管理会计报告的基础：会计信息系统和其他信息系统，包括财务信息、非财务信息。

（2）管理会计报告的目的：为内部经营管理者的经营策略、资源配置和管理决策提供信息支撑。

（3）管理会计报告的内容：企业整体或者企业内部生产经营、管理会计单元信息，甚至是个头信息。

（4）管理会计报告调整：更强调决策的相关性，允许主观信息存在。

### 2. 管理会计报告的分类

（1）基于责任中心分类。按照责任中心，企业管理会计报告可以分为投资中心报告、利润中心报告和成本中心报告。

（2）基于报告对象分类。根据报告对象的不同，企业管理会计报告可分为战略层管理会计报告、经营层管理会计报告和业务层管理会计报告。

（3）基于报告功能分类。按照管理会计的功能，企业管理会计报告可分为管理规划报告、管理决策报告、管理会计控制报告和管理评价报告。

（4）基于报告内容分类。按照报告内容的不同，管理会计报告可分为综合企业管理会计报告和专项企业管理会计报告。

（5）其他。其他还有基于报告主体整体性分类和基于价值链分类等细分方法。

### 3．管理会计报告的流程

（1）编制。管理会计报告，应由管理会计信息归集、处理并报出的责任部门编制。

（2）审批。企业应根据报告的内容、重要性和报告对象，确定不同的审批流程，经审批后的报告方可报出。

（3）报送。企业应合理设计报告报送路径，确保企业管理会计报告及时、有效地送达报告对象。企业管理会计报告可根据报告性质、管理会计需要进行逐级报送或直接报送。

（4）使用。企业应建立企业管理会计报告使用的授权制度，报告使用人应在权限范围内使用企业管理会计报告。

（5）评价。企业应对管理会计报告的质量、传递的及时性、保密情况等进行评价，并将评价结果与绩效考核挂钩。

相对于财务会计报告而言，管理会计报告的格式比较自由，可根据企业的需要编制相应内容。

## 11.4 平衡计分卡

前述在讨论责任会计系统时，曾经提到过三个责任会计系统，分别分析和比较了以财务为基础的责任会计系统和以作业为基础的责任会计系统。本节进一步讨论第三个责任会计系统——以战略为基础的责任会计系统。以作业为基础的责任会计系统体现出责任如何进行分配、计量和评价等方面的重大变革，作业系统在以职能为基础的责任会计系统的财务视角基础上增加了流程视角。流程体现了一个组织是如何运行的，因此任何改进组织业绩的努力都要涉及改进流程。它还通过从维持现状来进行成本控制到通过持续学习和变革以降低成本的观点，改变了财务视角，使得责任会计从一维变成两维系统，从控制系统变成业绩管理系统。变化虽大，但仍有局限，如"持续改进"的努力经常是混乱的，不成体系的，不能与组织的总体使命和战略结合起来。

平衡计分卡（balanced scorecard，BSC）是从财务（financial）、顾客（customer）、内部业务流程（internal business processes）、学习与成长（learning and growth）四个层面，将组织的战略落实为可操作的衡量指标和目标值的一种新型绩效管理体系。平衡计分卡的四个层面是有因果关系的，就像四座紧密相连的桥梁，连接了战略与执行之间的鸿沟。其基本框架如图 11-1 所示。

简单地说，其基本管理思想为：强调非财务业绩与非财务指标的重要性，通过对财务、顾客、内部业务流程、学习与成长四个层面各有侧重又相互影响的方面来评价业绩，以达到沟通目标、战略与经营活动三者之间的和谐关系，实现短期利益与长期利益、局部

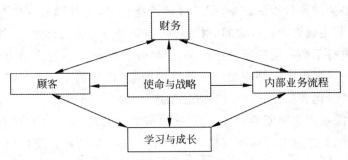

图 11-1　平衡计分卡的基本框架图

利益与整体利益的协调发展,追求企业的可持续发展。

## 11.4.1　基于战略的责任会计系统

以战略为基础的责任会计系统,将组织使命转化为经营目标和评价指标,平衡计分卡作为以战略为基础的业绩管理系统,通常从财务、顾客、内部业务流程及学习与成长等四个视角确定经营目标和评价指标。平衡计分卡将公司战略转换为可以在整个组织部署、具有可操作性的活动。

### 1．分配责任

以战略为基础的责任会计系统,通过把责任与战略捆绑在一起,把握企业改良的方向。仍然保留了以作业为基础的系统的流程与财务视角(包括系统效率、团队责任感),但是增加了顾客及学习与成长的视角,将责任维度的数量增加到四个方面。尽管可以增加更多的视角,但这四个视角对于创造竞争优势及便于管理者详细说明与传达组织的使命和战略是最基本的。只有那些有助于发现企业竞争优势的潜在的视角才能被包括进来,这就为扩展视角提供了可能性。增加的两个视角考虑了顾客与员工的利益,这在以作业为基础的责任会计系统中未能充分予以考虑。另外,平衡计分卡将责任的视角扩展到整个组织,希望组织中所有的个体都必须了解组织战略,指导他们帮助组织实现战略。这种扩展的关键是对业绩评价指标进行适当和谨慎的界定。

### 2．建立业绩评价指标

以战略为基础的方法,保留了以作业为基础的系统中的财务和流程导向的标准,其中包括增值和动态标准的概念;保留了在作业方法中形成的先进性思想,如增值标准和动态标准,扩展到传达战略和协调目标,通过整合使其相互一致和相互促进。业绩评价指标应该慎重设计,只有通过将组织的战略转化为可以理解、传达并付诸实施的目标与评价指标,才可能实现个人与组织目标及措施之间的更为彻底的整合。

所谓具有平衡的评价指标体系,即选择评价指标时,要在滞后评价与先导评价指标之间、客观评价和主观评价指标之间、财务评价与非财务评价指标之间、外部评价和内部评价指标之间进行平衡。滞后评价指标是结果,评价指标计量过去努力的结果(比如顾客的盈利性),先导评价指标是驱动未来业绩的因素(比如员工培训耗时)。客观评价指标是那些很容易量化和验证的评价指标(比如市场份额),而主观评价指标则是那些在本质上不宜量化、需要更多判断的评价指标(比如员工能力)。财务评价指标是以货币形式表示的评价指标,而非财务评价指标使用非货币单位计量的评价指标(比如单位成本和不满意顾客的数量),外部评价指标是与顾客和股东相关的评价指标(比如顾客满意度和投资回报率),内部评价指标是指那些与为顾客和股东创造价值的流程和能力相关的评价指标(如流程效率和员工满意度)。

以财务为基础的传统的责任模型下,业绩评价指标大多为财务指标且都是滞后评价指标。而许多战略目标实际上是非财务的,需要使用非财务评价指标去促进和融合战略目标,比如增加顾客忠诚度是一个主要的战略目标,它的实现会导致收入和利润的增加,那么该如何衡量顾客的忠诚度呢? 追加订单的数量应该是一个可行性较高的评价指标,并且是一个非财务指标。但是,怎么评价顾客是否有忠诚度呢? 可采用产品质量的提升和订货后发货的准时性等。进一步,考量这些产品质量和发货的指标又如何评价呢? 可采用如测量次品率和准时交货率。这样就把非财务指标与战略目标紧密联系起来了,当然,次品率减少是否一定会增加顾客的忠诚度等先导性指标都需进一步在评价系统中分析。

平衡计分卡系统通过一系列综合的、可预测的和历史的并且可以主观或客观地测量的财务与非财务评价指标,可以完整地表述一个公司战略。

### 3. 业绩计量和评价

在以作业为基础的责任系统下,业绩评价指标是具有流程导向的,因此业绩评价专注于流程特征的改进,比如时间、质量和效率。通常可用成本的降低率作为流程改善的财务评价指标,属财务视角。战略业绩管理系统将这些评价方法扩展到包括顾客以及学习与成长的视角等更综合的财务视角。企业必须对各事项进行业绩评价,如顾客满意度、顾客维系、员工能力以及来自新顾客和新产品的收入增长。

平衡计分卡框架下的业绩评价,充分考虑了企业战略的有效性和可行性。而且,平衡计分卡方法可用于推动企业变化,而大多数的变化,重点是通过业绩评价来表述的,通过为各个视角的单个业绩评价指标建立弹性目标来实现。弹性目标是指在一定水平上设立的目标,如果实现这个目标,将在三到五年的时间内改变企业组织的状态。一定期间的业绩是通过比较各个评价指标的实际值与目标值来评价的。

### 4. 分配报酬

任何业绩管理系统要想取得成功,就必须将其奖励系统与业绩评价指标联系起来。

以作业为基础的和以战略为基础的系统,都使用相同的财务手段来奖励那些完成了预定业绩目标的员工。这两个系统和传统控制系统之间最大的区别在于奖励的基础,不仅仅是财务评价指标,还有非财务评价指标。在平衡计分卡系统中必须考虑业绩的四个维度,而不是只考虑以作业为基础的业绩系统中的两个维度。

## 11.4.2　平衡计分卡的基本内容

平衡计分卡包含了以下多种要素。

(1)维度。维度是观察组织和分析战略的视点,每个维度均包含战略目标、绩效指标、目标值、行动方案和任务几部分。平衡计分卡的维度包括:财务、顾客、内部业务流程、学习与成长。平衡计分卡的四个维度分别代表企业三个主要的利益相关者:股东、顾客、员工。每个维度的重要性取决于其本身和指标的选择是否与公司战略相一致。每个维度都有其核心内容。

(2)战略目标。每个战略目标都包括一个或多个绩效指标。

(3)绩效指标。该指标是衡量公司战略目标实现结果的定量或定性的尺度。

(4)目标值。是指期望达到的绩效目标的具体定量要求。

(5)行动方案。它由一系列相关的任务或行动组成,目的是达到每个指标的期望目标值。

(6)任务。任务是执行战略行动方案过程中的特定行为。

## 11.4.3　财务维度

财务维度不仅是一个单独的观察和衡量层面,也是其他几个维度的出发点和落脚点,其目的是解决"股东怎么看我们"的问题。财务数据用来体现股东利益,反映企业业绩,显示企业战略及执行的财务成果,对企业战略及其实施是否有助于利润增加进行评价。平衡计分卡应当反映企业的战略全貌,从长远的财务目标开始,然后将它们同一系列行动相联系。通过财务、顾客、内部流程以及企业的学习与成长四个维度,实现企业的长期经济业绩。

财务业绩指标可以显示企业的战略及其执行是否对改善企业盈利作出了贡献。财务维度有三个战略主题:收入增长、成本降低和资产利用。这三个主题成为构建具体的经营目标和评价指标体系的基石。

### 1. 收入增长

实现收入增长的方法有好几种,而潜在的战略目标正反映了实现收入增长的可能性。这些目标包括:①增加新产品的数量;②拓展现有产品新的用途;③开发新的顾客和市场；④采用新的定价策略等。一旦确定了经营目标，就可以设计业绩评价指标。例如，新产品销售列出百分比、现有产品新用途增加收入的百分比、来自新顾客和新市场的收入所占百分比，以及产品或顾客的盈利性。

### 2．成本降低

成本降低的目标包括降低单位产品成本，降低每个顾客或每个分销渠道的成本。显然，针对这些目标，适当的评价指标是：特定成本对象的单位成本。这些评价指标的趋势将会说明成本是否正在降低。对于这些指标来说，成本分配的准确性尤其重要。在此，以作业为基础的成本法可以发挥重要的计量作用，对于那些通常不分配到顾客或分销渠道等成本对象的成本，比如说销售和管理成本。

### 3．资产利用

提高资产利用效率是主要的目标。财务评价指标，如投资回报率和经济附加值都可以使用。

## 11.4.4　顾客维度

顾客维度解决的是"顾客如何看我们"的问题，顾客方面有许多指标体现了企业对外界变化的反映，企业需了解和关心哪些是你的顾客？顾客需要什么？何时需要？及如何需要？向顾客提供产品和服务，满足顾客的需求，企业才能生存。而顾客关心时间、质量、性能、服务和成本等因素，因此企业就必须在这些方面下功夫，如按时交货、提高质量、供货便宜且适用等。从顾客的角度给自己设定目标，就能够保证企业的工作有成效。在平衡计分卡的顾客层面，管理者应确立其业务单位将要竞争的顾客和市场，以及业务单位在这些目标客户和市场中的衡量指标。

在顾客维度有五大核心指标：市场份额、回头客的增长率、新顾客获得率、顾客满意度以及从顾客处获得的利润率。我们把顾客方面的指标分为过程指标和结果指标。所谓过程指标是指如果成功地实现就会支持其他行动指标的指标。对于顾客而言，主要关心的是高质量、低成本和及时供给等。而结果指标对于一个组织的战略目标而言是比较重要的检验指标体系。对顾客而言，主要有顾客满意度、市场份额等。有时两者是重复的，对于财务人员来说，关键要找到两者之间的联系，以便找到一个合适的过程指标组合来实现最优的结构指标。

过程指标也就是流程中必须关注的指标。从成本角度，有顾客的购买成本、分销成本、安装成本和维修成本；从质量角度，有退货率、评价机构的结果及市场调查反应；从及时性角度，有快捷营销、顾客订货时间、完成合同时间和产品生产周期。

而结果的检验性指标，从顾客忠诚度角度，有老顾客回头率、顾客流失率及挽留顾客成本；从吸引新顾客能力角度，有新顾客比率、人数及吸引顾客成本；从市场份额角度，有占总额的百分比、占顾客总消费百分比、占总产品百分比。

顾客是企业的重要资产，确认、增加和保持这项"资产"的价值，对于竞争优势的获取和保持都非常重要。平衡计分卡将顾客的服务满意程度作为单独的一个方面加以考核，并通过内部过程、学习和创新来保证和促进这一业绩，不仅从观念上促进了企业内部各个层次对于顾客价值的重视，而且提供了贯彻企业竞争战略的具体方式。

## 11.4.5　内部业务流程维度

内部业务流程指的是企业从输入各种原材料，到创造出对顾客有价值的产品或服务过程中的一系列活动，它是改善其经营业绩的重点。其目标是解决"我们擅长什么"的问题。反映企业内部效率，关注导致企业整体业绩更好的过程、决策和行动。

内部业务流程层面主要关注为顾客和企业股东提供价值所需要的内部流程，是创造顾客和股东价值的手段。因此，内部业务流程层面要求识别实现顾客和财务目标所必需的流程，是执行战略的手段。流程价值链由三部分组成：开发流程、经营流程和售后服务流程，其目标和评价指标如下。

### 1. 开发流程

开发流程预测顾客现有的和潜在的需求，创造新产品和服务以满足这些需求。它代表了长期的价值。其目标包括增加新产品的数量，增加专利产品收入的百分比，以及减少开发周期。相关的评价指标包括：实际新增产品和计划产品的比较、新产品所获收入百分比、专利产品收入百分比和开发周期。

### 2. 经营流程

经营流程为顾客生产和交付现有的产品和服务。它开始于顾客订单，结束于产品和服务的交付。它是短期的价值创造。经营流程有三个目标：提高流程质量、提高流程效率和缩短流程时间。流程质量评价指标包括质量成本、有效产出率（有效产出/有效投入）和合格品率（有效产出/总产出）；流程效率评价指标主要有设计流程成本和流程生产率；流程时间评价指标有生产周期、生产速度和生产循环效率。

1）生产周期和生产速度

顾客对公司订单做出反应的时间叫响应度。生产周期和生产速度是响应度的两个操作性的评价指标。生产周期是指从收到原材料起（作为周期的起点），到产品转交成品库（作为周期终点）为止，生产一件产品所需耗用的时间（时间/产量）。生产速度是在单位时间内能够生产产品的数量（产量/时间）。尽管生产周期被界定为经营流程，但拆分为开发和售后服务两个流程，分别计量开发新产品并推向市场需要多少时间，或需要多少时间能够解决顾客投诉。

利用激励机制可以鼓励生产部门缩短生产周期或提高生产速度,完善准时交付产品的能力,比如将生产成本和生产周期联系起来。在实施 JIT 模式的企业,单元流程成本按一个产品通过该单元的时间分配到产品(时间越长,成本越高)。根据某一期间内理论上可利用的时间(如用分钟表示),则可以计算出每分钟增值标准成本:

$$每分钟增值标准成本=单元流程成本/可利用时间$$

要计算单位产品流程成本,用每分钟增值标准成本乘以该期间内生产产品的实际生产周期就可得出结果,通过比较根据实际生产周期计算的单位产品成本与根据理论或最优生产周期计算的单位产品成本,管理者就可知道还有多大的改进潜力。这种产品成本计算方法可以鼓励生产部门寻求缩短生产周期或提高生产速度的方法。

2)生产循环效率(MCE)

另一个基于时间的经营评价指标是生产循环效率(MCE),其计算公式如下:

$$MCE = \frac{流程时间}{加工时间+搬运时间+检验时间+等待时间+其他不增值时间}$$

其中,加工时间是指将原材料加工成产成品所需时间。其他作业和它们花费的时间都被视为浪费,管理目标就是将这些时间减为零。如果实现了这一点,MCE 值应该是 1.0。许多企业的 MCE 都小于 0.05,当改进 MCE(向 1.0 移动)时,生产周期就可缩短,而且因为改进 MCE 的唯一方法就是减少浪费,所以其必然结果就是成本的降低。

### 3.售后服务流程

售后服务流程是为顾客提供必需的、反应迅速的服务。提高质量、提高效率以及缩短流程时间,是售后服务的目标。比如,可用一次性解决问题比例及通过一个电话就能解决一个顾客请求的百分比来衡量服务质量;可用成本趋势和生产率评价指标计量效率;可用起点(收到顾客请求时间)和终点(顾客解决问题时间)的周期计量流程时间。

为满足客户和股东的要求,哪些流程必须表现卓越?为了满足顾客不断变化的需求,企业必须在运作流程中开发出符合要求的新产品。只有把这些方面做好了,企业的运作才有价值,才能够得到顾客的回报。在这一维度,管理者要确认企业必须擅长的关键内部流程,以吸引和留住目标细分市场的客户,并满足股东对卓越财务回报的期望。

## 11.4.6　学习与成长维度

学习与成长维度主要关注组织创造长期发展和不断改进所需的能力。其目标是解决"我们在进步吗?"的问题,主要考虑企业要创造长期的成长和改善所必须建设的基础设施。学习和成长层面是其他三个视角的目标得以实现的源泉。学习与成长层面必须包括三个主要目标：提高员工能力，增加激励、授权和合作，提高信息系统能力。

## 1．员工能力

评价员工能力的核心指标有：员工满意度的等级、新员工百分比和员工生产率（比如，每个员工创造的收入）。员工能力的先导评价指标或业绩动因包括培训时间和适合战略性工作的员工比例（满足工作要求的员工百分比）。新的业务流程产生时，会需要新技术，而培训和招聘是应对新技术的方法，并且在特殊岗位掌握所需特殊技术的员工人数，从另一方面反映了企业实现其他三个层面的能力。

## 2．激励、授权和合作

员工不仅必须具备必要的技术和知识，还必须能够积极主动、有效地使用这些技术和知识。如每个员工提出合理化建议的次数及其建议是否被采纳，都可以作为激励和授权的评价指标。每个员工提出建议的次数可以衡量员工参与的程度，而建议被采纳次数则反映了参与的质量，也表明员工的建议是否得到管理层的重视。

## 3．提高信息系统能力

提高信息系统能力，意味着向员工提供更准确、更及时的信息，使他们能够改进流程，并有效地执行新的流程。平衡计分卡通过指标分解让员工参与管理指标的设定，让员工了解到企业战略，进而认识到自身工作对企业战略及整体业绩的作用，有利于促进团队合作，增强员工参与管理的热情，加强企业的凝聚力，从而有利于战略的执行。

企业必须不断地学习和创新，以应对不断变化的环境，并自觉推动企业的发展。这包括人力资源、产品线、技术、能力等方面的进步和自我成长的能力——学习能力的进步，只有不断地学习和创新，企业才可能有更好的发展，因此必须规范与提升企业的创新能力、学习能力。这一层面应确立企业要创造长期的业绩成长和能力改善所必须建立的基础框架，还应确立目前和未来成功的关键因素。

平衡计分卡的前三个维度一般会揭示企业的实际能力与实现突破性业绩所必需的能力之间的差距，为了弥补这个差距，企业必须投资于员工技术的再造、组织程序和日常工作的理顺，这些都是平衡计分卡中学习与成长维度追求的目标。其评价指标如员工满意度、员工保持率、员工培训和技能等。

平衡计分卡中的四个维度是相互联系、相互作用的。财务指标说明了已采取的行动所产生的结果，同时它又通过对顾客的满意度、内部流程及学习与成长活动进行测评的业务指标来补充财务衡量指标。财务方面是表象和滞后指标，顾客、内部业务流程、学习与成长是内在原因和领先指标。平衡计分卡的评价方法同时兼顾了组织中的内在和外在因素，并能够与组织的战略目标相配合，可以成为战略实施的重要工具；平衡计分卡同时运用财务指标与非财务指标，使业绩的评价更加完整和全面。

# 11.5 内部转移价格

## 11.5.1 内部转移价格的含义

内部转移价格又称内部转让价格,是指企业内部有关责任中心之间互相提供产品或劳务的结算价格。在分权管理模式下,企业内部的每个责任中心都是相对独立的责任主体,各责任中心之间相互提供产品或劳务的情况经常发生,当产品或劳务由一个部门转移到另一个部门时,一个部门的成本就成为另一个部门的收入。为了正确地计量、考核、评价企业内部各责任中心的经营业绩,明确区分它们的经济责任,使各责任中心的业绩考核评价建立在客观可比的基础上,就必须根据各责任中心的业务活动的具体情况及特点,正确制定企业内部合理的转移价格。

合理制定内部转移价格有助于划分各个责任中心的经济责任,有助于调动各责任中心的积极性,有助于考核各责任中心的经营业绩,有助于进行正确的经营决策。转移价格有两个作用:其一,作为价格,它能指导各部门制定决策,帮助供应部门决定生产、提供多少产品,帮助购买部门决定购买多少产品;其二,它有助于高级管理层对于责任中心尤其是利润中心的业绩考核。

## 11.5.2 内部转移价格的制定原则

一个良好的转移定价系统应该满足三个目标:准确的业绩评价、目标的协同、保持各个分部的自主权。准确的业绩评价意味着没有任何一个分部经理可以牺牲其他分部利益为代价而获利。目标协同,意味着各分部经理都选择能使公司总体利润最大化的行为。自主权意味着高层管理者不干涉各分部经理的决策自由。

为了使内部转移价格能实现上述功能,企业应用内部转移价格工具方法时应遵循以下原则。

(1) 合规性原则。内部转移价格的制定、执行及调整应符合会计、财税等法律法规。

(2) 效益性原则。内部转移价格的应用,以企业整体利益最大化为目标,避免单纯追求局部利益;同时也兼顾各责任分部及个人利益。

(3) 适应性原则。内部转移价格的制定应与企业所处行业特征、企业战略、业务流程、产品(或服务)特点、业绩评价体系等相适应,使企业能够统筹各分部利益。

(4) 自主性原则。内部转移价格应尊重各责任分部相对的独立自主权,一般由有关责任分部自主定价。

(5) 激励性原则。内部转移价格的制定应能激励各个责任分部经营管理的积极性,同时也能够获得相适应的收益。

（6）重要性原则。即制定内部转移价格时应体现"大细零简"原则，对原材料、半成品、产成品等重要物资的内部转移价格制定从细，而对于一些量大、价廉的物资从简。

### 11.5.3　内部转移价格的类型

内部转移价格的制定方法多种多样，不同方法制定出的内部转移价格适用于不同的具体情况，没有一种内部转移价格能够适用于所有目的。内部转移价格制定的有效与否，最终看它是否能够促进组织内部正确决策的制定。在制定内部转让价格时，最基础的三种方法是：以市场价格为基础的、以协商价格为基础的和以成本为基础的内部转移价格。

#### 1. 以市场价格为基础的内部转移价格

以市场价格为基础的内部转移价格就是以市场价格作为责任中心（或事业部分部）之间中间产品或劳务的内部转移价格。以市场价格为基础的内部转移价格，必须基于这样一些条件：企业内部各责任中心都处于独立自主的状态，可自行决定从外界市场或内部分部进行采购或销售；同时产品或劳务有竞争市场，有客观的市场价格可供参考和利用。即，受让方可以按市场价格从外部市场买到所需要的全部中间产品，同时，转让方也可以按市场价格向外部市场售出所生产的全部中间产品，且不会因此而对市场价格产生明显影响，这样转让方和被转让方都不会受制于对方。以市场价格作为内部转移价格的优点是能够在企业内部引入竞争的机制，较好地体现公平原则。内部交易跟对外交易一样，有利于激励和促进卖方改善经营管理、努力降低成本。

以市场价格作为内部转移价格，必须满足四个条件：

（1）相对总体市场而言，分部市场的中间产品的数量较少，不会造成产品价格的波动；

（2）中间产品与其他销售商的同类产品无差别；

（3）企业能够轻易地进入或退出市场；

（4）顾客、生产商和资源所有者完全了解市场。

另外，若各分部之间提供的中间产品属于企业专门生产或具有特定的规格，则可能会没有市场价格可供参照，或者有的产品即使有市价，但市价波动较大或不具有代表性，按市场价格计价会带有局限性；还有，企业内部相互转让的产品或提供的劳务，由于手续简单，往往比对外销售节约较多的销管费用，这方面的节约将全部表现为转让方的经营业绩，而受让方企业依据此价格得不到任何好处，这个对绩效考评的影响因素也需要考虑。

### 2. 协商决定的内部转移价格

以市场价格为依据的内部转移可视同市场交易,完全按公允价格实现等价交换。在中间产品存在不完全竞争外部市场的情况下,市场价格就不是可靠的参照依据,此时可考虑以协商价格作为内部转移价格。协商转移价格也称协商价格,是指买卖双方以正常的市场价格为基础,通过充分自由协商后而确定的一个双方都愿意接受的价格。注意,该协商价格是特指以市场为基础的协商价格,而不是泛指任何一种经多方协商而制定的价格。

协商价格通常要比市场价格稍低一些,这是因为:

(1) 内部转移价格中所包含的销售和管理费用,一般要低于外部市场供应的市场价格。

(2) 内部转让的中间产品一般数量较大,故单位成本较低。

(3) 转让方拥有剩余的生产能力,因而议价时只要略高于单位变动成本即可。在没有剩余生产能力的情况下,转让方会倾向于向市场销售而拒绝提供给内部分部。

协商价格的上限是市价,下限是单位变动成本,具体价格应当由责任中心的买卖双方在其上下限范围内协商议定。

协商转移价格在信息公开的情况下可使双方的利益得到保证,同时使部门经理的自主权得到了发挥,如果协商转移价格能确保公司利益最大化,则无须公司高层干涉各分部的具体事务。

但该种定价方法往往使分部经理人员将大量的时间和精力都花费在协商过程中,且协商价格会因部门经理个人的谈判技巧有差异而产生扭曲,这对业绩评价会产生不利影响,也可能导致部门之间的矛盾;一个拥有秘密信息的分部经理可能会利用其他分部经理的后知后觉来获利(部门间的信息差可能也会引发集团内部的道德问题)。这些是经常被提及的内部转移价格制定时的缺点。

### 3. 以成本为基础的内部转移价格

以成本为基础的内部转移价格制定方法就是在各中间产品或劳务的成本基础上加上一定比例的内部利润作为内部转移价格的方法,也称成本加成法。此法主要适用于各责任中心之间的产品或劳务转让,处于不完全市场竞争条件下,即中间产品或劳务没有正常市场价格参考的情况下,以产品成本为内部转移价格是制订转移价格最简便的方法。

成本加成法细分为完全成本加成法和变动成本加成法两种方法。

1) 完全成本加成法

完全成本加成法就是根据中间产品或劳务的全部成本加上按一定的合理利润率计算的利润作为内部转移价格的方法。

它突出的优点是简便,直接采用销售分部的成本数据。同时,与变动成本相比,由于补偿了固定成本,所以它鼓励销售分部多进行技术改革。完全成本法存在的主要缺点是:彻底关闭了协商方法,转让方不太考虑内部交易,且成本全部转嫁给买方承担,从而削弱了各责任中心降低成本的责任感;完全成本法加成法的加成利润率的确定虽然可以协商但难以达到合理,其或高或低都会影响双方业绩的正确评价。

2)变动成本加成法

变动成本加成法就是根据中间产品或劳务的变动成本加上一定的合理利润率计算的结果作为内部转移价格的方法。

变动成本加成法的主要缺点:

(1)这种转移价格会使受让方过分有利;

(2)由于对责任中心只计算变动成本,因而不能用投资利润率和剩余收益对该中心负责人进行业绩评价,而只能用于成本中心;

(3)未考虑固定成本,可能造成信息扭曲从而影响产品全面决策,误导相关方行为;

(4)若责任中心的变动成本很容易转移给另一责任中心,将影响成本中心的激励效果。

成本加成法是一种较简单、快捷但不太完善的方法。但是,对于无外部市场的中间产品,以及某种便于整体决策的项目来说,它仍不失为一种行之有效的和必要的内部转移价格的方法。

内部转移价格的主要优点:能够清晰地反映企业内部供需各方的责任界限,为绩效评价和激励提供客观依据,有利于企业优化资源配置。要注意的是利用地区收入差、税差(或国家间的税差)而使用转移定价影响实付的所得税。

# 11.6 绩效综合应用分析

战略成本管理的应用往往不是单一工具,而是多项工具的综合使用,本案例以预算管理和平衡计分卡的结合为例,说明二者共同使用对企业的作用。预算管理和平衡计分卡的基本概念及特点在本书的以上章节中均有介绍,此处不再详述。

## 11.6.1 我国传统预算管理存在的问题

我国传统的预算管理存在如下问题。

### 1. 未能与企业的战略发展目标相结合

预算管理作为一种有效的管理控制工具,对企业战略发展目标的实现起着举足轻重的作用。企业一项战略发展目标的实现,需要整合各部门资源,需要实现资源优化配置。

预算缺乏战略性,预算组织机构不健全,职责分配不明确,一些企业在预算管理岗位的设立或设置上不够合理,预算的执行力不强,这些是造成企业预算管理效率低下的原因。

### 2．预算管理未成为管理会计的核心

相关部门缺乏沟通和协调。多数企业还是由财务部门负责编制预算,而业财融合几乎未能实现,财务人员由于机构及专业的限制,并不能实时掌握公司所有的经营活动。编制预算只是根据各部门上交的数据进行预测。

### 3．非财务指标未纳入

传统预算管理未认识到非财务指标,如安全率、产品质量、员工满意度、客户满意指标等所产生的影响,导致编制的预算缺乏全面性、整体性,降低了预算管理系统整体作用的发挥,使资源优化配置难以实现。

## 11.6.2  构建预算管理与平衡计分卡相整合的企业管理系统

### 1．预算管理与平衡计分卡相整合的基本原则

(1)注重财务层面。在整合过程中,通过优化平衡计分卡的内部运营流程维度,提高对员工学习与成长的关注度,提高员工工作积极性,从而驱动客户因素,追求财务维度利润最大化的目标。财务指标作为财务维度的组成部分,也是预算目标的关注重点。

(2)与企业战略相融合。平衡计分卡将量化的方法应用到企业实践中,以取得一定的效果。在其实现的过程中,公司应该注意什么指标,投入什么资源才是重点,预算管理的作用就是能够合理有效分配资源。因此,两者的结合能使企业预算与公司战略同步,完成经营目标。

(3)协调企业利益。预算管理较注重企业各部门的自身状况,由于种种原因,各部门工作并不能很好地协调,时常产生预算松弛现象。而平衡计分卡能够消除部门之间的壁垒,将预算管理与企业战略相融合,利用平衡计分卡四大维度的作用,可以推动预算工作的落实,使企业预算管理水平大大提高,加强企业凝聚力。

(4)强调员工能动性。劳动创造价值,企业员工的工作积极性以及学习创新能力对公司的长远发展十分重要。平衡计分卡中包含的学习与成长维度,强调企业员工在企业发展过程中的推动作用。全面预算要求全员参与,执行是公司员工共同努力的过程,需要各部门协同出力,确保预算的成功实施。

(5)关注客户需求。客户是创造企业价值的源泉,在激烈的市场竞争中,只有努力地满足客户的需求,提高客户满意度,才能使公司盈利且不断发展壮大。虽然预算管理与平衡计分卡都对客户层面有所关注,但关注点有所不同:预算管理强调的是客户的需求;

而平衡计分卡主张站在客户的角度,希望实现双赢,对客户层面的指标比较关心,如产品质量、价格、售后情况等。

### 2. 预算管理与平衡计分卡相整合的优势

(1) 预算管理与平衡计分卡相整合,使企业的战略发展规划与企业预算管理相结合,可以提升全面预算管理的战略性,使企业预算管理与战略发展目标相一致。

(2) 预算管理与平衡计分卡相整合,能够克服原有传统预算管理只关注财务性指标的编制执行的缺陷,从而实现全面反映衡量企业业绩的各项指标,使企业评价更加具体、全面。

## 11.6.3　HT 企业的预算管理与平衡计分卡整合模式

### 1. HT 企业简介

HT 企业是个老牌酱油生产企业,于 2014 年在上海证券交易所上市,拥有员工 5 122 名,主要从事酱油、调味酱、蚝油的生产和销售。企业成立之初就引进了预算管理模式,并取得一定成效,形成了集研发、生产、销售为一体的企业预算管理体系。

HT 企业设立董事会、财务部门、人力资源部门、采购部门、销售部门等,分工明确。董事会下设预算管理委员会,主要职能是对预算目标加以确定,编制预算执行方法,供其他部门执行。

### 2. HT 企业引入新的企业管理系统的可行性分析

HT 企业上市后就着手建立现代化的企业管理模式,逐步引入多项管理决策方法和工具。

(1) 企业管理者的高度重视为引入平衡计分卡奠定基础。企业在绩效考核时将预算执行情况划归在绩效考核范围内,因此,企业高层领导十分重视预算的执行情况,结合预算管理与平衡计分卡的特点,有利于提高企业整体业绩评价。

(2) 战略发展规划为平衡计分卡的引进奠定根基。2019 年,HT 企业的发展目标是销售总额达到 180 亿元,客户签单量计划增长 15%,在产品生产质量和品质安全上取得良好成绩。预算管理与平衡计分卡相整合的预算管理系统,能够弥补企业发展中的不足,增加企业收益。

(3) 信息化平台为引入平衡计分卡提供技术支持。HT 企业应用的是目前整体稳定性最好的 ERP 系统软件 SAP,其中包括财务模块、管理模块、销售模块、人力资源模块等,若将预算管理与平衡计分卡进行整合,对数据的处理要求也就更高,HT 企业自身拥有的技术平台为两者的结合提供了广阔空间。

### 3. 设计基于平衡计分卡的绩效考核预算方案

企业预算目标的实现情况可以通过对企业员工的绩效考核来获得。企业上级对下级的绩效成果进行考核,考核结果交给总经理。为了使企业的战略目标得以实现,获得可观的利润,要将绩效考核中的指标性内容做出改变,比如财务和非财务性质的有关内容,这有利于考核结果的汇总,对于绩效目标的形成有促进作用。此外,平衡计分卡中的关键内容即四个维度要不断进行设计更新。与此相关的部门也要进行全面的绩效考核评价,并充分考虑到这些部门在四个维度上所占的比重。为了达到各部门既得利益的一个相对平衡的状态,要加大各部门的协调性和规范性。例如,对销售部负责人设计如下考核方案(见表 11-4 所示)。

表 11-4　四维度核算指标

| 维　度 | 核算指标 | 分值 | 预算目标值 | 完成状况 | 实际得分 |
|---|---|---|---|---|---|
| 财务(25%) | 总资产周转率 | 25 | 总资产周转率实现 85% | 90% | 22.5 |
| | 销售增长率 | 25 | 销售增长率实现 50% | 80% | 20 |
| | 净资产增长率 | 30 | 净资产增长率实现 8.5% | 80% | 24 |
| | 利润平均增长率 | 20 | 利润平均增长率实现 50% | 70% | 14 |
| 平均小计 | | 100 | | | 80.5 |
| 内部业务流程(25%) | 生产计划完成率 | 20 | 生产计划完成率实现 100% | 95% | 19 |
| | 产品投入回报率 | 30 | 产品投入回报率 100% | 95% | 28.5 |
| | 产品单位成本增长率 | 30 | 产品单位成本增长率降低 10% | 95% | 28.5 |
| | 生产循环效率 | 20 | 生产循环效率提升 10% | 90% | 18 |
| 平均小计 | | 100 | | | 94 |
| 顾客(25%) | 客户满意度 | 30 | 客户满意度达到 90% | 85% | 25.5 |
| | 客户回头率 | 20 | 客户回头率实现 95% | 80% | 16 |
| | 新客户比率 | 25 | 新客户比率实现 85% | 85% | 21.25 |
| | 客户签单率 | 25 | 客户签单率达到 80% | 80% | 20 |
| 平均小计 | | 100 | | | 82.75 |
| 学习与成长(25%) | 员工培训时间 | 20 | 员工培训时间达到 72 小时 | 90% | 18 |
| | 员工满意度 | 20 | 员工满意度达到 100% | 80% | 16 |
| | 任务完成率 | 30 | 任务完成率实现 100% | 80% | 24 |
| | 员工流动率 | 20 | 员工流动率低于 30% | 85% | 17 |
| | 员工建议采纳数 | 10 | 员工建议采纳数达到 50% | 80% | 8 |
| 平均小计 | | 100 | | | 83 |
| 合计得分 25%×80.5+25%×94+25%×82.75+25%×83=85.0625 | | | | | |

通过以上表格的整理,可以计算出企业员工在考核期的任务完成状况,以此进行绩效考核。考核项目可以根据考核要求增减。根据分数进行奖罚。

### 4．与平衡计分卡进行整合的预算编制方式

传统预算有多种编制方式，如：零基预算，强调预算的支出应从实际出发，根据实际业务状况计算业绩；弹性预算，是根据经营期间发生的业务量，并相应地确定费用数额来计算的；滚动预算，不受会计期间限制，预算的执行和延伸保持一定的周期即可。HT 企业采用的是滚动预算，保持以 12 个月为一个周期的方式编制预算。编制预算时，可以从平衡计分卡的四大维度分别展开，与预算管理相结合，构建新型预算管理体系。

目前，HT 企业主要运用自上而下方式，预算决策权掌握在高层管理者手中，下级部门被动接受并执行，员工工作热情不高。因此，企业欲打破原有的预算编制壁垒，基于平衡计分卡四个维度对预算编制进行改进，采用上下结合的预算编制方式，及时听取上下不同的意见，加强企业财务部门、人力资源部门、采购部门等部门的协调与沟通，共同编制预算。

### 5．实施与平衡计分卡进行整合的企业预算分析

预算分析要求企业定期对预算执行情况进行评价和反馈，围绕发展方向，完善编制预算。常规以月、季、年作为编制时间，对企业各部门的预算执行情况进行说明，并生成财务会计报告，交由预算委员会审核。预算执行过程中，需要部门领导对预算执行情况加以监督，并及时向董事会反馈。与平衡计分卡进行整合的预算管理体系，需要在四个维度的基础上设置主要指标和辅助指标，对业绩进行评价。例如，销售指标分析表，能够清晰地展示企业在经营时期内的预算和实际情况，分析经营绩效。通过将考核指标加以汇总，能够看出每种产品的预测和实际状况，借此分析企业产品销售的预算执行情况，有利于产品生产管理，如表 11-5 所示。

表 11-5　销售预测表

| 季度/月<br>产品数量/吨 | | 第一季度 | | | | 第二季度 | | | | 第三季度 | | | | 第四季度 | | | |
|---|---|---|---|---|---|---|---|---|---|---|---|---|---|---|---|---|---|
| | | 1月 | 2月 | 3月 | 小计 | 4月 | 5月 | 6月 | 小计 | 7月 | 8月 | 9月 | 小计 | 10月 | 11月 | 12月 | 小计 |
| 预测<br>数量 | 蚝油 | 7 | 6 | 5 | 18 | 5.5 | 5.6 | 5 | 16.1 | 5.6 | 5.2 | 5.6 | 16.4 | 5.8 | 5.8 | 6 | 17.6 |
| | 酱油 | 17 | 16.5 | 16 | 49.5 | 16 | 17 | 16.5 | 49.5 | 17 | 17.5 | 17 | 51.5 | 17.5 | 17.5 | 17.2 | 52.2 |
| | 调味酱 | 2.2 | 2.1 | 2 | 6.3 | 2.3 | 2.2 | 2.2 | 6.7 | 2.1 | 2.2 | 2.1 | 6.4 | 2.2 | 2.25 | 2.15 | 6.6 |
| 实际<br>数量 | 蚝油 | 6.8 | 5.8 | 4.5 | 17.1 | 5 | 5.2 | 4.8 | 15 | 5.2 | 5 | 5.4 | 15.6 | 5.4 | 5.1 | 5.6 | 16.1 |
| | 酱油 | 16.5 | 14 | 14.5 | 45 | 14 | 15 | 15.5 | 44.5 | 16 | 16.2 | 15.8 | 48 | 15.8 | 16 | 16.5 | 48.3 |
| | 调味酱 | 2 | 1.85 | 1.88 | 5.73 | 2.05 | 2 | 1.96 | 6.01 | 1.9 | 2 | 2 | 5.9 | 1.98 | 2.1 | 2 | 6.08 |
| 预测/<br>实际 | 蚝油 | 1.852 6 | | | | 1.073 3 | | | | 1.051 3 | | | | 1.093 1 | | | |
| | 酱油 | 1.100 0 | | | | 1.112 4 | | | | 1.072 9 | | | | 1.080 7 | | | |
| | 调味酱 | 1.099 5 | | | | 1.114 8 | | | | 1.084 7 | | | | 1.085 5 | | | |

通过客户维度分析，能够得出客户维度下的任务完成状况，以便及时调整销售计划，使企业效益达到最大化，如表 11-6 所示。实务中还需定性分析差异产生的原因及修改完善措施。

表 11-6　客户维度分析表

| 项　　目 | | 预 测 数 量 | 实 际 数 量 | 预测数/实际数 |
|---|---|---|---|---|
| 销售状况 | 销售额 | 160（亿元） | 151（亿元） | 1.059 6 |
| | 销售种类 | 2 种 | 3 种 | 1.000 0 |
| 交货情况 | 交货准时率 | 100% | 99% | 1.010 1 |
| | 问题产品比重 | 1% | 0.7% | 1.428 6 |
| | 产品合格率 | 100% | 99.99% | 1.000 1 |
| 产品推广 | 销售费用 | 12（万元） | 11.17（万元） | 1.074 3 |
| 市场份额 | 提升率 | 28% | 32% | 0.875 0 |

 ## 本章小结

绩效管理是管理会计业务活动的后端阶段,随着企业业务流程的多样化、复杂化,传统的绩效评价系统和方法已完全无法适应依赖和强化核心竞争力去实现跨越式发展的企业战略的要求。本章主要分析了在责任会计系统下,衡量三个中心(成本中心、利润中心、投资中心)的业绩指标,并从投资中心的财务评价中引申出经济附加值评价指标和非财务指标——平衡计分卡的概念。

 ## 复习思考题

1. 查阅资料分析 EVA 的评价方法及弊端。
2. 平衡计分卡的四个维度在实施时的关注指标各有哪些?
3. 战略成本管理的绩效指标如何得以推广?
4. 分析利润指标与非财务指标的差异。

 ## 自测题

# 第 12 章

## 项目管理实务流程

### 学习目标

1. 掌握企业管理流程中管理会计的全流程参与过程,工作程序及方法。
2. 了解把握成本的预算、核算和控制的全流程与内容。

## 12.1　建筑施工企业案例

　　案例企业是中国××建设有限公司的(简称中国×建)。目前,中国×建是世界最大的港口设计建设公司、世界最大的公路与桥梁设计建设公司、世界最大的疏浚公司、世界最大的集装箱起重机制造公司和海上石油钻井平台设计公司,也是中国最大的国际工程承包公司,拥有中国最大的民用船队。中国×建有 60 多家全资、控股子公司,远期目标是建立起全球产业链和全球化治理的体制机制,跨国指数超过 50%,基本完成由一流跨国公司向一流全球公司的转型。

　　本案例以海外业务的项目投标前后、施工前后、成本发生等流程管理为主进行分析,将其作为管理会计业财融合的案例进行分析和介绍。

## 12.2　投标前流程分析

　　本案例在海外业务的项目投标前,需做一些前期准备工作,包括财税调研、市场询价、成本测算等活动。

### 12.2.1　投标前财税调研

　　企业通常对国内的税收政策、税收种类相对熟悉,而国际化市场则复杂得多,需调查进入国所在地的财政与税收政策、税种、税务的征收办法和惯例行为等,以选择适宜自己企业的入驻地。比如该企业欲在非洲某国设立分公司,必须了解如下几个方面。

### 1. 外汇政策

当地的流通货币为美元。资金流出该国时汇款人须向税务局缴纳外汇汇出税,缴税额为汇款金额的 5%;资金汇入该国时,收款人须向银行提供资金用途证明,以防止洗钱。

### 2. 当地的税收体系和制度

当地税务局代表中央政府,负责征缴税赋和管理国家的主要税务工作,调查违反国家税务政策的偷逃税案件,并给予处罚。因此进入该国设立企业至少需考虑如下财税内容。

（1）税号申请。

（2）报税声明。

（3）销售凭证。

（4）会计。要求符合会计通用原则,企业应遵循《××国会计准则》(NEC)、《国际会计准则》(NIC)和《普通接受会计原则》(PCGA)进行财务管理。所有会计文件须用当地的官方语,记账单位为美元,会计文件至少保存 6 年,企业账包括:日记账、总账、库存账和现金账。

（5）审计(包括股东年度审计和外部审计)。

（6）财务报告的公布。公司必须在每一经济年度后 3 个月内,向股东提交由授权公共注册会计师编制、法人代表签字的财务状况和盈亏报告,公司管理者、成员和外部审计师(如需要)情况报告。公司决算(资产负债表)和盈亏情况经股东审批后交公司总监署、税务局和地方市政府。公司须有股东大会纪要簿,纪要档案卷、股东和股份或参股比例和合股人名册、带存根的股票证簿。

（7）财政年度。该国的财政年度与日历年相吻合,即每年 1 月 1 日至 12 月 31 日为会计年度。

### 3. 税种和税率情况

当地涉及的主要税种包括:向当地自然人和法人征缴的所得税、增值税、特别消费税(烟、酒等)、车辆产权税;对进口货物征缴的进口税和增值税;不动产税、市政府营业执照税(经营许可);不动产购置税、房地产收益税、遗产税、财产税、服务税等。

对境外企业(在当地的)比较明确的有强制性的员工分红制度,有法规规定必须将利润总额的相应比例向员工分红,其剩余部分为应纳税所得,按照当地的所得税税率缴纳企业所得税。企业所得税每年清算一次。其他还有个人所得税、关税、资金汇出税、特别消费税(香烟酒类等)、车辆税、资产税、营业执照税等。

对于当地的税收政策和税种,入驻企业必须十分清楚。

### 4．当地劳工政策

根据当地《劳工法》，在当地雇用外籍劳务人员的比例不得超过企业总人数的 20%（即中国员工和当地员工配比为 1∶4）。外籍劳工须有劳动许可和合适的签证，方可在当地从事有酬工作。

### 5．政府金融平台

必须了解政府的支持程度和方式方法，否则将寸步难行。

### 6．了解成立子公司、代表处、分公司、联营体等不同注册形式的税收差异

（1）对纳税方式的选择：有按利润百分比纳税的查账征收和按照营业额百分比纳税的核定征收两种模式。

除境外当地的税收政策、法规外，还必须了解我国的《国家税务总局关于企业境外承包工程税收抵免凭证有关问题的公告》（2017.11.21）和《财政部国家税务总局关于企业境外所得税收抵免有关问题的通知》（2009.12.25）等国内的相关政策。

境外承包工程有总承包和联合体两种方式，分别填制相应的完税凭证分割单。

（2）事先测算经营活动涉及税种、税率，详细测算可能的税费金额，为成本测算做准备。必须考虑的因素包括：现场考察结果，招投标文件，施工设计图纸，国家和地方法律法规、国家和地方的、行业有关的标准规范，现场社会自然、经济人文等条件及公司相关规章制度。

## 12.2.2　投标前成本测算

对外承包工程所涉及的成本项目非常多且细，下面以该公司在古巴某地的疏浚投标项目需要考虑的成本项目为例进行说明。

### 1．投标预算

投标预算必须考虑如下费用项目：①调遣费（抓斗挖泥船船组、施工人员进出场及休假交通费）；②疏浚（××船组施工）；③现场管理费（项目部人工费、工地翻译薪酬、租房租车费、项目部办公生活费、临时设施费、测量费、员工保险费、当地工会费、驻船监理和引航费，以及入境清关、船代、施工准证等费）；④施工成本；⑤计划毛利（含两级管理费）；⑥工程保险；⑦财务费用及不可预见费；⑧利润税；⑨增值税；⑩工商税和预扣税各 1%。具体见表 12-1。

**表 12-1 某国×××项目投标综合报价表例** 货币单位：万美元

| 序号 | 项目 | 费用 | 备注 | | | | |
|---|---|---|---|---|---|---|---|
| 1 | 调遣费 | | | | | | |
| 1.2 | 抓斗挖泥船船组 | | 由科隆港调遣至古巴圣地亚哥及返遣，按照 80 万美元计算 | | | | |
| 1.3 | 施工人员进出场及休假交通费 | | 项目部人员半年休假一次，船员 9 个月休假一次 | | | | |
| 2 | 疏浚 | | 设备数 | 施工成本 | 施工月 | 停置成本 | 停置月 |
| 2.1 | ××号船组施工 | | 1 | 80 | 6 | 35 | 2.0 |
| 备注：按照××号每月燃油费 25 万美元，人工 35 人 10 万美元，折旧修理及备件分摊 35 万美元，其余润料淡水等费用 10 万美元计算 | | | | | | | |
| 3 | 现场管理费 | | | | | | |
| 3.1 | 项目部人工费 | | 6 人×0.6 万元/(人·月)，12 月 | | | | |
| 3.2 | 工地翻译薪酬 | | 3 000 美元/月，1 人，12 个月 | | | | |
| 3.3 | 租房租车费等 | | 12 个月，3 套房，2 辆车 | | | | |
| 3.4 | 项目部办公生活费 | | 1.5 万美元每月，计 12 个月 | | | | |
| 3.5 | 临时设施费 | | | | | | |
| 3.6 | 测量费 | | ××号船组自带交通船，只计分包测量费 | | | | |
| 3.7 | 员工保险费 | | 抓斗船船员、项目部的管理、修理、测量、翻译和厨师等人员约 45 人 | | | | |
| 3.8 | 当地工会费 | | 无工会 | | | | |
| 3.9 | 驻船监理和引航费 | | 不包含引航费用，只计算一些驻船的生活及伙食费用 | | | | |
| 3.10 | 入境清关、船代、施工准证等费 | | 不包含关税、办理许可费用等，只计算办理过程中发生的零星费用 | | | | |
| 4 | 施工成本 | | ②+③，未计入调遣费，其中现场管理费按照古巴比索兑换美元比价为 0.87∶1，粗算实际费用为 1.15 倍 | | | | |
| 5 | 计划毛利(含两级管理费) | | ④×10% | | | | |
| 6 | 工程保险 | | ④×1% | | | | |
| 7 | 财务费及不可预见费 | | [①+④]×3.5%。财务费 1.5%，不可预见费 2% | | | | |
| 8 | 利润税 | | 不含税费 | | | | |
| 9 | 增值税 | | | | | | |
| 10 | 工商税和预扣税各 1% | | | | | | |
| | | | | | 单价 | | |
| 11 | 合计(不含调遣) | | ④+⑤+⑥+⑦+⑧+⑨ | 不含调遣 | 0.00 | | |
| 12 | 合计(含调遣) | | ①+④+⑤+⑥+⑦+⑧+⑨ | 含调遣 | 0.00 | | |

## 2. 工程预算

工程预算的项目细分包含：①调遣费；②航道疏浚/吹填施工；③现场管理费用；④分包；⑤施工成本；⑥两级管理费；⑦工程保险、保函费用；⑧许可费用；⑨财务费及不可预见费;⑩利润和税。工程预算根据业务项目的具体距离和工程所需时间,按照历史成本原则,参考过往项目经费,编制项目成本测算表,如表 12-2 所示。

表 12-2　多功能港航道疏浚及吹填项目成本测算表　　单位:万美元

| 序号 | 项　　目 | 费用 | 备　　注 | | | | |
|---|---|---|---|---|---|---|---|
| 1 | 调遣费 | | | | | | |
| 1.1 | 新××轮 | ××× | 调遣航程约 5 300 余海里,调遣时间需要 20 天 | | | | |
| 1.2 | 航浚××轮 | ××× | 调遣航程约 1 500 海里,调遣需要 8 天 | | | | |
| 1.3 | 新××轮及管线 | ××× | 调遣航程约 9 000 海里,调遣需要 35 天(预估);管线调遣费 40 万美元 | | | | |
| 1.4 | 管理人员入场费 | ××× | 岸上管理及工作人员 15 人差旅费,17 个月按照 3 次往返计 | | | | |
| 2 | 航道疏浚/吹填施工 | | 设备数/次数 | 月施工成本 | 施工月 | 月停置成本 | 停置月 |
| 2.1 | ××轮 | ××× | 1 | 145.30 | 13.0 | 40.80 | 2.5 |
| 2.2 | 航浚××轮 | ××× | 1 | 102.10 | 13.0 | 18.40 | 2.5 |
| 2.3 | 新××轮 | | 1 | 96.28 | 1.5 | 30.76 | 2.0 |
| 2.4 | 管线(考虑部分折旧) | | 1 | 6.48 | 3.5 | | |
| 2.5 | 管线堆放场地租用 | | 1 | 1.00 | 3.5 | | |
| 2.6 | 排水口材料采购及布置 | | 1 | 5.45 | | | |
| 2.7 | 设备租赁——拖轮 | | 1 | 15.00 | 3.0 | | |
| 2.8 | 设备租赁——锚艇 | | 1 | 12.00 | 3.0 | | |
| 2.9 | 设备租赁——平板驳 | | 1 | 6.00 | 2.0 | | |
| 2.10 | 设备租赁——交通船 | | 1 | 3.50 | 16.0 | | |
| 2.11 | 设备租赁——陆上机械(陆域整平) | | 1 | 12.00 | 2.0 | | |
| 3 | 现场管理费 | | 以美元计价;美元兑人民币按 1∶6.6 兑换 | | | | |
| 3.1 | 项目部人工费 | | 6 000 美元/(月·人)(以部门长为均值),12 人,17 个月 | | | | |
| 3.2 | 其他中国员工人工费 | | 管线队长 2 人,厨师 1 人,17 个月 | | | | |
| 3.3 | 当地外聘驻船翻译等薪酬福利 | | 环境工程师 1 人,外账财务 1 人,外事 1 人,外聘翻译 2 人,陆上机械驾驶员 6 人,管线工 12 人,司机 1 人,保安 2 人,保洁/帮厨 1 人,厨工 1 人,17 个月(按实际算,环境工程师、外账财务进分包费) | | | | |
| 3.4 | 租房、租车费等 | | 3 套别墅(含办公、住宿、食堂);租用一航局现场临建 2 间;2 辆车外加 1 辆皮卡;17 个月 | | | | |
| 3.5 | 项目部办公/生活费 | ××× | 按照 4 万美元/月预估,17 个月 | | | | |
| 3.6 | 测量费 | | 达华分包费按 45 万人民币/月计,17 个月(中方按人民币计价) | | | | |
| 3.7 | ××外账分包费用 | | 外账分包 15 万美元/年 | | | | |
| 3.8 | 垃圾及油污水处理费 | | 不可预见费用 | | | | |
| 3.9 | 环保措施费 | | 分包费已考虑 | | | | |
| 3.10 | 安全管理费 | | 不可预见费用 | | | | |

续表

| 序号 | 项　目 | 费用 | 备　注 |
|---|---|---|---|
| 3.11 | 当地工会费 | | 适当考虑交涉费用 |
| 3.12 | 签证费 | | 考虑项目管理人员、厄瓜多尔办事处计××人 |
| 3.13 | 监理 | | 只计算零星开支,按每月 5 000 美元预估 |
| 3.14 | 备件清关及代理费用 | | 按照 1.5 万美元/月预估 |
| 3.15 | 设备进口关税 | | 进口关税由保函费用(基数为船舶净值的 120%,费率为 3%)、儿童基金(基数为进口至出口期间折旧值,费率为 0.5%)、增值税(基数为进口至出口期间折旧值,费率为 12%)、管理费(费用=净重/2×0.1)组成 |
| 4 | 分包 | | |
| 4.1 | 设计费用 | | 报价中不含任何当地税费、不含勘察测量、自然条件研究、操船实验模拟、各类专项研究、当地标准转换、二次设计、非标准设备设计等费用 |
| 4.2 | 土围堰及防渗土工布 | | 免费取土,不含清表、碾压、换填及相关检测等的要求,不含任何管理费及其他费用 |
| 4.3 | 环境监测 | | 按照 3.0 万美元/月计,16 个月 |
| 4.4 | 清障费 | | 预估 |
| 5 | 施工成本 | | ①+②+③+④ |
| 6 | 两级管理费 | | [①+②+③+④]×5% |
| 7 | 工程保险、保函费用 | | 履约保函计费标准,合同额的 10%;预付款保函计费标准,预付款金额,即合同额的 10%;履约保函费率取 0.36%;预付款保函费率取 0.24%;保险费率取 0.25%。计费基数按 7000 万美元计 |
| 8 | 许可费用 | | 按照当前咨询价格 |
| 9 | 财务费及不可预见费 | | [⑤+⑥+⑦+⑧]×3.5%;财务费 1%,不可预见费 2.5% |
| 10 | 利润 | | 利润率 7% |
| 11 | 税赋 | | |
| 11.1 | 所得税 | | 毛利的 85% 作为基数;税率 22% |
| 11.2 | 增值税 | | 结算金额的 12%;不用考虑 |
| 11.3 | 汇出税 | | 汇款金额的 5%,暂按 2 000 万美元计。资金转回国内,如果能提供中国国内正规的业务证明和费用发生且被当地认可,则只需要缴纳 5% 汇出税(实操)。如果国内成本和费用发生不能在当地认可,就是说若汇出资金证明不了是用于项目在境外的支出和花费,则默认为利润汇出,需要缴纳 22% 所得税后才能汇出,不需要再缴纳 5% |
| 11.4 | 预扣所得税 | | 中国、巴西属于避免双重征税协议的国家;同一商家年内发票超过 22 万美元,需纳税,税率 22%;暂按 1 500 万美元计,包括修船备件等国外发生的入账成本 |
| 11.5 | 其他税 | | 关税已考虑,另有财务费用 |

续表

| 序号 | 项目 | 费用 | 备注 | | |
|------|------|------|------|------|------|
| 12 | 合作单位管理费 | | 港湾管理费取 3% | | |
| | | | | 单价 | (美元/方) |
| 13 | 合计(不含调遣) | | ②+③+④+⑥~⑫ | 不含调遣 | |
| 14 | 合计(含调遣) | | ①+⑬ | 含调遣 | |

# 12.3　施工前项目策划

　　施工前项目策划需准备：搭建项目组的组织架构,完成项目实施策划书、项目管理目标责任书；选择项目实施模式,成立境外项目组负责境外项目的全过程管理,授权境外项目组与参建的公司所属单位签订授权—授予合同；境外项目组受公司所属部门的管理、监督与指导；境外项目组委托相关项目部组织现场实施；境外相关机构协助项目部工作；公司所属部门对项目实施进行监督指导,参建公司所属单位对项目部进行管理、技术、设备、人员等资源支持。

## 12.3.1　项目实施策划书

　　(1)策划思路：坚持"项目管理、策划先行",明确管理目标,确定管理架构,理清管理流程,合理配置资源,围绕企业利益最大化确定项目管理思路,作为项目各项管理活动的指导性文件。

　　(2)实施性项目策划书包括：项目概况(工程概况、合同工期、工程造价)、项目目标(质量目标、工期目标、成本控制目标、安全及环境节能目标、其他目标)、项目组织架构(项目管理模式、机构设置、施工区段划分、主要管理人员配置)、施工总平面布置(临时设施、临时工程)、主要施工技术方案(施工难点、技术创新)、商务管理(合同交底、计量管理要点、结算管理要点、分包管理要点、变更管理要点)、进度管理、安全环保节能减排管理、质量管理、机械设备管理、物资管理、财务管理、风险管理、信用管理、人力资源管理、党群工作信息化管理等细则。

## 12.3.2　项目实施模式

　　(1)自营——项目的全部或大部分分项工程由公司自行组织资源实施,包括利用境外当地分包资源。公司成立项目部,任命项目管理人员。

　　(2)总承包——公司和分包商签订《分包合同》,公司承担主合同的全部责任,分包商承担《分包合同》所规定的责任。公司成立项目部,任命项目管理人员。

（3）联营——以公司名义签约,联合其他公司按照《联营合同》共同实施,并按照《联营合同》中规定的比例承担责任和义务。公司成立项目部,任命项目管理人员。

（4）委托经营——公司和项目承建商签订《实施协议书》,工程由承建商全面负责,承建商履行主合同的全部责任,公司收取一定的费用。对于委托经营模式的项目,公司一般不成立项目部,而由境外机构负责管理。

## 12.3.3　项目组织架构搭建

### 1. 组织架构设计

（1）特大型项目部,最多可设置综合部、财务部、设备安全部、工程部、技术部、材料部、商务部7个管理部门。

（2）大型项目部,最多可设置综合部、财务部、设备安全部、工程部、技术部、材料部6个管理部门。

（3）中、小型项目部一般不设立部门。

（4）根据实际工作需要,如需增设部门,由项目部向境外项目组提出申请,经公司分管领导审批后办理。

### 2. 人员配置

根据项目的规模需求分别予以相应的类别和人员细分。因境外项目的特点,在上述人员定编外,大型及以上项目部可适当配备翻译2～3人,大型以下项目部配备翻译1～2人。

## 12.3.4　项目管理目标责任书

### 1. 标后预算

根据项目实施方案和合同文件,由境外项目组负责测算项目成本,编制《项目标后预算》。境外机构、项目部、参建单位应参与项目标后预算的编制工作,原则上在项目实施方案审定后一个月内编制完成。

### 2. 项目管理目标责任书

标后预算编制完成,在项目开工后应签订《项目管理目标责任书》,作为项目部目标考核兑现依据。境外项目组对标后预算和各项管理目标综合评估后,负责《项目管理目标责任书》的编制,司属相关部门、参建司属单位、境外机构与项目部应参与编制和审核工作,完成后由境外项目组和项目部签订。当工程边界条件发生变化时,可根据实际情况进行调整。

# 12.4　项目施工中期的目标管理

## 12.4.1　进度管理主线

进度管理控制进度目标的达成,是项目履约的主要指标,统筹生产组织、技术质量管理、安全环保管理等工作,形成进度管理主线。

### 1. 进度管理思路

(1) 以工作分解结构(work breakdown structure,WBS)为基础创建信息化进度管理系统,实时把握进度计划运行状态,及时采取措施确保进度计划实现。

(2) 建立项目进度信息化管理系统,将 WBS 单元与施工日志有效关联,自动生成进度信息,系统定时推送总进度计划、关键线路总进度计划和关键时点运行状态信息。

(3) 在信息化进度管理信息系统中设定阈值,当总进度计划、关键线路总进度计划和关键时点运行状态超过阈值时,系统自动发出预警信息;接到预警后,应分析原因、采取措施、及时纠偏。

### 2. 进度管理要素分析

(1) 进度计划编制:紧扣项目管理目标,统筹配置项目资源,编制项目部总进度计划。

(2) 进度控制:以总进度计划和关键线路总进度计划为标尺,以实时的已完工程数量为输入,定时发布总进度计划和关键线路总进度计划运行状态信息;及时采取纠偏措施,确保总进度计划和关键线路总进度计划运行正常。

(3) 关键时点控制:有效识别关键时点,实时监控关键时点运行状况。

如:受各种水文、气象、环境等因素影响,某些特殊的时间节点未能完成一些工作,可能对工程安全、进度、质量、成本等方面造成重大影响。

### 3. 进度管理措施

根据各种进度,分别编制各自的表格,依据表格的相关内容推行。

(1) 编制《项目经理部总进度计划表》《项目经理部关键线路总进度计划表》,内容包含项目名称、单位、设计数量、年月。

(2) 编制《实时总进度计划运行状况表》《实时关键线路总进度运行状况表》,内容包含项目名称、单位、计划完成数量、实际完成数量、完成比例、年月。

(3) 编制《关键时点预警报告》《实时总进度预警报告》,内容包含项目名称、年月、关键时点计划量、预警时点计划量、预警时点总进度完成量、完成百分比；实时总进度计划量、实时总进度完成量、阈值、是否处于预警状态。

（4）编制《总进度纠偏报告》《关键线路角度纠偏报告》，内容包含项目名称、年月、总进度计划量、完成总进度计划量、实时关键线路计划量、实时关键线路计划完成量、完成百分比、偏差原因、纠偏措施、纠偏责任人。

以上编制的进度措施表均要求有编制人、审核人、审批人及编制日期。格式自拟。

### 4. 成本管理流程

成本管理是项目管理的核心，成本管理流程图如图 12-1 所示。

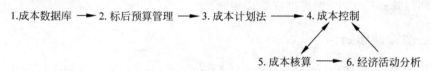

图 12-1　成本管理流程图

1）成本管理要素分析

（1）成本数据库——统一数据标准。

（2）标后预算——签订《管理目标责任书》，成本数据库资料齐全。

（3）成本计划——依据标后预算总体目标，结合施工进度计划，制定总体成本计划和阶段性实施成本计划。

（4）成本控制——①严格按照计划进程过程管控；②成本偏差分析全面科学。

（5）成本核算——对已完工程人工、材料、机械、费用等成本费用进行核算。

（6）经济活动分析——①统计已完工程产值、成本费用、利润，预估剩余工程产值、成本费用、利润；②分析主要盈亏点；③进行纠偏效果评价；④开展主要分项工程专项成本分析。

2）成本数据库管理

成本数据库管理如表 12-3 所示。

表 12-3　成本数据库管理

| 业务管理内容 | 活动内容 | 依　据 | 作业表单 | 标准要求 |
|---|---|---|---|---|
| 基础成本数据库 | 专业事业部制定基础成本数据库 | （1）集团基础成本数据；<br>（2）项目成本数据资料；<br>（3）外部数据引入 | 成本数据库 | 齐全 |
| 成本数据 | 项目经理部编制项目层级的成本数据上报 | （1）集团基础成本数据库；<br>（2）项目经理部成本数据资料 | 成本数据库 | 准确 |
| 成本数据库更新 | 由专业事业部对成本数据库进行更新 | （1）集团基础成本数据库；<br>（2）项目成本数据库资料；<br>（3）经总经理审批确认后的成本数据 | 成本数据库 | 更新及时 |

3）标后预算管理

标后预算管理如表 12-4 所示。

表 12-4　标后预算管理

| 业务管理内容 | 活动内容 | 依　据 | 作业表单 | 标准要求 |
|---|---|---|---|---|
| 暂定利润指标 | 总经理部依据暂定标后预算指标编制暂定利润指标 | 暂定标后预算指标 | 项目管理目标责任书 | 及时 |
| 暂定管理目标责任书 | 专业事业部审批暂定标后预算指标后编制暂定管理目标责任书 | 暂定标后预算指标 | 项目管理目标责任书 | 及时 |
| 标后预算 | 总经理部编制标后预算 | （1）工程承包合同；<br>（2）中标量或施工图质量；<br>（3）项目策划；<br>（4）实施性施工组织设计和施工方案；<br>（5）分包市场调查价；<br>（6）主要材料、周转材料、设备等市场调查价；<br>（7）项目现场管理费指标；<br>（8）税收策划 | 标后预算表单 | 科学、合理 |
| 管理目标责任书签订 | 专业事业部编制并下发管理目标责任书,总经理部接受后签订 | 标后预算指标 | 项目管理目标责任书 | 科学、及时 |
| 标后预算调整 | 发生重大变化时,总经理部调整标后预算 | （1）工程承包合同；<br>（2）中标量或施工图质量；<br>（3）施工方式重大变化；<br>（4）实施性施工组织设计和施工方案；<br>（5）分包市场调查价；<br>（6）主要材料、周转材料、设备等市场调查价；<br>（7）项目现场管理费指标；<br>（8）税收策划 | 标后预算表 | 完整 |
| 利润指标修正 | 专业事业部编制下发利润修正指标 | 标后预算通知表单 | | 完整 |
| 管理目标责任书调整 | 专业事业部编制下发管理目标责任书调整文件,总经理部接受后实施 | 暂定标后预算指标 | 项目管理目标责任书 | 完整 |

4）成本计划管理

成本计划管理如表 12-5 所示。

表 12-5  成本计划管理

| 业务管理内容 | 活动内容 | 依　据 | 作业表单 | 标准要求 |
|---|---|---|---|---|
| 实施性成本计划 | 项目经理部按照施工计划编制实施性成本计划 | （1）施工组织设计、标后预算；<br>（2）生产计划、WBS；<br>（3）其他合同；<br>（4）管理费、税金及规费；<br>（5）已完工实际成本；<br>（6）经济活动分析报告；<br>（7）总经理部审批意见 | 实施性成本计划 | 准确、适用 |

5）成本控制管理

成本控制管理如表 12-6 所示。

表 12-6  成本控制管理

| 业务管理内容 | 活动内容 | 依　据 | 作业表单 | 标准要求 |
|---|---|---|---|---|
| 计划预控 | 项目经理部根据标后预算、实施性成本计划进行成本预控 | （1）标后预算；<br>（2）实施性成本计划 | | 齐全、准确 |
| 过程控制 | 项目经理部各个部门按照成本计划，开展业务工作 | 实施性成本计划 | | 有效 |
| 核算与分析 | 项目经理部收集各项成本数据进行成本核算及经济活动分析 | （1）物质成本；<br>（2）设备成本；<br>（3）分包成本；<br>（4）其他费用；<br>（5）标后预算 | （1）经济活动分析；<br>（2）经济活动分析报告 | 齐全、准确 |
| 纠偏 | 项目经理部开展纠偏措施并实施，编制纠偏效果评价报告 | （1）成本核算；<br>（2）经济活动分析 | 纠偏效果评价 | 齐全、准确 |

6）成本核算管理

项目经理部根据计划执行情况，定期编制已完工工程实际成本，分别核算材料费、周转材料摊销费、大型施工机具使用费、管理费、税金、措施费用等。

7）经济活动分析

（1）对已完工程产值分析：项目经理部根据计量结果及变更情况，及时、准确地定期编制已完工产值表。

（2）经济活动分析：项目经理依据产值完成统计表、工程结算表、材料结算表、其他费用表、工程变更表、预收预支表及差异分析表对产值、已完工实际成本、成本计划进行核算对比,定期开展经济活动分析。

(3) 纠偏效果评价分析:项目经理部定期进行纠偏效果评价。

(4) 主要分部的分项工程的工、料、机消耗及专项成本分析:项目经理部对主要分部分项工程的工、料、机消耗量统计情况进行分析,要求及时准确、数据完整。

## 12.4.2　物资管理思路

### 1. 一个中心、两个控制、三个闭合

(1) 以降本增效、节能降耗,提高经济效益为中心;

(2) 坚持量、价双控,在保障供应的前提下,最大限度地降低成本,控制损耗;

(3) 做好物资收发闭合、账物闭合、设计与实耗闭合的管理工作,做到账目清晰、节超有据、成本可追溯。

### 2. 物资管理要素分析

(1) 供应商管理:供应商资料要齐全;日常评价要及时、客观。

(2) 物资计划管理:根据物资需求总计划编制采购总计划,根据阶段性需求计划编制采购计划和供货计划;计划编制及时、准确;按照管理权限审核、审批。

(3) 物资采购管理:根据审批后的采购计划、采购权限和采购方式,编制采购方案,实施采购寻源;根据寻源结果签订物资采购合同。

(4) 消耗材料现场管理:规范现场管理,降低损耗;加强现场管理标准化建设;保证物资盘点的准确性和及时性。

(5) 周转材料现场管理:根据施工进度要求和物资供货计划,合理安排材料进场,及时对材料数量和质量进行验货;做好材料发放、保养、退库等工作;加强现场管理标准化建设。

(6) 物资结算管理:及时与供应商对账,编制并上报结算单,根据管理权限审核审批,办理付款申请;根据合同约定,及时办理结算,要求供应商及时开具发票。

(7) 物资核算管理:根据现场管理数据对各类物资进行成本核算和分析;对非正常损耗及时预警和分析;主要材料核算及时和准确;核算过程需多部门参与。

(8) 剩余物资管理:处置过程应多人参与;循环利用,减少浪费。

## 12.4.3　机械设备管理思路

### 1. 科学配置、安全使用、精细管理、节能增效

(1) 依据项目策划,按照施工组织安排,科学配置机械设备,保障施工生产;

（2）强化机械设备安全管理，有效预防机械设备相关安全事故发生；

（3）加强机械设备管、用、养、修等各个环节的管理，确立自有设备、外租设备、协作队伍自带设备一体化管理的理念，规范合同管理，堵塞管理漏洞，提高设备运行效率，降低设备使用成本；

（4）重视机械设备成本核算工作，持续提高机械设备管理能力。

### 2．机械设备管理要素分析

（1）供应商管理：供应商资料要齐全；供应商评价要客观、及时。

（2）配置计划管理：根据总体策划方案和施工组织设计，编制、审批和实施设备配置；坚持安全高效配置原则，最大限度满足生产需要。

（3）合同管理：公开询价选择供应商，从合同谈判到履约完成全过程进行程序化、规范化管理。

（4）现场管理：合理安排设备进场验收、技术培训等；对设备使用、维修和保养进行管理；合理调配，避免闲置。

（5）核算管理：做好设备合同结算，进行成本核算和分析；对设备闲置、能耗超标等及时预警和分析。

（6）安全管理：设备危险源和环境因素的识别与评价；日常维保和巡查；设备安拆管理。

## 12.4.4　分包管理思路

### 1．依法合规、资质准入、工序标准、量价双控、履约评价

（1）从源头把关，规范分包商资质评审及准入要求，建立集团层面的合格分包商名录和分包商黑名单，整合优质资源并形成分包商资源共享平台，实现分包资源优选；

（2）以标准化为引导，开展分包工序库建设，统一分包工序库，指导分包合同签订，不断积累分包工序成本的大数据体系，推动分包管理持续优化；

（3）拟定分包合同范本，建立统一的分包管控的控制制度和流程，确保分包招标、合同签订及结算工作规范有序运行，分包成本总体可控；

（4）通过分包招标控制价格，通过分包合同结算控制数量，从而建立量价双控机制；

（5）建立分包商履约评价制度，整合分包供应链，培育适应公司发展需求的分包商，实现双赢。

### 2．分包管理流程

分包管理的流程为：分包工序库管理→分包筹划管理→分包商资质管理→分包招标

管理→分包合同管理(分包商用工管理)→分项工程工序分包价管理→分包结算管理→
分包商用工管理→分包商评价管理。

### 3．分包管理要素分析

分包管理要素分析如表 12-7 所示。

表 12-7　分包管理要素分析

| 业务管理内容 | 基 本 要 求 | 重点与难点 |
| --- | --- | --- |
| 分包工序库管理 | (1) 依据基础分包库工序,指导分包招标;<br>(2) 公司和项目共同进行分包工序库的维护与更新 | (1) 工序划分应力求合理;<br>(2) 工序库维护应确保及时 |
| 分包筹划管理 | 依据项目总体筹划,确定分包资源需求量 | 资源需求量应力求合理 |
| 分包商资质管理 | (1) 设置分包商准入条件,建立分包商资源库;<br>(2) 通过公司或项目层面进行资源库维护并更新 | (1) 准入条件应确保统一;<br>(2) 资源库维护及更新应确保及时 |
| 分包招标管理 | (1) 根据分包筹划要求建立分包工序内容、分包工序指导价及合同范本;<br>(2) 依据招标工作计划并按照法律法规及公司有关规定进行招投标 | (1) 应严格执行指导价及合同范本;<br>(2) 应规范招标管理 |
| 分包合同管理 | (1) 依据招标结果签订分包合同;<br>(2) 分析合同风险;<br>(3) 依据分包合同对分包好的工程进行监督管理;<br>(4) 合同集中管理,实施分类分级审批、备案 | (1) 应严格执行合同签订审批流程;<br>(2) 合同交底内容应全面;<br>(3) 合同风险分析应力求全面,应对措施应确保可行 |
| 分项工程工序分包价管理 | (1) 依据合同工序清单;<br>(2) 在 WBS 中录入或更新工序分包价格 | (1) 建立 WBS 与工序间的逻辑关系;<br>(2) 及时录入或更新工序分包价格 |
| 分包结算管理 | (1) 统计分包结算工程量,开展内部结算;<br>(2) 编制分包结算台账 | (1) 分包结算工程量应及时、准确;<br>(2) 严格执行结算审批流程,应扣款结算过程应详细清晰 |
| 分包商用工管理 | (1) 按分包商确认劳动合同书签订情况;<br>(2) 对劳务人员进行进退场确认、实名制管理,形成劳务人员管理台账;<br>(3) 开展岗前教育培训,办理工资卡,进行工资代发 | (1) 确保全员签订劳务合同书;<br>(2) 劳务人员动态更新管理;<br>(3) 确保岗前教育培训全员参与、可追溯 |
| 分包商评价管理 | (1) 三级公司进行分包商半年评价;<br>(2) 二级公司进行分包商年度评价及等级评定,形成合格分包商名录、分包商黑名单;<br>(3) 中国××专业事业部进行分包商资源库维护 | (1) 分包评价应规范、及时、全面;<br>(2) 分包商资源库维护应及时 |

### 12.4.5 财务管理思路

#### 1. 遵循 5 项原则

(1) 依法合规原则:依法合规办理各项经济业务并及时取得业务单据,及时准确地记录管理活动中发生的各项经济业务。

(2) 预测指导原则:仔细研究项目的标后预算、成本计划、合同条款、施工地市场信息等资料,做出项目全周期的资金收支整体平衡测算,为项目资金管理、成本核算、税务管理工作做出前瞻性指导。

(3) 计划控制原则:做好各个阶段资金计划、成本计划的编制和执行。计划要依据工程进度、结算资料、债权债务等数据,实事求是地编制,各项计划按规定的审核审批流程生效后,严格执行。

(4) 资金集中原则:做好资金集中,提高资金的使用效率和防范资金风险。

(5) 及时精准原则:做好对各项活动的精准计量、记录方法的改进,使公司能利用数据分析和处理技术,对未来财务工作进行指导,实现财务管理持续改进和提质增效。

#### 2. 财务管理要素分析

财务管理要素分析如表 12-8 所示。

表 12-8　财务管理要素分析

| 业务管理内容 | 基 本 要 求 | 重点与难点 |
| --- | --- | --- |
| 资金计划 | (1) 资金计划的编制与审批能及时完成;<br>(2) 生效的资金计划被严格执行 | 资金计划根据实际情况及时变更与调整 |
| 费用管理 | (1) 费用预算与业务实际有较高吻合度;<br>(2) 实际费用发生过程处于受控状态 | (1) 费用计划的制订;<br>(2) 实际发生时的控制 |
| 资金结算 | (1) 资金结算手续完备;<br>(2) 结算流程有序高效,资金安全受到充分保障;<br>(3) 每笔资金结算业务所对应的债权债务能快捷、准确核销 | 债权债务的及时准确核销 |
| 资金分析 | 分析工作及时高效,分析内容根据管理需要灵活确定,符合各部门、各层级的管理需要 | 分析内容的适用性 |
| 资金预测 | 预测以施工进度计划为依据,结合债权债务数据,滚动预测未来三个月的资金收付数据 | 准确进行资金预测 |

续表

| 业务管理内容 | 基 本 要 求 | 重点与难点 |
|---|---|---|
| 增值税管理 | (1) 在编制计划成本时,按费用项目对应税率、结合增值税专用发票的预计取得情况,计划出进项税额;<br>(2) 各项结算办理后,及时取得增值税发票;<br>(3) 会计核算的增值税数据与税务系统的申报数据保持一致;<br>(4) 各业务部门的增值税发票相关台账完整准确,进项税额应抵尽抵 | (1) 保持认证抵扣税务申报数据与核算数据的一致;<br>(2) 分包发票等进项发票及时取得;<br>(3) 在做计划成本的同时,对进项税额进行准确计算 |
| 合同成本管理 | (1) 各部门统计、归集、计算的成本数据具有可比性;<br>(2) 成本核算数据能及时完整取得,并能在不同业务部门(系统)之间迅速传达;<br>(3) 实际成本的发生过程全方位处于受控状态 | (1) 已发生的成本及时核算;<br>(2) 财务核算的成本数据与其他部门发生数据的可比性;<br>(3) 对成本费用发生情况的实时监控 |

### 3. 财务管理业务活动介绍——资金计划

资金计划如表 12-9 所示。

表 12-9　资金计划

| 业务活动 | 活动内容 | 依　　据 | 作业表单 | 评价标准 |
|---|---|---|---|---|
| 项目部经理部部门月度资金使用计划编制 | 项目部各部门编制计划期资金使用计划 | (1) 部门的合同及月度预计收付款情况;<br>(2) 各部门月度费用预算(如编制年度预算则参照按月分解);<br>(3) 物资、计价等形成的债权债务结算单 | 部门资金计划编制表 | (1) 基于到期债权债务编制收支计划;<br>(2) 单家支付款依照合同约定 |
| 项目部经理部部门月度资金使用汇总 | 项目部汇总各部门资金使用计划,形成项目计划期资金使用计划 | (1) 项目各部门提交的月度资金使用计划;<br>(2) 项目经理部年度预算的月度分解数据;<br>(3) 年度预算累计执行情况、上月资金计划执行情况;<br>(4) 项目汇总后的本期资金流入情况;<br>(5) 月末资金账户可用余额 | 项目资金计划编制表 | (1) 基于到期债权债务编制收支计划;<br>(2) 单家支付合同约定;<br>(3) 计划支付总额不能超过预计可使用资金 |

| 业务活动 | 活动内容 | 依 据 | 作业表单 | 评价标准 |
|---|---|---|---|---|
| 项目部经理部部门月度资金使用计划调整 | 已生效的资金计划在执行过程中依据情况变化，对正在执行的资金计划进行调整 | （1）月度资金计划调整原因分析说明；<br>（2）调整后月度计划对项目预算的影响分析；<br>（3）对未执行计划部分的影响分析；<br>（4）资金账户可用余额 | 计划调整汇总表 | （1）原因简洁清楚；<br>（2）资金账户余额可满足投资需要 |
| 分经理部部门月度资金使用计划编制 | 分经理部各部门编制计划期资金使用计划 | 各部门月度费用预算（如编制年度预算则参照按月分解） | 部门资金计划编制表 | （1）基于到期债权债务编制收支计划；<br>（2）单家支付款依照合同约定 |
| 分经理部项目月度资金使用计划汇总 | 分经理部汇总本级各部门及下级项目经理部编制的计划期资金使用计划 | （1）下属各项目经理部提交的月度资金使用计划；<br>（2）分经理部本级各部门编制的月度资金使用计划 | 项目资金计划编制表 | （1）基于到期债权债务编制收支计划；<br>（2）单家支付款按照合同约定；<br>（3）计划支付总额不能超过预计可使用资金 |
| 分经理部部门月度资金使用计划调整 | 分经理部在本级项目经理部对正在执行的资金计划提出调整申请时，对资金计划进行调整 | （1）月度资金计划调整原因分析说明；<br>（2）资金账户可用余额 | 计划调整汇总表 | （1）原因简洁清楚；<br>（2）资金账户余额可满足调整需要 |
| 总经理部部门月度资金使用计划编制 | 总经理部各部门计划期资金使用计划 | 各部门月度费用预算（如编制年度预算则参照按月分解） | 部门资金计划编制表 | （1）基于到期债权债务编制收支计划；<br>（2）单家支付款依照合同约定 |
| 总经理部部门资金计划汇总 | 总经理部汇总本级各部门以及下级分经理部编制汇总的计划期资金使用计划 | （1）下属各分经理提交的月度资金使用计划；<br>（2）总经理部本级各部门编制的月度资金使用计划 | 项目资金计划编制表 | （1）基于到期债权债务编制收支计划；<br>（2）单家支付款依照合同约定；<br>（3）计划支付总额不能超过预计可使用资金 |
| 总经理部部门资金计划调整 | 总经理部在本级各部门或下级分经理部对正在执行资金计划提出调整申请时，对资金使用计划进行调整 | （1）月度资金计划调整原因分析说明；<br>（2）资金账户可用余额 | 计划调整汇总表 | （1）原因简洁清楚；<br>（2）资金账户余额可满足调整需要 |

## 4. 财务管理业务活动介绍——费用管理

费用管理如表 12-10 所示。

**表 12-10　费用管理**

| 业务活动 | 活动内容 | 依　据 | 作业表单 | 评价标准 |
|---|---|---|---|---|
| 事项申请 | 在办理需要发生费用的事项前,提出申请 | 费用预算 | 出差申请表 | (1) 所办理的事项确有必要;<br>(2) 所需费用符合预算管理要求 |
| 费用报销 | 费用发生后,提交符合要求的费用原始单据,按规定完成审批审核后,进行资金支付或冲销借款,生成会计核算凭证 | (1) 费用预算;<br>(2) 资金计划;<br>(3) 费用相关管理制度 | 报销单 | (1) 费用单据符合制度规定;<br>(2) 符合资金计划管理要求 |
| 费用台账 | 按照费用报销入账时间建立费用台账 | 费用实际发生数据 | 费用台账 | 费用数据完整,能满足统计、分析等费用管理需要 |

## 5. 财务管理业务活动介绍——资金结算

资金结算如表 12-11 所示。

**表 12-11　资金结算**

| 业务活动 | 活动内容 | 依　据 | 作业表单 | 评价标准 |
|---|---|---|---|---|
| 拟收款通知 | 业务经办部门在每笔收款金额确定后,向财务部门提交收款通知 | (1) 核对计量结算结果;<br>(2) 其他业务收入计划收取的款项 | 收款通知 | 按照合同管理办法执行 |
| 款项收取 | 跟踪确定所收款已在银行账户收,核销相应债权,相关系统确认登记 | (1) 开具的发票;<br>(2) 各类业务系统形成的收款依据;<br>(3) 收款部门提交的拟收款通知 | 收款单 | (1) 收款信息能够及时获得;<br>(2) 债权核销准确 |
| 项目经理部付款申请 | 项目经理部的各业务部门按生效的资金计划安排款项支付时,提交业务支付申请单 | (1) 分包、分供合同;<br>(2) 各部门提交的付款申请;<br>(3) 月度资金计划;<br>(4) 收到的发票;<br>(5) 各类业务结算单;<br>(6) 资金账户可用余额 | 业务支付申请 | (1) 业务支付申请单所填内容清晰、准确;<br>(2) 符合合同约定;<br>(3) 业务单据齐全 |

续表

| 业务活动 | 活动内容 | 依　据 | 作业表单 | 评价标准 |
|---|---|---|---|---|
| 分经理部付款申请 | 分经理部的各业务部门按照生效的资金计划安排款项支付时,提交业务支付申请单 | (1) 各部门提交的付款申请;<br>(2) 月度资金计划;<br>(3) 收到的发票;<br>(4) 核对计量结算单;<br>(5) 资金账户可用余额 | 同上 | (1) 业务支付申请单所填内容清晰、准确;<br>(2) 符合合同约定;<br>(3) 业务单据齐全 |
| 总经理部付款申请 | 总经理部的各业务部门按生效的资金计划安排款项支付时,提交业务支付申请单 | (1) 各部门提交的付款申请;<br>(2) 月度资金计划;<br>(3) 收到的发票;<br>(4) 核对计量结算单;<br>(5) 资金账户可用余额 | 同上 | (1) 业务支付申请单所填内容清晰、准确;<br>(2) 符合合同约定;<br>(3) 业务单据齐全 |
| 资金集中支付 | 完成预定审批流程的业务支付申请单,在财务共享中心完成支付 | (1) 业务支付申请单;<br>(2) 到期债务余额;<br>(3) 资金账户可用余额 | 银行回单 | (1) 能有效控制资金支付风险;<br>(2) 付款依据充分、明确;<br>(3) 资金计划管控有效,审批流程符合管理制度 |

### 6. 财务管理业务活动介绍——资金分析

资金分析如表 12-12 所示。

表 12-12　资金分析

| 业务活动 | 活动内容 | 依　据 | 作业表单 | 评价标准 |
|---|---|---|---|---|
| 资金计划执行情况 | 根据需要,对选定范围和时间段的资金计划与实际发生数进行统计对比 | (1) 资金计划占用情况;<br>(2) 资金实际收支数据 | 资金计划明细查询 | 能根据需要灵活选择统计参数 |
| 项目收支情况分析 | 根据需要,对选定范围和时间段的项目现金收支数进行统计 | 资金实际收支数据 | 项目现金流量表 | 同上 |
| 结算支付情况查询 | 根据需要对选定的供应商、分包商的结算支付数据进行统计 | (1) 核对计量结算数据;<br>(2) 资金实际支付数据 | 结算支付情况查询表 | 同上 |

### 7. 财务管理业务活动介绍——资金预测

资金预测如表 12-13 所示。

表 12-13　资金预测

| 业务活动 | 活动内容 | 依　据 | 作业表单 | 评价标准 |
|---|---|---|---|---|
| 项目的资金预测 | 总经理部逐月对未来三个月的资金收支数据做滚动预测 | (1) 项目进度计划；<br>(2) 债权债务数据；<br>(3) 总包、分包合同 | 项目资金预测表 | 能合理反映未来一定时期项目总经理部资金的余缺情况 |

## 8. 财务管理业务活动介绍——增值税管理

增值税管理如表 12-14 所示。

表 12-14　增值税管理

| 业务活动 | 活动内容 | 依　据 | 作业表单 | 评价标准 |
|---|---|---|---|---|
| 开票申请 | 核对计量结算完成后，项目部向所属纳税机构的税务管理部门提交增值税发票开票申请 | (1) 工程承包合同；<br>(2) 审批后的验工计价表；<br>(3) 增值税预缴情况 | 增值税发票开票申请 | 申请资料清晰、完整 |
| 增值税预缴 | 项目部根据每次开票金额及取得的分包发票金额，按规定在项目所在地国税局预缴增值税 | 国家增值税预缴规定 | 增值税预缴税款台账 | 按规定及时预缴，抵扣及时 |
| 销项发票登记 | 销项发票开出后，对发票相关信息进行补充登记 | (1) 开具的发票；<br>(2) 核对发票信息 | 增值税发票开具台账 | (1) 登记及时，信息准确齐全；<br>(2) 满足查询统计需要 |
| 销项发票台账 | 销项发票登记后，生成销项发票台账 | 销项发票登记情况 | 同上 | (1) 信息准确齐全；<br>(2) 满足查询统计需要 |
| 进项发票登记 | 收到进项发票后，对进项发票信息进行登记 | (1) 收到的发票；<br>(2) 验证发票真伪 | 进项发票管理台账 | (1) 登记及时，准确齐全；<br>(2) 满足后续处理和管理需要 |
| 进项发票转出 | 对确定不予抵扣的进项税额，做好金额记录，进行会计处理 | 进项发票转出情况 | 同上 | 依据充分，转出处理及时规范 |
| 进项发票台账 | 在进项发票登记的基础上，生成进项发票台账 | 进项发票登记情况 | 同上 | (1) 信息准确齐全；<br>(2) 满足查询统计需要 |
| 项目应纳税额 | 按项目统计计算销项税额、进项税额、应纳税额 | (1) 销项发票；<br>(2) 未开票的应纳税销售额；<br>(3) 进项发票认证结果；<br>(4) 进项发票转出情况；<br>(5) 增值税预缴情况 | 项目增值税统计表 | 数据准确 |

续表

| 业务活动 | 活动内容 | 依　据 | 作业表单 | 评价标准 |
|---|---|---|---|---|
| 个人所得税申报缴纳 | 按国家税务机关规定时间,申报并缴纳个人所得税 | (1)国家个人所得税规定;<br>(2)工资表 | | 符合税务机关规定 |
| 进项发票认证 | 在"增值税发票现状确认平台"或其他增值税管理系统对进项发票进行勾选、确认 | 国家增值税发票认证管理规定 | | 认证及时,无误差、遗漏 |

## 9.财务管理业务活动介绍——合同成本管理

合同成本管理如表 12-15 所示。

表 12-15　合同成本管理

| 业务活动 | 活动内容 | 依　据 | 作业表单 | 评价标准 |
|---|---|---|---|---|
| 合同预计总成本接收 | 从业务系统接受合同预计总成本的数据、资料 | (1)标后预算表;<br>(2)成本计划表 | 合同预计总成本 | 能够满足建造合同收入计算确认的需要 |
| 职工薪酬成本入账 | 从业务系统接受职工薪酬数据、单据,计入合同成本 | 工资分配表 | 记账凭证 | 及时、准确,业务单据齐全 |
| 材料成本入账 | 从业务系统接受材料耗用的数据、单据,计入合同成本 | (1)材料领用单;<br>(2)折旧费用分配表 | 同上 | 同上 |
| 设备成本入账 | 从业务系统接受设备租用结算、使用结算、单据,计入合同成本 | (1)结算单;<br>(2)折旧费用列账单 | 同上 | 同上 |
| 分包成本入账 | 从业务系统接受分包结算数据、单据,计入合同成本 | 分包结算单 | 同上 | 同上 |
| 临时设施摊销入账 | 从业务系统接受临时设施摊销的数据、单据,计入合同成本 | 临时设施摊销表 | 同上 | 同上 |
| 周转材料摊销入账 | 从业务系统接受周转材料摊销的数据、单据,计入合同成本 | 周转材料摊销表 | 同上 | 同上 |
| 安全生产费计提入账 | 按当期确认的收入额及相应的比例计算提取安全生产费的数据、单据,计入合同成本 | (1)当期主营业务收入;<br>(2)项目安全生成费计提比例 | 同上 | 同上 |
| 其他直接费入账 | 按实际发生的间接费用的数据、单据,计入合同成本 | 费用报销 | 同上 | 同上 |

续表

| 业务活动 | 活动内容 | 依　据 | 作业表单 | 评价标准 |
|---|---|---|---|---|
| 其他间接费入账 | 按实际发生的间接费用的数据、单据,计入合同成本 | 费用报销 | 同上 | 同上 |
| 合同成本明细表编制 | 按照合同成本的实际发生额,编制项目的合同成本明细表 | 合同成本实际发生数据 | 同上 | 同上 |

### 10. 其他管理

其他管理包括计量结算管理、质量管理、技术与科技创新管理、安全管理、节能环保管理、综合管理等。

## 12.5　项目施工后期的目标管理

施工后期的业务主要包括竣工结算、项目审计、项目考核兑现和工程收尾等工作。

### 12.5.1　交竣工管理思路

(1) 交工完整:按照合同及相关法规的要求进行工程实体和竣工资料的移交。

(2) 退厂有序:及时、有序地进行人员、物资、设备退场和施工现场清理工作。

(3) 结算及时:依据合同及时做好计量和内外部成本、收入、税收结算工作。

(4) 收尾平稳:专人负责进行项目收尾期间资金收付、机构撤销及其他收尾工作。

### 12.5.2　交竣工管理

#### 1. 业务活动

(1) 项目经理部交工申请:项目经理部完成合同约定的实体工程后,经自检合格后,依据工程承包合同和相关法律法规,向分经理提出交工申请。

(2) 分经理部交工申请:收到项目经理部交工申请,组织分经理部验收合格后,依据工程承包合同、相关法律法规和项目经理部的交工申请,向总经理部提出交工申请。

(3) 总经理部交工申请:收到分经理部交工申请,组织总经理部验收合格后,依据工程承包合同、相关法律法规和分经理部的交工申请,向项目公司提出交工申请。

(4) 项目经理部项目总结:项目经理部经理牵头,各业务部门参与,对项目管理各项管理活动进行总结,对包含技术和管理亮点及项目不足的原因进行深入分析,提出改进意见。

（5）分经理部项目总结：分经理部经理牵头，各业务部门参与，对项目管理各项管理活动进行总结。对包含技术和管理亮点及项目不足的原因进行深入分析，提出改进意见。

（6）总经理部项目总结：总经理部经理牵头，各业务部门参与，对项目管理各项管理活动进行总结，对包含技术和管理亮点的详尽阐述及项目不足的原因进行深入分析，提出改进意见。

业务活动涉及资金控制的，需要管理会计人员与项目管理人员进行交接。

### 2. 项目审计

（1）项目部提交项目考核申请后，审计部按照相关规定进行审计，项目部、境外机构、境外项目组、参建的司属单位应按照审计部要求予以配合。

（2）实施审计前，制定《审计方案》，明确审计范围、时间、方式、人员和分工；进行就地审计的，应在抵达项目部 5 个工作日前下达《审计通知书》，以便项目部准备有关资料；审计组应按照规定收集相关审计证据，撰写《审计报告（征求意见稿）》，与相关各方交换意见后，报送公司有关领导审阅，形成正式审计报告。

（3）工程项目审计主要包括成本审计、结算审计、财务收支审计和内部控制制度的执行情况。具体内容包括：工程进度、质量、安全、成本目标的实现情况；与业主的竣工结算和收款情况；工程成本核算和分包、租赁、采购合同的结算和付款情况；工程管理、预算编制和经济效益的分析评价；执行财经纪律和法规、公司管理制度等情况。

（4）审计过程中发现项目部在工程项目分包、材料采购、租赁结算和付款等方面存在问题的，项目部必须立即整改，并将整改书面证据提交审计组。

### 3. 项目考核、兑现

（1）项目的考核包括项目管理的全部内容。

（2）项目考核的主要依据是《项目管理目标责任书》及《境外项目管理办法》等公司相关管理制度。

（3）项目考核由境外项目组牵头组织成立项目考核小组，境外机构、司属相关部门及参建各单位参与项目考核，考核结果上报企划部，由企划部、人力资源部、境外项目组负责拟定项目考核兑现方案，上报公司有关领导审批或总经理办公会审议通过后兑现。

（4）项目部管理工作考核结论交组织部备案，作为干部培养任用参考依据。

### 4. 项目考核的条件

（1）收到业主或咨询工程师签发的项目完工证书或相关证明文件。

（2）项目与业主的竣工结算完成。

（3）项目对内竣工结算完成。

（4）按公司档案管理相关规定，已向境外项目组提交项目档案资料。

### 5．考核内容

（1）项目考核包括管理工作考核和目标责任考核两部分。

（2）管理工作考核包括项目承揽、项目管理策划、项目实施、项目竣工管理等四个阶段，每个阶段包含若干项专业管理内容。

（3）目标责任考核包括进度、质量、职业健康安全与环境、合同管理、成本控制指标及各生产要素的施工现场管理目标等，具体内容见《项目管理目标责任书》。

### 6．考核标准

（1）管理工作考核分为项目部自评和项目考核小组评价两个层次。

（2）管理工作考核过程中发现存在管理缺陷的，由项目部进行整改，整改完成后，方可进行考核。

（3）目标责任考核按《项目管理目标责任书》和《项目审计报告》内容拟定考核方案。

### 7．项目考核、兑现步骤

（1）满足考核条件后，由项目部根据《境外项目管理工作目标责任书》核对考核内容，项目经理应按施工过程及专业管理内容及时进行管理工作评价，提出书面自评意见向境外项目组申报考核。

（2）境外项目组在收到项目部自评申报后 20 日内，组织项目考核小组进行管理考核，项目考核小组各成员按主要工作事项的内容进行评价，审核项目相关材料，提出管理工作书面考核结论，根据需要可组织项目实地考核。

（3）项目考核小组的管理工作考核结论应与项目部沟通，如存在较大分歧，项目部可向公司进行书面申诉。

（4）项目部向境外项目组申请考核后，由境外项目组委托审计部对项目部进行目标责任考核审计，审计部出具《项目审计报告》，提交项目考核小组。

（5）项目考核完毕后，根据《项目管理目标责任书》、《项目审计报告》和管理工作书面考核结论，项目考核小组拟定目标责任考核兑现方案。

（6）目标责任考核兑现方案经公司有关领导审批或总经理办公会审议通过后执行。

项目部根据审议通过后的目标责任考核兑现方案，拟定除项目领导班子外的其他人员的奖励方案，报境外项目组、人力资源部、相关单位备案并兑现。

### 8．项目考核安排

（1）项目当年实质性开工达 6 个月及以上，且施工总工期超过两年，可进行项目年度考核。

（2）进行年度考核的项目部，应在年初（或开工初期）与境外项目组签订《年度项目管理目标责任书》,责任书内容应与整个项目《项目管理目标责任书》要求相匹配。

项目部应于次年 1 月 31 日前向境外项目组提交考核申请,境外项目组按照考核兑现步骤组织项目年度考核。

### 12.5.3　交竣工管理——工程收尾

(1) 项目部在工程正式移交业主后,应做好人员撤离、办公及生活设施拆除、项目船机设备返遣、资金封存转交等工作。

(2) 项目部解散后,应做好有关遗留工作的交接,由境外机构、境外项目组、公司所属相关部门、公司所属相关单位负责有关遗留问题的处理。

① 尚未结算完成的项目和应收账款的催收,由境外机构或境外项目组、公司所属相关部门继续办理。项目经理及必要的经办人员继续配合做好后续工作。

② 项目目标责任考核兑现方案中尚未兑现的奖金,待兑现条件满足时,由境外项目组、人力资源部、企划部制定相关的分配方案报公司有关领导审批后发放。

③ 项目缺陷责任期内的合同义务,原则上由项目所在地的境外机构或境外项目组负责处理,原项目部相关人员应予以配合,如有必要,可成立项目缺陷责任期经理部。

④ 缺陷责任期结束后,境外机构或境外项目组应及时向业主申请竣工证明或相关文件,办理和获得最终结算。

⑤ 施工项目剩余的设施、材料及相关物品可由境外机构接收,对于不宜由境外机构接收的物品,由项目部根据公司相关规定现场处置。

(3) 项目部解散后,项目部管理人员由境外项目组协商人力资源部、境外机构、公司所属各单位安排接收。

自此,整个项目流程流转完毕。

 **自测题**

 **综合案例分析**

# 参 考 文 献

[1]　财政部.管理会计基本指引[N].2016.

[2]　财政部.管理会计应用指引[N].2017.

[3]　肖康元.管理会计[M].上海：上海交通大学出版社,2018.

[4]　中华第一财税网.最新成本管理操作实务全案[M].北京：电子工业出版社,2018.

[5]　肖康元.成本管理会计[M].2版.北京：清华大学出版社,2019.

[6]　肖康元.含息回收期法的模型分析[J].中国科技信息,2005(23).

[7]　司铁英.预算管理与平衡计分卡整合模式研究[J].哈尔滨学院学报,2018(8).

[8]　蔡朝辉,等.全员目标成本管理考核体系研究[J].财会月刊,2013(11).

[9]　雷·H.加里森.管理会计[M].16版.北京：机械工业出版社,2019.

[10]　美国注册会计师协会(IMA).管理会计与报告[M].北京：经济科学出版社,2007.

[11]　郭永清.管理会计实践[M].北京：机械工业出版社,2018.

[12]　唐·R.汉森,等.成本会计：成本管理基础[M].2版.大连：东北财经大学出版社,2014.

[13]　温素彬.管理会计：理论·模型·案例[M].2版.北京：机械工业出版社,2018.

[14]　温兆文.全面预算管理让企业全员奔跑[M].北京：机械工业出版社,2016.

[15]　张长胜.企业全面预算管理教程[M].北京：北京大学出版社,2012.

# 教学支持说明

▶▶ **课件申请**

尊敬的老师：

　　您好！感谢您选用清华大学出版社的教材！为更好地服务教学，我们为采用本书作为教材的师生提供教学辅助资源，其中部分资源仅提供给授课教师使用。请扫描下方二维码获取相关教学辅助资源。

扫描二维码
获取教学课件

▶▶ **样书申请**

　　为方便教师选用教材，我们为您提供免费赠送样书服务。授课教师扫描下方二维码即可获取清华大学出版社教材电子书目。在线填写个人信息，经审核认证后即可获取所选教材。我们会第一时间为您寄送样书。

任课教师扫描二维码
可获取教材电子书目

 清华大学出版社

| | |
|---|---|
| E-mail: tupfuwu@163.com | 网址：http://www.tup.com.cn/ |
| 电话：8610-83470332/83470142 | 传真：8610-83470107 |
| 地址：北京市海淀区双清路学研大厦B座509室 | 邮编：100084 |